柳州『三交』史纲

徐杰舜 著

学苑出版社

图书在版编目（CIP）数据

柳州"三交"史纲/徐杰舜著 . —北京：学苑出版社，2023.9
　　ISBN 978-7-5077-6721-6

　　Ⅰ . ①柳… Ⅱ . ①徐… Ⅲ . ①民族工作—史料—柳州 Ⅳ . ① D633

中国国家版本馆 CIP 数据核字（2023）第 134197 号

出 版 人：洪文雄
责任编辑：陈　佳
出版发行：学苑出版社
社　　址：北京市丰台区南方庄 2 号院 1 号楼
邮政编码：100079
网　　址：www.book001.com
电子邮箱：xueyuanpress@163.com
联系电话：010-67601101（营销部）、010-67603091（总编室）
印 刷 厂：鸿博昊天科技有限公司
开本尺寸：710 mm×1000 mm　1/16
印　　张：17.25
字　　数：242 千字
版　　次：2023 年 9 月第 1 版
印　　次：2023 年 9 月第 1 次印刷
定　　价：168.00 元

《柳州"三交"史纲》课题领导小组

课题领导小组组长

邓娟娟　中共柳州市委常委、统战部部长

课题领导小组副组长

吴慧兰　柳州市民宗委主任、党组书记,中共柳州市委统战部副部长(兼)

苏格真　柳州市委编办(绩效办)副主任

郭任飞　柳州市民宗委党组成员、副主任

吴大先　柳州市民宗委党组成员、副主任

刘振中　柳州市民宗委党组成员、副主任

赵　铁　柳州市民宗委三级调研员

班雪梅　柳州市民宗委四级调研员

课题领导小组成员

徐飞云　上汽通用五菱汽车股份有限公司党委副书记、纪委书记

韩宗桂　广西柳州钢铁集团有限公司党委副书记

俞松松　广西柳工集团有限公司、广西柳工集团机械有限公司、广西柳工机械股份有限公司党委工作部副部长、党委宣传部副部长(兼)(时任)

覃永强　柳州两面针股份有限公司党委副书记、纪委书记

吴凯文　柳城县委统战部副部长、民宗局局长（兼）

张象波　鹿寨县政府办公室副主任、一级主任科员

石祖安　融安县委统战部副部长、民宗局局长（兼）

吴进初　融水苗族自治县委统战部副部长、民宗局局长（兼）

肖应荣　三江侗族自治县委统战部副部长、民宗局局长（兼）

黄理美　柳北区委统战部副部长、民宗局局长

卢陨倩　城中区委统战部副部长、民宗局局长

林彰泉　鱼峰区委统战部副部长、民宗局局长

危正夷　柳南区委统战部副部长、民宗局局长

周　梁　柳江区委统战部副部长、民宗局局长

刘晨欢　柳东新区党群工作部副部长

蓝菲菲　阳和工业新区（北部生态新区）党群工作部副部长

颜纯欣　市民宗委办公室主任

韦春梅　市民宗委机关党支部专职副书记、办公室副主任

覃振江　市民宗委政法科科长

课题组组长

徐杰舜　广西民族大学教授、博士生导师，柳州"铸牢中华民族共同体意识研究基地"首席专家，广西"铸牢中华民族共同体意识研究广西科技大学基地"首席专家

课题组副组长

何月华　广西科技大学教授、人文艺术与设计学院院长，柳州"铸牢中华民族共同体意识研究基地"主任，广西"铸牢中华民族共同体意识研究广西科技大学基地"主任

目 录

绪 论 ··· 001

  一、广西"三交"史研究的三个"大" ··· 003

  二、广西"三交"史研究的三个"清" ··· 011

  三、广西"三交"史研究的方法论 ·· 017

第一章　原生时代柳州"三交"史 ·· 023

  一、柳州"三交"史的史前时期 ··· 023

  二、柳州"三交"史的传说时期 ··· 036

  三、分子人类学视野下的柳州原生时代 ··· 043

第二章　羁縻时代柳州"三交"史 ·· 057

  一、先秦：柳州及广西的民族态势 ·· 058

  二、秦代：秦瓯之战与汉族入柳 ··· 067

  三、汉代："初郡"的羁縻与赵佗开拓柳州 ······································· 071

  四、南朝：左郡左县的羁縻与交融 ·· 075

  五、隋唐：柳州的开发与柳宗元的教化 ··· 082

第三章　土司时代柳州"三交"史 089

　　一、宋代：柳州的新格局及"客人"的迁入 091
　　二、元代：蒙古族与柳州民族的交集 111
　　三、明代："华夷一家，一视同仁"促"三交" 120
　　四、清代：大一统格局中的柳州 151

第四章　革命时代柳州"三交"史 209

　　一、辛亥革命：华丽转身的柳州"三交"史 210
　　二、五四运动：爱国热情高涨下的柳州"三交"史 223
　　三、开天辟地：建立共产党组织后的柳州"三交"史 232
　　四、抗日战争：冒着敌人炮火前进的柳州"三交"史 239
　　五、解放战争："反饥饿、反内战"迎解放的柳州"三交"史 251

附录：柳州1949年解放大事记 257

后　记 265

绪　论

"有心栽花花不开，无心插柳柳成荫。"

我本来打算写一本《广西民族关系史》，并做了前期准备，2017年2月写了一篇《广西民族关系史研究述评》。但由于各种阴错阳差，导致此文在邮箱里睡了三年觉，直到2020年上半年才发表于《广西民族研究》第2期。而撰写《广西民族关系史》的计划，因种种原因不具备条件而束之高阁了，真正是应了"有心栽花花不开"之语。尽管心中充满了无限的遗憾，但也只好无可奈何花落去了！

西方不亮东方亮。

2021年初，广西柳州市民宗委主任吴慧兰听闻我写了一本《磐石荔波：中国民族团结县域样本研究》，想委托我给柳州做一个相关课题，三天两头到南宁来看我，不断与我沟通，终于打破了我这块"坚冰"，使我接受了《万川归一》课题项目的委托。

开始，在《万川归一》课题中设计了一个"历史篇"，写"融合的柳州：从历史深处走来"，主要内容就是写柳州各民族的交往、交流、交融史（以下简称"三交"史）。没想到，在我撰写"历史篇"的过程中，"三交史"的研究形成了一股热潮。2022年初，我受广西民族大学罗彩娟教授邀请，去做一场关于"广西三交史研究问题"的讲座。于是，我根据撰写柳州三交史的体会，于2022年4月27日下午做了题为《广西"三交"史研究若干问题的思考》的讲座。此讲座反响热烈，《广西民族研究》主编俸代瑜将其以《关于广西"三交"史研究若干问题的思考——在广西民族大学讲座上的讲话》为题，发表于《广西民族研究》2022年第3期。考虑到这一专题性研究的价值，我也决定将《万川归一》"历史篇"单独成书，于是有了这本《柳州"三交"史纲》，正是"无心插柳柳成荫"了。

现在，特将《广西民族研究》发表的拙文作为前言照录于下，一因此文包含了我对撰写柳州三交史的学术思考，二以聊表"花不开"的遗憾，更有"柳成荫"的感慨。

  我今天有幸来这个熟悉的地方，给大家讲关于广西"三交"史研究若干问题的思考，我感到荣幸。

  我做学问60多年，对学术曾经有过两个梦想。其中一个是，20世纪60年代的时候，梦想有朝一日，要给我们中国乃至世界上人口最多的汉族写一本历史书。

  说起来很奇怪的，人口最多、世界上最大的一个民族，没有自己专门的历史书。为什么没有呢？中国所有的历史学家都把眼光投入国家史中去了。所以，郭沫若写《中国史稿》，翦伯赞写《中国史纲要》，范文澜写《中国通史简编》。这一切当然是需要的，但是，为什么会没有人写汉族史呢？因为当时的理念，把国家当作民族，把中国等同于汉族，把汉族等同于中国。恰恰在这个时候被我发现了这一块处女地，被我占领下来，这一占就是60年。在我们学校和民社院领导的坚决支持下，我最后完成了九卷本的《汉民族史记》，523万字，并由中国社会科学出版社出版，还申请到国家出版基金，我感到十分荣幸！

  一个梦想实现了，还有另一个梦想，就是我很想写一本广西民族关系史。为什么会有这个梦想？因为我在广西37年了，深感广西民族关系的和谐，希望能够对广西的历史研究做一点贡献。1985年我来广西后发现，有人研究壮族，有人研究瑶族，以及广西其他少数民族，但是恰恰没有人研究广西的民族关系史。前些年我在知网搜索"广西民族关系"，只有51篇文章，但是搜索"壮族研究"，有两万多篇文章，搜索"瑶族研究"有将近8000篇文章，这也是海量啊！51篇里面还有3篇是我写的。但是又说广西的民族团结是全国最好的，习近平总书记也讲过了，广西是民族团结示范区。所以我的第二个梦想，就是给广西写一本广西民族关系史。2017年2月，我写了一篇《广西民族关系史研究述评》的稿子，由于种种原因压了3年，直到2020年在《广西民族研究》发表。

广西"三交"史，实际上就是广西民族关系史，但广西"三交"史的站位，又大大高于广西民族关系史。我今天讲三个问题：广西"三交"史研究的三个"大"、广西"三交"史研究的三个"清"以及广西"三交"史研究的方法论。

一、广西"三交"史研究的三个"大"

2010年11月，胡锦涛同志在中央第五次西藏工作座谈会上首次提出"民族交往交流交融"的理念。2021年8月，习近平总书记在中央民族工作会议上指出："必须促进各民族广泛交往交流交融"，从而使之成为指导我国开展民族工作的新范式，迅速成为学术界讨论的热点。

广西"三交"史研究了三个"大"是哪三个"大"呢？

第一，要有铸牢中华民族共同体意识的大视野；第二，要把握中国民族关系发展的大趋势；第三，要有岭南地理的大概念。

（一）大视野：铸牢中华民族共同体意识

长期以来，中国的民族研究处于碎片化的状态。开口称某某族，闭口称某某族，边界清晰，区隔明显。当然，具体研究某个族，这在相当一个历史时期里面是正常的，是必要的。但是长期的碎片化，就会使中国的民族研究南辕北辙，从而导致对中华民族认同的忽视。当然，这种现象在今天已经成为历史了，我就不赘述这一段争论的过程了。2014年习近平总书记提出铸牢中华民族共同体意识思想打开了中华民族认同研究的大门。因此，广西"三交"史的研究必须以铸牢中华民族共同的意识为指导思想。这个指导思想必须牢固地树立在整个的研究过程当中。

最近我们在柳州做了一个问卷调查，发放了3000多份问卷，其中有一个问题是："你认同不认同中华民族？"问卷上真有人讲："不认同。"这是一般老百姓抽样调查的，这很正常啊，是吧？所以我们做民族研究的人，特别是做"三交"史研究的人，必须以铸牢中华民族共同体意识为指导思想。只要树立了这样一个指导思想，我们的眼光及看到的历史事实，就会跟以前不同。

以前我们讲秦始皇经略岭南，瓯骆人跟他拼了三年。派到岭南的士兵衣服破了没人补，就打报告给秦始皇，请求派3万妇女来补衣服。最终秦始皇派了1.5万名妇女来岭南——《史记》中对这个事情就是这样表述的。但实际上，以"铸牢中华民族共同体意识"的视角去看这件事情，他打开了历史上"中华民族共同体"形成的大门。秦始皇不仅是统一中原地区，他也统一了整个中国。你们到兴安去看看，兴安的灵渠现在还在起作用。我1985年到广西来，首先要去看的就是灵渠，2021年我又去看过，仍然是那么漂亮，那么有用。没有秦始皇的灵渠，岭南会怎么开拓呢？所以，以"铸牢中华民族共同体意识"为指导思想，所有的历史、历史人物、历史事件，在我们眼中都会有不同的意义和价值。

下面，我把习近平总书记关于"铸牢中华民族共同体意识"理论概念的提出做一个简要的介绍。

首先,2014年是"铸牢中华民族共同体意识"理论的元年。在这里我讲两点:

第一点是"铸牢中华民族共同体意识"的概念是怎么提出来的?2014年5月28日,习近平在第二次中央新疆工作座谈会上,首次提出了"铸牢中华民族共同体意识"的理论概念;9月30日,他在中央民族工作会议上又指出:"加强中华民族大团结,长远和根本的是增强文化认同,建设各民族共有精神家园,积极培养中华民族共同体意识"。

第二点是"铸牢中华民族共同体意识"理论建构的完成。2017年10月,在党的十九大报告中,习近平指出,"深化民族团结进步教育,铸牢中华民族共同体意识,加强各民族交往交流交融,促进各民族像石榴籽一样紧紧抱在一起,共同团结奋斗、共同繁荣发展"。这样,"铸牢中华民族共同体意识"的理论正式形成。第一次写入党的全国代表大会工作报告,并且正式写入新修改的《党章》之中。

2019年9月27日,习近平在全国民族团结进步表彰大会上再一次指出:"各族人民亲如一家,是中华民族伟大复兴必定要实现的根本保证。实现中华民族伟大复兴的中国梦,就要以铸牢中华民族共同体意识为主线。"

更重要的是,2019年10月23日,中共中央办公厅、国务院办公厅印发了《关于全面深入持久开展民族团结进步创建工作铸牢中华民族共同体意识的意见》。这个文件指出:"中华民族共同体意识是国家统一之基,民族团结之本,精神力量之魂。"可见铸牢中华民族共同体意识的分量有多重。我们有了这个主线意识,认识到这是"国家统一之基""民族团结之本""精神力量之魂",行动力就不一样了。

我们做学术研究有没有主线意识非常重要。之前有一个大学的教授写了一篇文章,研究1956年中央组织的少数民族调查。我一看就说,你这个稿子还是原来的站位,只研究了民族调查,但站位提升不起来。我说你如果把这个民族调查看作"'铸牢中华民族共同体意识'的民族学田野基础",那你的站位就高了。我这样一点拨,他就豁然开朗,马上把主题改了。主题一改,站位就高了,就有新意了。

所以,我们的学术研究一定要牢牢地抓住"铸牢中华民族共同体意识"这个主线。做广西"三交"史研究也一定要牢牢地抓住这个主线,这是大视野所决定的。我们有了这个主线意识,有了这个大视野,所有的历史材料、所有的历史文献、所有的历史事件,在我们的眼中就会变成跟"铸牢中华民族共同体意识"有关系了。

在这个大视野下,我们要不断地克服狭隘的民族主义,不断地克服碎片化的认识,牢牢地、紧紧地抓住"铸牢中华民族共同体意识"这条主线,深化对广西"三交"史价值的认识。

(二)大趋势:把握中国民族关系发展的方向

中国历史悠久而起伏,民族关系的发展在交往、交流、交融的过程中,经历了多次大动荡、大分化、大重构,形成了从多元分散走向多元一体的大趋势,这是在广西"三交"史研究当中必须把握的。那么,如何具体把握中国民族关系发展的大趋势呢?纵观中国上下五千年的历史,根据中国民族关系发展不同时期的不同特点,中国民族关系发展的大趋势分三个大阶段。

1. 从多元融合走向华夏一体

从夏商周三代到秦,中国民族关系的大趋势是从多元融合走向华夏一体。大家回忆一下历史,从远古时代开始,中国民族和族群的崛起就是多源和多元的。那个时候,在中原大地上大致有五大超级族群集团:炎黄族群集团、东夷族群集团、苗蛮族群集团、百越族群集团、戎狄族群集团。约公元前2070年,源于炎黄族群集团的夏族的形成,拉开了中国民族关系从多元融合走向华夏一体大趋势的序幕。中原大地上的民族和族群在多元互动和融合中出现了新的组合。而由于发展的滞后性，此时广西还处在原始社会的状态，距离桂林的甑皮岩人和柳州的白莲洞人出现的时期还相去不远，北方中原地区已经轰轰烈烈地展开了博弈和融合，炎黄崛起了，苗蛮崛起了，但是南方静悄悄，广西静悄悄，白莲洞人和甑皮岩人尚未交流融合。

大禹的时候，夏族的族群结构号称"万国"，商代的时候商族的族群已号称"万邦"（《尚书·商书·仲虺之诰》）、"万方"（《墨子·兼爱下》）了。周王朝是中国民族关系从多元融合走向华夏一体发展的大趋势的关键平台。这个时候的族群除夏、商、周、楚、越以外，还有被称为夷、蛮、戎、狄的诸多族群。《礼记·明堂位》就讲有"九夷、八蛮、六戎、五狄"。我曾经数过，实际上在五帝时代，有名有姓的族群是352个，包括《山海经》里面所讲到的。但是到了周王朝的时候呢，就逐渐集中为夏、商、周、楚、越，夷、蛮、戎、狄这些大族群了。

在中国民族关系大趋势的作用下，春秋之时，风云渐变，西周时壁垒森严的民族和族群边界逐渐被打破，由民族或族群互动而激起的民族或族群多元融合的浪潮首先在夏、商、周三族之间兴起。这就是大家很熟悉的春秋战国民族大融合。譬如，秦晋联姻是春秋时期夏、商、周三族多元融合基本完成的标志。所以"秦晋"两个字，成了中国古代婚姻关系的代名词。

在整个周王朝之内，无论东西南北，所有的民族和族群，几乎全部被转入到春秋战国时期民族和族群多元融合的激流之中，形成了波澜壮阔的民族和族群的多元融合的洪流。这个时候有一个名字出来了，一个标志，华夏一体的标志，就是被称为"诸华"或"诸夏"的华夏民族，横空出世，再不叫夏、商、周，楚、越，夷、蛮、戎、狄，出现了"诸华"或"诸夏"。而这个时候，曾经滞后的岭南族群，以西瓯（又称瓯骆）和骆越为代表，已经走进了文明的大门。

但是，曾几何时，千古一帝秦始皇雄才大略，从边缘走向中心，一举统一天下，实行"书同文""堕名城""治驰道""车同轨""行同伦"的大一统政策。"治驰道"就跟我们广西有关系，潇贺古道就是秦始皇"治驰道"当中的新道。从北方到南方，从中原到岭南，必走的道路只有这一条路。秦统一六国后，华夏开始屹立在世界的东方。于是，中国民族关系发展的第一个大趋势，从约公元前2070年夏王朝的崛起，到公元前221年秦的统一，历时1800余年，终于从多元起源，经多元融合，走向华夏一体而告结束。在这个历史时期，广西的动静还是比较小的，广西还是静悄悄的，就是秦始皇经略岭南，才出现了中原民族与瓯骆、骆越这些族群的互动。

2. 从民族互化到汉化成为民族融合的主流

第二个大趋势，从两汉到清代，中国民族关系大趋势是从民族互化到汉化为民族融合的主流。

大家知道，在中国民族关系的第一个大趋势从多元融合走向华夏一体而告结束之时，中国的民族关系结构并没有形成华夏一体一统天下的格局，而仍然是多民族或多族群共存的态势。形成了人口占多数的汉族与人口较少的其他少数民族共存的二元结构。所谓民族互化，就是在民族交往交流交融中既有少数民族融合于汉族，也有汉族融合于少数民族。这个趋势很重要，这有助于我们去理解和认识广西的民族关系，广西的"三交"史的发展。

少数民族融合于汉族的汉化趋势，就是孟子所说的"用夏变夷者"。在从两汉到清晚期的1864年以前的两千余年中，有不胜枚举的例子。东汉末年，匈奴人迁入八郡之地，"同于编户"，所以三国魏晋南北朝以后，到了隋唐，没有匈奴了，文献里也没有了，而是出现了突厥等新的北方的少数民族。魏晋南北朝时期，魏孝文帝迁都洛阳，鼓励鲜卑人与汉人通婚，改服汉服，改鲜卑复姓为汉语单姓，禁说鲜卑话，改说汉语。这一系列的措施使鲜卑人迅速地汉化了。所以，魏孝文帝在历史上也被称为"千古一帝"。历史上被称为"千古一帝"的皇帝有三个：秦始皇、魏孝文帝、唐太宗。所以，魏孝文帝是了不起的。魏孝文帝这个例子很好地说明了为什么汉化成为主流。不是汉族强迫他汉化，而是他要顺应文明的发展汉化了，这是很值得深思的事情。

汉族融合于少数民族的少数民族化的趋势，即"夏变于夷者"的"夷化"，在从两汉到清晚期（1864年前）的两千余年中也不胜枚举。好比说宋代，东北地区金初汉族移民的"夷化"就是一例。当时女真族的统治者强迫汉族移民穿女真人的衣服，用女真人的发型，甚至规定"髡发不如式者，杀之"。就像清代那样，是留头不留发，留发不留头。当然，这种夷化的状态，在广西也有很多。比如，很多汉族融合成了仫佬族、毛南族、壮族等。所以我们研究广西"三交"史，这是不可少的一个方向。

在中国民族关系发展的第二个大趋势中，虽然民族互化是双向的，有"用夏变夷者"的汉化，也有"夷变于夏者"的夷化，但是历史是有选择的，在汉化与夷化的博弈中，由于人口、历史、地理、文化、经济、政治的种种因素所致，中国民族关系发展的第二个大趋势最终选择了以汉化为主流。所以汉族人越来越多。在广西来讲，宋代，甚至到明代的时候，广西的人口还有70%是少数民族，只有30%是汉族，但现在汉族能占到60%以上。这就说明汉化的选择成为主流了。因此，我们在研究广西"三交"史必须注意这个现象。

这个大趋势中出现了三国两晋南北朝和宋辽夏金元时期两次波澜壮阔的民族大融合的浪潮，就是在这两个民族大融合浪潮的席卷下，隋唐时期的汉族，已经不再是秦始皇和两汉时代的汉族。而是融合北方的匈奴、鲜卑、乌丸、氐、羌，以及南方部分蛮、俚、僚、僕等民族和族群的新汉族，人口也得到了极大的增长，从汉代的5900万人，到唐代前期达到了8000万—9000万人。而到明清时候的汉族，也不是过去的汉族了，而是融合了契丹、党项、女真等民族的新汉族。第二次重构，汉族人口像滚雪球一样越滚越大，越滚越结实。人口在明万历二十八年（1600年）达1.5亿，在清道光三十年（1850年）已经达4个亿了。汉化，终于成了中国民族关系发展第二个大趋势的主流。这个对于我们把握广西的"三交"史是有指导意义的。

3. 以汉化为主流转向铸牢中华民族共同体意识

从1911年辛亥革命推翻清王朝开始，直到当下，中国民族关系发展的大趋势是以汉化为主流转向铸牢中华民族共同体意识，认同中华民族，这个大趋势现在正在进行当中。

在这个过程当中，1911年以后，就是20世纪初，是以梁启超为代表的对于"中华民族"概念的提出，当时，何谓"中华民族"一直在争论之中。但习近平高瞻远瞩，他的"铸牢中华民族共同体意识"是马克思主义中国化的最新成果。今天，我们站在世界民族发展史的高度，在一个长时段内去观察中国民族关系，可以很清晰地看到中国民族关系发展的大趋势，也应该可以很清晰地看到当下认同中华民族、铸牢中华民族共同体意识已成为中国民族关系发展的大趋势。与前两个大趋势相比，这第三个大趋势虽然是刚刚开始，运行的时间也只有100余年，但作为方向性运动，这个趋势是不可逆转的。

值得庆幸的是，我们每一个在座的人都能够亲历这样一个过程。秦始皇那时候统一，我们只能是文献上去看了，是不是？但是，铸牢中华民族共同体意识，我们可以亲身经历，亲身参与，亲自为"铸牢中华民族共同体意识"添砖加瓦。

（三）大概念：要有岭南地理的视域

为什么我要提出要有岭南地理的视域这个大概念？因为广西、广东本来都是属于唐代岭南道的，我们研究广西，如果不把视野扩大到广东去，也很难研究明白。

我举个例子讲吧！岭南古都到底在哪里？广东人讲是在封开，广西人讲是在梧州，于是形成了"封开论""梧州论"。实际上梧州和封开相距28.3千米。而历史上呢，广东、广西没有分得那么清楚。广东、广西什么时候分的？有的人说是唐朝，有的人说是宋朝，有的讲是明朝。但是最终广东、广西被分开来，是明代锁定的。那么在这么长的历史时段里面，我们研究广西的"三交"史，如果不把明以前广东的历史放进来思考，那是没办法研究清楚的。

所以，我们如果没有大的岭南地理的概念，就没办法研究好广西"三交"史。广东广西如此复杂的变迁史，使我们研究广西"三交"史，必须跳出今广西的行政范围，明白唐代是怎么样分的，宋代是怎么样分的，明朝又是怎么分的。要以岭南地理的大概念来建构广西"三交"史，这样才不会受今广西行政区划的束缚而无法展开研究。

二、广西"三交"史研究的三个"清"

广西"三交"史研究的三个"大"，讲的是广西"三交"史研究的指导思想问题。广西"三交"史研究的三个"清"，我们要讲的是开展广西"三交"史研究的具体要求：第一个，认清广西的历史特点；第二个，讲清广西的融合脉络；第三个，弄清广西的世界意义。

（一）广西"三交"史研究要认清广西的历史特点

广西的历史有三大特点：一是后发；二是羁縻；三是以和为主流。

1. **后发**　广西历史的发展大大滞后于中原地区。当约公元前 2070 年夏王朝兴起之时，广西还处于蒙昧时代，直到春秋战国时期到秦初，广西刚刚迈进文明的大门，瓯骆（又称西瓯）和骆越才开始登上历史舞台，与中原地区相比，相差了近两千年。我们如今常说与经济发达地区相比，广西较为落后，这就是后发。我们后发有后发的优势，不都是劣势，但是要承认这个后发的状态。中原的历史风云轰轰烈烈、金戈铁马的时候，我们这里还是静悄悄的。所以，研究广西"三交"史，你怎么研究？你应该怎么去把握它？后发的特点就值得注意和认真把握。

2. **羁縻**　由于广西社会发展的严重滞后，民族发育程度较低，当碰到代表文明程度高的国家和民族之时，中央王朝既要保证国家的统一，又要维持社会的稳定，必然采取"以夷制夷"的治理政策——羁縻。所以我们要很好地理解、吃透羁縻的含义、羁縻的缘起、羁縻制度的变迁。中央对广西的羁縻分为两个阶段：1.0 版从秦汉到唐，为羁縻制度阶段；2.0 版从宋元到民国，为土司制度阶段。而中华人民共和国成立后，实行了民族区域自治制度。羁縻与民族区域自治有本质上的不同。其一，羁縻制实行于封建王朝时代，民族区域自治制度则是中华人民共和国的基本政治制度之一，是建设中国特色社会主义政治的重要内容。其二，虽然从形式上看，两者貌似都是以少数民族管理少数民族，比如我们自治区的主席必须是壮族，恭城瑶族自治县的县长必须是瑶族，而我们回溯历史，封建时代所谓"以夷制夷"，土官，也是让少数民族管理少数民族，但是，我们要认识到羁縻制和民族区域自治有着本质上的不同。在羁縻制下，汉族和少数民族、具有统治地位的少数民族和被统治的少数民族之间的地位并不平等。而在民族区域自治制度下，各少数民族平等地享有自治权，实行区域自治，实现当家做主的权利。汉族和少数民族、少数民族与少数民族之间的关系是平等的。掌握羁縻这个特点，掌握羁縻与民族区域自治制度的本质区别，我们就能掌握广西"三交"历史的大部分阶段的状态。

3. 以和为主流　综观历史，自秦至清的两千多年里，广西各民族在互动中所发生的冲突和战争，在历史的长河中都是短暂的，从来都没有成为广西民族关系的主流。秦开岭南对瓯骆、骆越的征服持续了3年，汉武帝平南越时打了2年，南北朝时广西发生的少数民族反抗南朝的零星起义时间持续最长的坚持了7年，但这在从秦灭六国到南北朝灭亡的八百多年中，只是弹指一挥间。隋唐两代历时326年，在唐中期安史之乱后，生活在岭南地区的少数民族"黄洞蛮"起兵反抗，虽然黄乾曜与黄少卿父子的反抗从至德元年（756年）到乾符四年（877年），时断时续地进行了122年，但在隋唐的历史上也只占三分之一多一点的时间。两宋共历319年，其间爆发了壮族首领侬智高领导的反抗宋廷压迫的起义。这场始于庆历元年（1041年）终于至和二年（1055年）的大规模起义，只持续了15年。

在明代统治的276年中，发生过广西历史上有名的大藤峡瑶族壮族大起义。这场爆发于正统七年（1442年），直到隆庆五年（1571年）才被镇压下去的起义，虽历时129年，仍不足明代统治时间的一半。清代统治的267年中，在清后期道光三十年（1850年）爆发了源于广西的太平天国运动。这场大规模的农民起义坚持了14年，影响了全国18个省份。然而，这14年在清代的历史上也只是短暂的一瞬。

所以，广西历史的特点，一是后发，二是羁縻，三是以和为主。掌握这些历史的特点，我们研究广西"三交"史就可以把握好大方向，不会纠缠到细节或某些小的问题上去。

（二）广西"三交"史研究要讲清广西的融合脉络

"三交"的关键是"交融"，"交融"是"三交"的过程，结果是"融合"。所以要讲清广西民族融合的脉络，就要讲清这三个问题：第一个是移民态势；第二个是交融的范式；第三个是认同的归一。

1. **移民态势**　广西移民是很重要的一部分，我们要搞清楚汉族入桂的态势。汉族由秦朝开始入桂。广西的汉族族群结构也是很复杂的，光是贺州的汉族就有20多个族群，例如"都人"就有七都、八都、九都三个都，还有"本地人"和"梧州人"，要注意，这个"梧州人"不是指如今梧州市行政区划的那个"梧州"。因此，贺州如今有20多种方言。第二个要搞清楚苗、瑶入桂的态势，不只汉族是移民入桂的，苗、瑶也是移民入桂的。第三个要搞清楚回族入桂的态势。第四个要搞清楚京族入桂的态势。这汉、苗、瑶、回、京移民与广西原生的世居民族壮、侗、毛南、仫佬、仡佬、水、彝等族的民族关系发展，构成了广西民族交往交流交融的形势图。

我们在研究广西"三交"史当中，能够把这些关系，这些民族入桂的态势搞清楚、描写清楚、叙述清楚，那么他们与世居民族构成的民族交往、交流和交融的形势图就很清晰地摆在人们面前了。

2. **交融范式**　交融的范式有三个：第一个范式是汉族少数民族化的交融范式，如壮族、毛南族、仫佬族中的汉族成分。

第二个范式是少数民族汉化的交融范式。如"平话人"就是少数民族汉化的一种交融范式。我们广西民族大学周围的那些人都是"平话人"。宋代的时候，狄青的军队在镇压侬智高起义以后留了下来，当地壮族妇女与他们通婚，从而形成了"平话人"，可以说壮族妇女以"平话人"的形式汉化了。对此，我们有三本书——《平话人图像》《平话人印象》《平话人素描》，书中对此有详细的研究。

第三个比较有特别意义的，化而未融的交融范式。广西三江的"六甲人"、富川的"本地人"，这些都是例子。"六甲人"，你说它是少数民族吧，它其实不是少数民族而是汉族，但是它有很多风俗习惯受到了侗族的影响。富川的"本地人"，你猛地一看，也以为它是少数民族。富川"本地人"很有意思，女子穿一样的衣服，包一样的头巾，连袜子、鞋子都要一样的，像一个方队。"六甲人""本地人"其实都是具有当地少数民族特点的汉族人。

其实，广西民族之间的交融范式是很复杂的，如平地瑶的形成很复杂，它有两个方向，一个是汉族少数民族化的瑶族，另一个是汉化的瑶族。所以平地瑶是瑶族当中很特殊的一个族群。平话人也很复杂，大概是女性汉化，男性吸收少数民族的风俗习惯。总之，具体情况具体分析，把广西各民族交往、交流、交融的范式叙述清楚，广西"三交"史的内容就可以形象、生动地呈现出来了。

3. 认同归一　认同归一，就是从多元走向一体，认同中华民族共同体，铸牢中华民族共同体意识。我们研究广西"三交"史，终极目的，就是要研究广西各民族是怎么认同中华民族，怎么样实现铸牢中华民族共同体意识。这个历史虽然不长，但是走进历史深处，内容就会很丰富。我们有了这个眼光，那很多事情都是属于铸牢中华民族共同体意识的事件、行为、重要的政策等。

总之，族群的迁徙、交融的范式、认同的归一，这是我们广西"三交"史研究要讲清楚的融合脉络。

（三）广西"三交"史研究要弄清广西的世界意义

所谓世界意义，就是要弄清研究广西"三交"史的世界意义究竟是什么？

2021年12月1日，中国新闻社就《中国民族团结融合的"广西样本"对世界解决民族问题有何启示？》采访了我。我回答的要点如何：

第一点，在当今世界百年大变局的背景下，民族问题的治理成了世界政治家绕不过的大难题。

第二点，就现代国家的建构而言，东西方有巨大的差异，如西欧走的是民族与国家同构的道路，形成了基本上与民族同质的西欧国家。法国是法兰西民族国家；英国是英吉利民族国家；德国是德意志民族国家；

西班牙是西班牙民族国家；等等。它们的国家和民族同质。美国、加拿大、澳大利亚三国，走的则是移民与国家同构的征服道路。他们通过征服当地的原居民，形成了移民国家。美国是从英吉利这些地方移民过去的，加拿大也是一样的，澳大利亚也是移民国家，他们把原居民赶走。最近曝光出来加拿大那些教会学校旁边，有成百上千的儿童尸骨，那都是他们屠杀原居民的罪证。而中国从传统的"夷夏之辨"到"五族共和"，再到"民族区域自治"，才找到解决中国民族问题的正确道路，走的是从民族多元走向国家一体的和合道路。我们的道路跟他们不一样。

第三点，不同的道路所形成的民族问题治理思想和政策必然产生差异。西方民族问题治理思想和政策有两种：一种是单一民族政策，一国一族，欧洲基本上就是这样；另一种是"马赛克"式的多元文化主义，概括地说是"一国多元"，如北美和澳洲基本如此。中国民族问题治理思想和政策是"大家庭"式的从多元走向一体，概括地说是"多元一体"。现在欧洲也有大量的移民，所以他们也开始奉行多元文化主义。

第四点，"广西样本"告诉了世界：在全球任何一个国家的民族治理中，民族团结就是生命，就是力量，就是希望，就是胜利。全球一家，结成了人类命运共同体，各民族团结友爱，是人类命运共同体和谐的生动体现，是世界民族繁荣发展的重要保证。

第五点，当今世界，正面临百年变局，一个民族不团结，可能一盘散沙；一个国家不团结，可能分崩离析。正所谓单丝不成线，独木难成林。一块块砖只有堆砌在一起，才能盖起万丈高楼；一滴滴水只有融入大海，才能获得永存。这就是团结，团结可以铸就和谐，和谐才能促进发展。因此，民族团结就是一种精神、一种力量、一种追求，它对凝聚人心、整合社会起着极重要的作用。（采访发表于《中国新闻》2021年12月1日第八版。）

中山大学周大鸣教授4月20日在《光明日报》发表了《交融古今，通达天下：潇贺古道的历史与人文价值》。这篇文章中说："交通是经济的脉络和文明的纽带。如果我们以潇贺古道为起点，将目光聚焦在南岭走廊的外部区域，就会发现中国三大民族走廊相互连通的脉络，即：南岭走廊沟通了中国的海路与陆路，河西民族走廊沟通了中亚和西亚地区，藏彝走廊沟通了南亚地区，勾勒出一个'互联互通'的亚洲体系，推动了民族迁徙、经济融通、人文交流，记录着亚洲各国交往交流、互通有无的文明对话。"他这个思路打得很开，给我很多的启发。这个观念启发了我们讲广西的故事要有中国的视野，讲中国的故事要有世界的视野。所以我们讲广西"三交"史的故事，也要弄清广西"三交"史的世界意义。这样你才能站得高，看得远，才知道我们做的事情的意义和价值在哪里。中国自从2014年习近平提出"铸牢中华民族共同体意识"后，全国各族人民积极响应，继创建民族团结进步示范单位后，广西率先提出了努力创建铸牢中华民族共同体意识示范单位的目标。由此可见，西方的多元文化主义与中国的多元一体相比，形成鲜明的对照，中国理论的可行性、可靠性凸显出其对构建人类命运共同体的重要意义和巨大作用。

广西"三交"史个案的世界意义，我觉得有这么几点值得注意：一是有榜样的意义。广西民族交往交流交融所带来的和谐繁荣，无形中给世界树立了榜样。二是有桥梁的意义。广西民族交往交流交融所构成的坚实桥墩，架起了中国与世界联系的桥梁。三是有合作的意义。广西民族交往交流交融所形成的综合实力构成了中国与世界合作的坚实基础。这样简单地概括，实际上背后包含着很深刻的含义，有很多的广西故事。所以，我们不要小瞧广西的故事，它是具有世界意义的。

三、广西"三交"史研究的方法论

方法论是人们用什么样的方式、方法来观察事物和处理问题。那广西"三交"史研究的方法论是什么呢？我提出八点建议。

（一）长时段的历史考察

写历史，研究历史不能够在短时段里去考虑。所以，如果广西"三交"史只研究改革开放，或者只研究广西壮族自治区成立以来的历史，那不行。你要放到上下五千年这一长时段中去考察广西"三交"的历史，这样你就可以看得清楚发展过程，看得明白走向和趋势。所以，长时段的历史考察是一个重要的研究方法。

（二）纵向比较：后发的态势

广西的历史社会发展是后发态势，比中原地区差不多晚了两千年。这两千年的历史差距，是何等的重要。柳宗元到柳州去的时候，他所看到的情境，和他在长安看到的情况完全不一样，连挖井都要柳宗元带头去告诉他们怎么挖，而中原地区从夏朝开始就用井了，可见广西社会发展之晚。所以，研究广西民族的交往交流交融，掌握广西的后发态势也是一个重要的研究方法。

（三）横向比较：要与北方的"三交"史比较

有比较才有鉴别，才能够看得出我们的差距和特点，所以要注意和北方的"三交"史进行比较。

（四）见微知著：要对不同范式的交融进行微观描述

为什么壮族都要讲他们是从山东白马来的人，在壮族的一些家谱中都说自己的祖先是从山东白马迁徙来的，还说是汉代韩信的后代，说韩信为了逃避官司，把"韩"字的偏旁去掉，在广西就姓韦了。这样的故事说明什么？汉尊土卑。因为你汉族的势力越来越强大，我是汉族的老祖宗中分出来的，我才光荣。这很容易造成民族源流的混淆。我们在研究三交史时要加以鉴别，并对不同范式的交融进行微观的描述，还原历史真实的面貌。

（五）厚今薄古

我们要特别注意广西"三交"史在民族区域自治时代的发展、在改革开放时代的发展、在新时代的发展，要厚今薄古。

（六）要有跨学科的视野

脑洞要大开，不要局限于民族学。脑洞大开，什么哲学的，什么管理学的，什么历史学的，什么社会学的，你都要吸收别人好的成果。甚至医学的啊，神话学的，传说故事，你没有这些东西，你怎么建构传说时代、原始时代呀？是不是啊？跨学科的视野，这是方法论问题。

（七）要有一个好的结构

好的结构就是你要有好的框架。我们盖房子要有框架，首先把框架搭起来。侗族盖房子，一个钉子都没有，也不挖地基。他就是先打框架木，然后很多人去帮忙，一下子拉起一排，一下子拉起一排，一下子再把横梁架起来。框架搞好了，就能盖好房子，还百年不倒。所以，研究广西"三交"史要有一个好的结构。

（八）要兼收并蓄，善于吸收别人的成果

我们研究广西"三交"史，就要像海绵一样，尽最大的可能把前人、别人研究的所有成果都吸收进来。黄现璠的《壮族通史》、张声震主编的《壮族通史》三卷、钟文典主编的《广西通史》三卷、周长山等主编的《广西通史》十卷，奉恒高主编的《瑶族通史》三册、潘琦主编的《仫佬族通史》、覃彩銮写的《广西开发史》、郑维宽写的《广西历史民族地理》、我和李辉写的《岭南民族源流史》，还有唐晓涛、刘志伟写的书，以及广西各族简史和其他相关著作就不一一列举了。如今关于广西民族关系史研究的论文比原来要多多了，原来是51篇，现在有100多篇了，这几年增加了一倍。因此我们要善于吸收别人的成果，壮大自己。《永乐大典》为什么伟大？因为它把前朝的东西都收集起来了。广西"三交"史研究要把前人所有的研究成果、有用的部分都吸收到我们的框架里面，形成一部有分量的广西"三交"史。

历史的际会是很难预测的。今天，我这个临近耄耋之年的人，虽然"有心栽花花不开，无心插柳柳成荫"。但在有生之年，又能成就一本《柳州"三交"史纲》，实乃三生有幸，不能不由衷地感恩柳州！

此时此刻，透过历史的透视镜，我们可以看到从历史深处走来的柳州，一本本泛黄的史册写出了各民族交往、交流、交融的命运，一章章历史的诗篇道出了各民族团结、和谐、融合的幸福。

历史的经验告诉我们：一个能认识历史发展趋势的民族，才是理性的民族；一个能认识祖先历史荣耀的民族，才是幸福的民族；一个能把握历史发展规律的民族，才会是永生的民族。

中华民族就是一个理性的民族、幸福的民族、永生的民族。

让我们走进历史深处，在铸牢中华民族共同体意识的视野下，以绪论、原生时代、羁縻时代、土司时代和革命时代5章，20万余字的篇幅，看一个

民族团结、和谐、融合的柳州，是如何历经交往、交流、交融的沧桑，成为中华民族从多元走向一体的一个缩影。

第一章　原生时代柳州"三交"史

万事都有一个头。

在铸牢中华民族共同体意识的视野下,柳州原生时代的交往、交流、交融三交史是如何展开的呢?

先界定一下何谓原生时代。所谓原生时代,即初始的,第一出现且未经任何外力、内力改变的时代。

一、柳州"三交"史的史前时期

史前时期又称原始社会时期。

一般认为,史前时期即有正式历史记载之前中国境内人的发展史,包括早期猿人、晚期猿人、母系氏族,以及有关三皇五帝的传说史,直到最后建立夏朝。史前时期跨度大抵是从约170万年前到公元前21世纪。猿人包括云南的元谋人、陕西的蓝田人和北京猿人。通过对北京猿人的头盖骨研究,结合其所在的生活环境得出推断,北京猿人使用的是粗制的石器,处于旧石器时代,过着极为艰难的原始生活。

此后是母系氏族与父系氏族时期，母系氏族公社有一个共同的祖先，汉字"姓"就很形象地体现了远古的母系氏族的事实。母系氏族在全盛期之后逐渐衰落，过渡到父系氏族时期，一夫一妻制的家庭逐渐形成，原始社会开始走向了解体。

在中国史前时期，从旧石器时代晚期起，柳州的史前文化遗存在考古发掘中大体上都有所反映。距今约5万年的通天岩柳江人，属旧石器时代晚期；距今1.8万年—1.2万年的白莲洞遗址2期文化层，属中石器时代遗存；距今约1万年的大龙潭鲤鱼嘴遗址下文化层晚期遗存，属新石器时代早期；其后有柳江沿岸的蓝家村等遗址；西江造船厂1号洞距今约4000年的双肩大石铲，为新石器时代晚期遗存。1956—1992年，柳州市区众多的石山中，40多个洞穴，分别发现有古人类化石、打制石器、烧骨和烧土等文化遗物和遗迹。[1] 从中可见，柳州史前时期的代表是柳江人、白莲洞人和大龙潭人。

（一）柳城巨猿的出现

人类的进化是一个以万年计算的漫长过程。在悠悠的历史岁月中，旧石器时代的古人类在交往、交流、交融中，形成了广西最早先民的代表——柳州的柳江人。

史前史告诉我们，人是从古猿进化而来的。古猿是一种似人非人，似猿非猿，介于人和猿之间的灵长类动物，而且是已知灵长类中最大的一种动物，估计它身长达两米，体重两三百公斤，所以人们称它为"巨猿"，也有叫它为"类人猿"。巨猿虽不属人，但古生物学家和古人类学家却公认它为人类的远源血亲。《柳州史话》记载：

> 1956年秋天，在距离柳州市约三十公里的柳城县凤山公社社冲大

---

[1] 柳州市地方志编纂委员会编：《柳州市志》第六卷，南宁：广西人民出版社，1999年，第397页。

队楞（leng棱）寨山硝岩洞里，出土了巨猿的下颌骨，后来经过多次发掘，又在这里发现了三个巨猿的下颌骨和近千枚牙齿，它们代表着70多个巨猿的个体，因为它们生长在柳城，所以考古学家把它命名为"柳城巨猿"。与"柳城巨猿"同时出土的还有许多哺乳动物的化石，如乳齿象、先东方剑齿象、似锯齿三棱齿象、桑氏鬣狗、小种大熊猫、云南马、鹿、猪、獏、犀牛等。这些古代动物与巨猿一起组成了一个古老的动物群，它们生活的时代，大致为更新世初期，距今两三百万年。柳城巨猿洞（俗称硝岩洞）出土的化石，为研究人类的起源提供了非常珍贵的资料，因而在国际上享有盛名，柳城巨猿洞被列为广西壮族自治区重点文物保护单位。

硝岩洞所在的楞寨山，位处群峰矗立的平原谷地，它孤峰拔起，十分险峻，山下有溶蚀盆地，柳江河从三里外蜿蜒而过，河岸高约25公尺，这正是当年巨猿生活的好地方。

硝岩洞是个管状形的石灰岩溶洞，洞虽不高，但分支不少。洞道忽宽忽窄，忽高忽低，曲折幽邃。洞中有奇异峻美的石钟乳和石笋，有的地方还终年滴水。据研究，巨猿大概不生活于洞内，而生活在洞外附近的地方。当巨猿死后，它们的遗骸才随着流水的冲积，带进这个幽暗的洞里，经过漫长的岁月，终于变成了化石。

巨猿虽然还不能算是人，但它却有某些接近人类的特征，如它的犬齿较小，牙冠的花纹也与人牙相似。据说巨猿的这种特征与它的直立行走有关。巨猿虽然能够直立行走了，但直立并不是人的标志，更重要的是，巨猿不能使用工具从事劳动，所以它还不能算是真人。[1]

《柳州市志》第六卷也有关于柳城巨猿洞的记载："遗址位于距柳州市城区约30公里的柳城县凤山镇楞寨山硝岩洞里。1956年以后多次发掘、出土巨

---

[1] 萧泽昌、张益桂：《柳州史话》，南宁：广西人民出版社，1983年，第3—5页。

猿下颌骨4个和牙齿515枚，分别代表72个巨猿个体。还有许多哺乳动物的化石，如乳齿象、桑氏鬣狗、小种大熊猫、云南马、鹿、犀牛等。大致为更新世初期，距今200多万年的遗迹。"[1]

广西柳州白莲洞洞穴科学博物馆馆长蒋远金在《柳州白莲洞》一书中，高度评价了柳城巨猿发现的价值，他说：

> 柳城巨猿的发现引起了世界的轰动。自巨猿发现以来，先后有美国、法国、德国、匈牙利、黎巴嫩、日本等国家的专家到柳城巨猿洞考察研究。柳城巨猿的发现具有重要的科学价值。
>
> 第一，柳城巨猿洞是迄今为止世界上出土巨猿化石最为丰富的地点，已出土巨猿下颌骨化石3件，巨猿牙齿1100多枚，其数量之多在国内外同类洞穴遗址中首屈一指，在巨猿系统上占据着极其重要的地位。这些化石代表着众多的巨猿个体（75个），对于研究巨猿的形态、生活习性乃至灭绝原因等方面具有重大的科研价值。
>
> 第二，柳城巨猿洞发现众多的巨猿化石，表明此地曾是巨猿群体生活居住之地，联系在广西其他地区如大新、巴马等地都发现了巨猿化石，表明在100多万年前广西一带曾经是巨猿活动的重要区域。
>
> 第三，柳城巨猿洞洞内堆积中发现的动物化石，数量多，除鱼类化石以外，从高等灵长类到低等脊椎动物龟鳖类都有存在。这些动物属哺乳动物类的灵长目、啮齿目、食肉目、长鼻目、奇蹄目、偶蹄目之类……其中有不少为新种。这些化石件作为更新世华南动物群最早的代表，不仅为解决柳城巨猿洞的地质年代提供了确切的证据，而且对于研究华南更新世早期动物群同样具有十分重要的价值。
>
> 第四，柳城巨猿洞化石的发现，是我国人类进化研究中的一个重大发现，巨猿洞的发现为我国南方第四纪洞穴堆积的地质时代填补了一个

---

[1] 柳州市地方志编纂委员会编：《柳州市志》第六卷，南宁：广西人民出版社，1999年，第401页。

空白,即在原来认为只有灰色堆积和黄色堆积的基础上,增添了一个新的层位——早更新统巨猿洞堆积。柳城巨猿洞的发现,对探讨人类的起源具有重要的意义。[1]

(二)柳江人的崛起

人是从古猿进化而来的,经过了两三百万年的历史沧桑,"柳城巨猿"才完成从猿人向智人(又称"新人")的伟大转变。大约离现在5万年的时候,我们的祖先便由古人进化到"新人",从此,我国的原始社会便进入了母系氏族时期。母系氏族公社的早期阶段,在考古学上属于旧石器时代的晚期。其中柳州通天岩里的"柳江人"就是"新人"阶段最早的人类。由于它是古人与新人的继往开来者,因而对研究人类发展,尤其对研究史前时期柳州人的交往、交流、交融历史有着特别重要的意义。也正是这个缘故,所以柳江人的崛起,获得中外考古学家和历史学家的珍视。《柳州市志》第六卷记载:

> 柳江人遗址位于市城区东南约16公里的柳江县境内新兴农场通天岩东北坡一个溶洞内。此洞因发现原始社会旧石器时代晚期的柳江人化石而得名为柳江人洞。通天岩所在山头海拔230米,高出附近地面70—80米,北距白莲洞遗址约3公里,在柳(州)石(龙)公路的东侧。
> 柳江人洞离山脚5米多。山旁附近现在无河流或水源。洞口高约2米,宽约2.6米,洞道经疏通,主洞可上通山顶通天岩大溶洞。洞内堆积

---

[1] 广西柳州白莲洞洞穴科学博物馆编著,蒋远金主编:《柳州白莲洞》,北京:科学出版社,2009年,第159页。

物大致可分3层：上层钙华[1]板，厚0.2—0.5米；中层含碎石角砾黏土及砂质黏土，厚4—8米，柳江人及其他动物化石均在本层上部1—3米深度内发现；下层为细砂夹潮湿黏土，可见厚度约1米。

1958年9月中旬，新兴农场工人在挖掘岩泥作肥料时，距洞口20—30米处发现柳江人化石，以及大熊猫、箭猪、中国犀、东方剑齿象、巨貘、牛类和鹿类等动物群化石。[2]

中国科学院古脊椎动物研究所考古学家裴文中到现场察看，对化石作了鉴定。吴汝康教授在《广西柳江发现的人类化石》中对柳江人化石有如下表述：

> 柳江人包括一个完整的头骨（缺下颌骨）、最下的4个胸椎、全部5个腰椎骨、5段肋骨、骶骨、右髋骨及左右股骨各一段。化石的石化程度中等，骨骼多呈灰白色，仅股骨颜色呈灰色并杂有褐色斑块。全部化石材料（除一段尺寸较短且纤细的股骨外）代表一个40岁左右的男性个体，命名为"柳江人"。与柳江人化石伴出的哺乳动物化石有大熊猫、中国犀、东方剑齿象、巨貘、豪猪、猕猴、猩猩、獾、猪、熊、水獭、豺、牛、鹿等16种，均是典型的大熊猫—剑齿象动物群的常见成员。其中东方剑齿象、中国犀、巨貘为绝灭种，而大熊猫的骨骼比早更新世的小种熊猫粗大，也比现生种熊猫略大。根据我国古人类学家的研究，柳江人的头骨没有现代人的高，前囟点的位置比较靠后，额部稍向后倾斜，眼眶很扁，眉脊较现代人粗壮，鼻根较宽，牙齿中等大小；股骨干上部的扁平度介于北京猿人和现代人之间，而与尼人较为接近，股骨中段髓腔

---

1 钙华是含碳酸氢钙的地热水接近和出露于地表时，因二氧化碳大量逸出而形成碳酸钙的化学沉淀物。由于钙华和石笋的纹层比其他地质记录较为精确，所以利用钙华和石笋的纹层来恢复古气候的变化已经成为当前的热点。钙华在重建古环境方面有分辨率高、灵敏度高的优点。
2 柳州市地方志编纂委员会编：《柳州市志》第六卷，南宁：广西人民出版社，1999年，第397—398页。

比山顶洞人还小，近于古人，这些特征表明柳江人具有一定的原始性质。但柳江人有许多近于现代人的特征；如脑容量约有1400毫升，前额膨大隆起，嘴部后缩；头骨枕部没有粗壮的肌脊；等等，说明其体质形态已经和现代人基本相似了。柳江人比各种猿人和古人进步，但较山顶洞人和资阳人原始，属早期新人类型，是今在我国以至整个东亚发现的最早、最完整的新人阶段的代表。[1]

根据以上的分析，在中华民族形成的视野中，具有原始蒙古人种特征的人类遗骸发现于我国华南的广西，较柳江人类化石稍晚的资阳人1951年发现于我国西南的四川，表明我国华南有可能是蒙古人种发祥地的一部分，也表明蒙古人种在更新世晚期时尚在分化和形成之中，而柳江人是正在形成中的蒙古人种的一种早期类型。[2]

此外，在柳州附近，除了通天岩里的"柳江人"以外，还发现了与它同时期（即旧石器时代晚期）的人类洞穴遗址多处，如柳江区流山的灵岩洞、木罗山思多洞、陈家岩等，反映了柳州原始族群生存的多元态势。[3]正如覃彩銮在《广西开发史》中所说："广西是目前我国华南发现古人类化石分布最密集、发现数量最多的地区。早在20世纪50年代，我国著名古人类学家裴文中先生率队到广西调查发现一系列古人类化石和旧石器时代文化遗存后，曾断言：'我们如果在全国范围内发展古人类学研究，广西将成为研究人类化石的中心，这是一件具有世界科学意义的事情。''中国可以成为世界上古人类学的中心，广西是中心的中心。'"[4]从古人类化石和旧石器时代文化遗存的分布可知，距今12万—2万年以前的旧石器时代晚期，广西各大江河流域包括左

---

1 吴汝康：《广西柳江发现的人类化石》，《古脊椎动物与古人类》1959年第3期。
2 参阅柳州市地方志编纂委员会编：《柳州市志》第六卷，南宁：广西人民出版社，1999年，第397—398页。
3 萧泽昌、张益桂：《柳州史话》，南宁：广西人民出版社，1983年，第8页。
4 裴文中：《广西是古人类研究的重点地区》，《广西日报》1960年3月30日。

江、右江、郁江、西江、红水河、柳江、桂江等，都已有古人类活动，并留下了许多重要的文化遗存，为我们了解广西远古时代人类的生产和生活方式提供了丰富、翔实的实物资料。"[1] 其中，位处柳江流域的柳州，以其得天独厚的生态环境，为柳江人的出现提供了最好的自然条件和人文条件，可见柳州人早在约5万年前就迈上了交往、交流、交融的道路。

（三）白莲洞人谱写了新篇章

白莲洞人承前启后，谱写了柳州史前时期三交史的新篇章。《柳州市志》第六卷记载：

> 白莲洞遗址位于柳州市区东南郊都乐村的白面山南麓。因洞口有一块巨大的白色钟乳石，形似莲花蓓蕾而得名。白面山海拔249.8米，高出附近地平面约152米。
>
> 白莲洞岩口朝南，海拔高程123米，高出附近地面约27米。洞口高5—6米。洞内分外厅和长穴道两部分。文化遗址所在的外厅宽约18米。下方溶洞有地下暗河。
>
> 1956年，中国科学院古脊椎动物研究所古人类研究室华南调查队在裴文中教授率领下，在白莲洞扰乱土层发现石器4件，骨器2件。经贾兰坡、邱中郎两教授鉴定，该洞的堆积物属于旧石器时代晚期。1973—1982年，白莲洞遗址经过多次发掘清理，采得的标本有人类牙齿2颗、石制品500多件、动物化石3000多件、动物牙齿化石300多枚、火坑2处。各堆积物可划为5个连续的文化层，分别为新石器时代早期、中石器时代、旧石器时代晚期3个文化期，时间跨度为距今3.7万—7000年。
>
> 人类学家周国兴教授在《白莲洞遗址课题研究（1991—1993）结

---

[1] 覃彩銮：《广西开发史》，桂林：广西师范大学出版社，2013年，第21页。

论要点》中指出，除了采用常规C-14年代测定法（10个试样）和应用AMSC14测定法（9个试样）获得一批很有价值的年代数据，证实了白莲洞洞穴堆积拥有连续而完整的层位，成为华南地区洞穴遗址群中不可多得的标准剖面和典型地点；通过地层学研究和孢粉分析充分，揭示了近3万年来柳州地区古生态环境和气候变化的趋向，它与全球性古气候变化趋向是同步的。

研究表明，白莲洞遗址是罕见的南亚热带晚更新世玉木冰期以来全球性古气候信息的储存库；白莲洞遗址古生态环境的复原，提供了探讨华南地区古人类演化及其生产活动，特别是原始农耕与动物驯养活动产生的环境背景。白莲洞遗址文化层与典型器物出现顺序：典型旧石器→细小燧石石器→原始磨制品→粗犷的砾石工具、原始穿孔砾石→通体磨光石器、陶器。[1]

那么，为什么说白莲洞人承前启后呢？这正是柳州三交史史前时期一个关键而又有趣的问题。承前就是承继了柳江人的文化，启后就是联结了大龙潭人的文化。在此先讲白莲洞人为什么会承继了柳江人的文化。随着"柳江人"研究的深入，有专家学者在考察发掘中发现，"柳江人洞"低矮狭小，黑暗潮湿，并不符合古人类选择居住地的标准，那么柳江人为何出现在这里呢？白莲洞遗址为"柳江人"的身世之谜提供了一个答案。

白莲洞人的洞穴遗址，位于柳州市东南郊12千米的白面山南麓，距柳江人化石点仅2千米，其遗址自1956年被发现以来，经过近年来多次发掘清理，获得了许多哺乳动物化石及丰富的石器时代文化遗存，其明显地划分为三个阶段：旧石器时代晚期文化、中石器时代和新石器时代早期文化。蒋远金认为柳江人与白莲洞人的前一阶段有着内在的联系：

---

[1] 柳州市地方志编纂委员会编：《柳州市志》第六卷，南宁：广西人民出版社，1999年，第398—399页。

首先，从地域上看，"柳江人洞"与白莲洞遗址相距仅2公里，而当时白莲洞居民的活动半径，从遗址中出土的砾石石器屡见来自柳江沿岸一级阶地的浅变质粉砂岩、闪长岩和辉绿岩等成分分析，至少可达5—6公里以上，白莲洞人完全有可能为进行采集、追逐猎物或为获取通天岩周围的燧石料而到达通天岩附近。因为在白莲洞早期文化层中蕴藏着与柳江人同样古老的伴生动物化石和取自通天岩附近的燧石原料制成的生产工具。

其次，从时间上看，柳江人生活的年代与白莲洞遗址早期年代十分接近。柳江人和白莲洞遗址早期的伴生动物群均为含化石智人的"大熊猫—剑齿象动物群"成员，在地质上属更新世晚期。柳江人生活的绝对年代其测年为距今6万多年，但目前学术界对柳江人生存年代的看法普遍认为应在距今3万—4万年为宜。白莲洞遗址堆积物的年代测得的上限为36000+2000年，含人牙化石及文化遗址的西七层约距今3万年，另广西水文地质工程队的普查报告认为，白莲洞整个洞门的堆积物自老而新大略可分为三套，其中最早的一套多被农民挖岩泥时破坏，残留部分见于东侧的洞口处另一套厚约1.5米的细砾层，内含动物化石，其时代可能在晚更新世之初，这些年代记录与柳江人生存时代十分接近。

此外，从体质人类学上看，柳江人与白莲洞人在体质上所表现的形态特征相当接近。柳江人经人类学家吴汝康研究，被认为是"形成中的蒙古人种的一种早期类型"，其头骨前囟点的位置较现代人靠后，具有一定的原始性，但在更多性状上与现代人并没有明显的区别；白莲洞人共发现牙齿两枚，这两枚人牙化石的石化程度较深，它们在个别性状上表现出一定的原始性，如右M齿冠基部有齿带的痕迹，与现代人尚存在着一定程度的差异，在体质上应与柳江人同属化石智人的晚期代表。

综上所述，从地域、时代和体质上看，柳江人很可能就是白莲洞早期文化的创造者。或者说，白莲洞人在外出采集食物、追踪猎物或为获取制作工具的原料时，由于遭到意外的丧生，其尸骸被泥石流带进了现在埋藏的洞内。我们可以再现当时沉积的过程：大概在晚更新世的某个时候，一次迅猛异常的山洪携带着大量岩屑、岩块以及柳江人和大熊猫的尸首，从西南方向的支洞倾泻而下。与此同时，现在洞口处有一些含岩屑和亚黏土的坡面水溢入，它们在第一厅室内汇合并沉积下来。此后经过一段很长的时间，其上发育了钙华板，到了全新世初期，又从现在洞口继续流入坡面水，生成第一钙华板以下的土状堆积。随着岁月的流逝，这些堆积物逐渐将洞口完全堵塞并在其上发育了第一钙华板以下的土状堆积。随着岁月的流逝，这些堆积物逐渐将洞口完全堵塞并在其上发育了第一钙华板……这样柳江人的文化就获得了解决，即白莲洞早期文化就是柳江人文化。[1]

所以，"柳江人"可能就是白莲洞早期文化的创造者，是"白莲洞人"的祖先，在外出狩猎、追踪猎物、采集的时候，由于突然遇到意外被泥石流推进通天岩。柳江人遗址、白莲洞遗址两方面相互结合，对研究柳州地区史前文化有着非常重大的意义。这样，如果把柳州持续发现的甘前岩人遗址、九头山人遗址、都乐人遗址、酒壶山遗址、陈家岩遗址、穿洞遗址、仙佛洞遗址等洞穴遗址，以及兰家村遗址、鹿谷岭遗址、响水遗址、新村遗址、独静村遗址、曾家村遗址等台地遗址等40多处遗址连接起来，就形成了以白莲洞遗址为中心的古人类遗址群落，其连续完整的文化堆积如一部古老的地书，"柳江人""白莲洞人""大龙潭人""兰家村人""都乐人"等古人类的出现，在柳江流域形成了较为完整的古人类生存的历史文化图像。[2]

---

[1] 广西柳州白莲洞洞穴科学博物馆编著，蒋远金主编：《柳州白莲洞》，北京：科学出版社，2009年，第168页。

[2] 参阅周枳伽：《柳州：南方古人类发源地——探究"柳州白莲洞史前文化"系列报道之一》，《柳州日报》2020年6月15日，第01版。

（四）大龙潭人的继往开来

历史有时是无巧不成书。从最初为了采集和渔猎，制造出最简单的生产工具，到打磨出锋刃用于狩猎，再到通体磨光石器的出现，乃至给石器穿孔用于固定渔网、刻出纹饰用于祭祀，柳州先民从定居半定居的穴居生活走向台地定居，从狩猎、捕捞和采集生活发展到可能已有较先进的原始农业、祭祀的出现，竟然通过柳江人到白莲洞人再到大龙潭人的历史承接，得到了展现。

大龙潭人出于大龙潭鲤鱼嘴遗址。《柳州市志》第六卷记载：

> 大龙潭位于柳州市区南郊，距城区约1.5公里，距柳江河约3公里。新石器时代遗址在大龙潭东北约10余米的龙潭山南，处于鲤鱼嘴山下岩厦内。岩厦高约8米，深2.5米，出山脚下公路路面约1.5米。遗址长约10米，宽5—8米不等，总面积约80平方米。1980年1月，柳州市博物馆罗秀英和桂林市文管会谭发胜两位工作人员考古调查时发现。10—11月，柳州市博物馆和自治区文物工作队对该遗址进行了发掘。遗址内含两个文化层：文化堆积由里略外倾斜，上文化层为含螺壳的灰褐色土状堆积，所含文化遗物有砾石工具、磨光石器、骨器和蚌器，并出现陶片，为绳纹夹砂陶及少量划纹、弦纹泥质陶；下文化层为含螺壳的黄褐色土状堆积，内含物以燧石打制小石器为多，还有磨刀石斧、绳纹夹砂粗陶和一件穿孔重石，并含犀牛化石和其他略有石化的动物骨骼。遗址出土人骨化石4具，石器900多件，骨蚌器20多件，陶片10多件，动物化石一批。
>
> 据北京大学考古系C-14实验室先后测得的9个C-14数据，扣除因螺壳测量的误差值，大龙潭遗址的年代比较切合实际的应为：上文化层（第二期文化）距今5000—6000年，下文化层（第一期文化）晚期距今1万年左右，早期距今2万年左右。

大龙潭鲤鱼嘴遗址的发掘，获得了一批考古资料和实物标本。两个叠压的文化堆积，在广西是首次发现。遗址内相叠压的两个文化堆积，有早晚关系。遗址的第一期文化，以打制石器为主，种类主要有砍砸器和刮削器。此外，还出土相当数量的燧石小石核、石片，在广西发现的新石器时代遗址中从未发现过。鲤鱼嘴遗址第一期文化的时代应为新石器时代早期。第二期文化，打制石器仍占一定的比例，磨制石器数量有所增加，而且磨制技术也较进步，属新石器时代中期。鲤鱼嘴遗址大量的螺蛳壳和少量的蚌壳堆积以及大量动物骨骼的出土，表明无论是第一期文化，还是第二期文化，人们的经济生活都以采集和狩猎为主，没有显著变化。第一期文化发现的人体骨骼与住地同在一处，均无明显墓坑和随葬品。埋葬无一定方向。葬式主要有仰身屈肢和俯身屈肢。可见当时的埋葬制度还比较原始。大龙潭人的颅骨性状与柳江人有些相似，颅顶较低、眉弓粗壮、颅骨枕部有"发髻"突起、低眶等特征比较相似。由此推测，大龙潭居民应当是代表广西地区也许是南部地区，从旧石器时代晚期向新石器时代过渡时期的人类代表。

于是，由于大龙潭组颅骨的大小和性状的种族特征与早期蒙古人种的南部类型——柳江人较相似，大龙潭人继往开来，可能是直接由以柳江人为代表的晚期智人发展而来，是南部地区新石器时代晚期居民的直接祖先。[1]

因此，蒋远金也认为"大龙潭居民生活时代正好处于旧石器时代晚期向新石器时代过渡期间。大龙潭人的骨性状与柳江人有些相似，如颅顶较低、眉弓粗壮、颅骨枕部有'发髻'突起、低眶等特征"[2]。更值得提出的是，大龙

---

[1] 柳州市地方志编纂委员会编：《柳州市志》第六卷，南宁：广西人民出版社，1999年，第399—400页。

[2] 广西柳州白莲洞洞穴科学博物馆编著，蒋远金主编：《柳州白莲洞》，北京：科学出版社，2009年，第186页。

潭人"从人类进化中颅骨特征演化规律来看，这些特征均被认为属于原始性状。由此我们推测，大龙潭居民应当是广西地区乃至南部地区从旧石器时代晚期向新石器时代过渡时期的人类代表。换言之，大龙潭居民可能是南部地区新石器时代晚期居民或壮族先民的直接祖先"[1]。从这点来看，大龙潭人交往、交流、交融的贡献就超出柳州地区了。

二、柳州"三交"史的传说时期

传说时期又称传说时代、上古时代、远古时代、三皇五帝时代或神话时代，在中国指的是夏朝以前的历史时期。在六七千年以前，那时各地以不同形式走向母系氏族公社的繁荣时期，还留下了新石器文化。这时各族群有自己的图腾崇拜及宗教和神话，但往往是些朦胧的记忆或结合后来的宗教思想所做的描述。到五六千年前，各地先后进入了父系氏族社会，有了内容较丰富的神话传说。

据学者研究，最早的神话故事和历史传说，总是氏族部落关于其本氏族或本部落的来源及其祖先的神话故事。这样的神话传说靠历史文献记载下来，并逐步发生由较简朴到较复杂，由缺乏系统到逐步有系统，由神性很浓逐渐演化成人性，由纯神话逐步变成历史故事的演进变化。从西周到战国，就是中国古史神话传说演进变化的时期。汉代则把它历史化、定型化。

柳州三交史传说时期各民族的交往、交流、交融聚焦在盘古神话上。

曰：遂古之初，谁传道之？
上下未形，何由考之？
冥昭瞢暗，谁能极之？

---

[1] 广西柳州白莲洞洞穴科学博物馆编著，蒋远金主编：《柳州白莲洞》，北京：科学出版社，2009年，第186页。

> 冯翼惟象，何以识之？
> 明明暗暗，惟时何为？
> 阴阳三合，何本何化？
> 圜则九重，孰营度之？
> 惟兹何功，孰初作之？

正当中原大地流行着黄帝制器，创造一切的神话传说时，屈原在《天问》中，却置黄帝传说于不顾，提出了宇宙中自然界和人类社会"孰初作之"的问题。与中原炎黄系统尊黄帝为"人文之祖"不同，在中国南方流传着"盘古开天辟地"的传说，恰恰回答了屈原的疑问。神话学家袁珂在《中国神话传说》[1]中，通过整理古籍材料，详细记述了这个传说：

> 据说当天地还没有分开的时候，宇宙的景象就只是黑暗混沌的一团，好像一个大鸡蛋。我们的老祖宗盘古就孕育在这个大鸡蛋中。
>
> 他在大鸡蛋中孕育着，成长着，呼呼地睡着觉，这样一直经过了一万八千年。有一天，他忽然睡醒了，睁开眼睛一看：啊呀！什么也看不见，看见的只是漆黑模糊的一片，闷得人怪心慌。
>
> 他觉得这种状况非常可恼。心里一生气，不知道从哪里抓过来一把大板斧，朝着眼前的黑暗混沌，用力这么一挥，只听得到山崩地裂似的一声响：哗啦！大鸡蛋突然破裂开来，其中有些轻而清的东西，冉冉上升变成了天，另外有些重而浊的东西，沉沉下降，变成了地。——当初是混沌不分的天地，就这样给盘古的板斧一挥，划分开来了。
>
> 天和地分开以后，盘古怕它们还要合拢，就头顶天，脚踏地，站在天地的当中，随着它们的变化而变化。
> ……

---

[1] 袁珂：《中国神话传说》上，北京：中国民间文艺出版社，1984年，第74—76页。

  他孤独地站在那里，做这种撑天柱地的辛苦工作，又不知道经过了多少年代。到后来，天和地的构造似乎已经相当巩固，他不必再担心它们会合在一起，他实在也需要休息休息，终于，他也和我们人类一样地倒下来死去了。

  他临死的时候，周身突然起了大的变化：他口里呼出的气变成了风和云，他的声音变成了轰隆的雷霆，他的左眼睛变成了太阳，右眼睛变成了月亮，他的手足和身躯变成了大地的四极和五方的名山，他的血液变成了江河，他的筋脉变成了道路，他的肌肉变成了田土，他的头发和髭鬃变成了天上的星星，他的皮肤和汗毛变成了花草树木，他的牙齿、骨头、骨髓等，也都变成了闪光的金属、坚硬的石头、圆亮的珍珠和温润的玉石，就是那最没用处的身上出的汗，也变成了雨露和甘霖——总之一句话：这"垂死化身"的盘古，用了他的整个身体使这新诞生的世界丰富而美丽。

  为什么中国南方会流传与黄帝制器，创造一切截然不同的盘古开天辟地的神话传说呢？究其根源，是因为汉族除以炎黄和东夷为其主源之外，还以苗蛮为其支源。盘古开天辟地就是流传在苗蛮集团中的始祖神话传说。[1]

  认同苗蛮说的学者甚多，主要有茅盾、夏曾佑、顾颉刚、范文澜、闻一多、吕思勉、徐松石和袁珂等，[2]其中茅盾可算是早期持南方说的具有代表性的学者，他依据盘古神话之记载者徐整是吴人进行假设，认为盘古神话产生于南方（假定是两粤）。[3]闻一多在1942年写的《伏羲考》则认为盘古是苗族始祖。[4]夏曾佑认为"盘古"与"盘瓠"音近，盘瓠为南蛮之始祖，[5]并推测盘古

---

[1] 参阅徐杰舜《汉民族发展史》，成都：四川民族出版社，1992年，第45—47页。
[2] 参阅段宝林《盘古新考》，《寻根》2012年第3期。
[3] 茅盾：《中国神话研究ABC》，上海：上海书店，1990年，第30—31页。
[4] 参阅闻一多：《伏羲考》，上海：上海古籍出版社，2009年，第49页。
[5] 夏曾佑：《中国古代史》，北京：团结出版社，2006年，第9—10页。

乃瑶族始祖盘瓠传说之演变。徐松石从语言学与民俗志资料两个方面论证盘古与盘瓠通用。[1]袁珂在《中国神话通论》中列举盘古神话由盘瓠传说影响而产生的三点理由：一是盘古与盘瓠音相近，由盘瓠音转而为盘古。二是盘古与盘瓠传说的地望都在南方。三是刘锡蕃《岭表纪蛮》中记载瑶族有奉祀盘古之俗，而苗族亦有相似之俗；苗瑶所奉祀的盘古与盘瓠相差无几。袁珂也由此认为盘古是由盘瓠演变而来的。[2]

但南方说在20世纪80年代受到了挑战。这缘起于河南大学中原神话调查组在河南桐柏县一带发现盘古山神话群和济源县的盘古寺的盘古神话。据张振犁的报告：此盘古神话群内容包括"盘古出世，开辟天地，补天、战洪水、除猛兽，发明衣服，与盘古奶滚磨成亲，生子以后，又与八子分掌九州（或分管天、地、花木），发明文字，最后死时肢体化作盘古山等世界万物"[3]。张振犁据此调查资料并结合文献中有关河南泌阳与桐柏的盘古山的记载认为这与《述异记》中的"秦汉间说：盘古氏头为东岳，腹为中岳，左臂为南岳，右臂为北岳，足为西岳"相吻合，最后断言"可见说盘古神话最早产生自北方，是合情合理的"[4]。

河南另一位学者马卉欣通过盘古考察万里行，掌握了有关盘古文化的田野资料，他认为："通过考察全国各地的盘古神话遗迹及其神话，还发现南方的盘古神话与中原桐柏山盘古神话有一脉相承的地方。从中可认清源与流，还可互补……可见盘古神话由北向南流传的说法是可信的"[5]，"从人类学、史学、民族学、神话学、民俗学、语言学、民间文学的学理和资料足以证明：盘古神话产生于中国的中原地带"[6]。在此，有一条材料值得重视，即相传为姜子牙（太公望）所著《六韬》之"大明"篇中所记召公对周文王所说的一

---

[1] 徐松石：《徐松石民族学文集》（上），桂林：广西师范大学出版社，2005年，第409页。
[2] 袁珂：《中国神话通论》，成都：巴蜀书社，1993年，第73—76页。
[3] 张振犁：《中原古典神话流变论考》，上海：上海文艺出版社，1991年，第28页。
[4] 张振犁：《中原古典神话流变论考》，上海：上海文艺出版社，1991年，第28页。
[5] 马卉欣：《盘古之神》，上海：上海文艺出版社，1993年，第72—73页。
[6] 马卉欣：《盘古之神》，上海：上海文艺出版社，1993年，第85页。

段话：

> 天道净清，地德生成，人事安宁，戒之勿忘，忘者不祥。盘古之宗，不可动也，动者必凶。

段宝林认为：《六韬》在《汉书艺文志》中记为"六弢"传为周初姜太公之作，如果是后人所托，则最晚也不会晚于汉代，当在三国徐整之前。这条材料说明，早在周代，晚在汉代，就有对"盘古之宗"的崇拜，并已在北方上层流行，把盘古作为祖宗崇拜，关乎天道、地德和人事的和谐，这是对盘古崇拜的极好说明。由此可见，早在汉代以前，盘古崇拜已在中原流行。在开始可能有一定争议，发生了动与不动的问题，但周之召公却坚信"不可动也，动者必凶"[1]。

此时，盘古神话中原说虽言之凿凿，但却遭到了质疑。叶舒宪认为以河南发现的盘古神话群来立论，试图证明北方中原地区是盘古创世神话的发源地，很难自圆其说。[2] 俄罗斯汉学家李福清也指出中原说是不可信的。[3] 他认为以桐柏山一带为中心的盘古神话群，从比较故事学来看很可能与盘古山名有关系而已；从盘古山所流传的盘古神话内容得知，当地民间把许多伏羲、女娲及其他文化英雄的事业转移到盘古身上，这应该不是原始的古代神话，不足以证明中原是盘古神话产地。[4] 而盘古神话具有"宇宙之卵"与"垂死化身"两个核心母题，中国南方畲族、瑶族、苗族、壮族都有盘古身化神话流传以及祭祀盘古的民俗，所以，这都证明盘古神话是从南方民族来的，盘古被列入汉族民间文学与一些章回小说（如明周游《开辟演义》），在民间神话传说

---

[1] 段宝林：《盘古新考》，《寻根》2012年第3期。
[2] 叶舒宪：《中国神话哲学》，北京：中国社会科学出版社，1992年，第324页。
[3] ［俄］李福清：《古典小说与传说》，北京：中华书局，2003年，第193－194页。
[4] ［俄］李福清：《古典小说与传说》，北京：中华书局，2003年，第191－192页。

中，有时也代替了伏羲，与女娲一起创造或整理世界。[1] 刘亚虎甚至说"百越各族为盘古神话或盘古神话的某种类型的首创者之一，或者说在百越古族中很早就流传着盘古及同类型的其他神话，大约是可以成立的"[2]。

覃乃昌等人于2003年与2005年两次对来宾市盘古文化进行考察后所发表的系列论文，可谓一石激起千层浪，[3] 具有重要的学术价值。

其一，为盘古源于壮侗语族提供了新的材料。在覃乃昌等人的研究中，盘古文化群包括盘古庙、盘古地名、盘古神话传说、盘古山歌，祀奉盘古神的民俗活动，以及盘古国的传说，堪称盘古文化的活化石。从而证明了盘古神话主要源于壮侗语民族。早在1994年，蓝鸿恩曾撰文说盘古神话属壮族先民之一乌浒人中流传的故事。[4] 所以覃乃昌等人从人类学、民族学、神话学等学科的层面，对盘古文化全方位的考察研究，大大充实了盘古神话主源于壮侗语民族，尤其是源于壮族的结论。

---

1 参阅［俄］李福清《古典小说与传说》，北京：中华书局，2003年，第193—194页。
2 刘亚虎：《中华民族文学关系史》（南方卷），北京：人民文学出版社，1997年，第183页。
3 关于壮侗语民族说，可参阅覃乃昌：《追问盘古——盘古神话来源问题研究之一》，《广西民族研究》2006年第4期；潘其旭：《华南—珠江流域盘古神话的北传——盘古神话来源问题研究之二》，《广西民族研究》2006年第4期；郑超雄《盘古神话与历史盘古国——盘古神话来源问题研究之三》，《广西民族研究》2007年第1期；覃彩銮《盘古国文化遗迹的实证考察——盘古神话来源问题研究之四》，《广西民族研究》2007年第1期；覃乃昌《壮侗语民族的创世神话及其特征——盘古神话来源问题研究之五》，《广西民族研究》2007年第2期；覃乃昌《壮侗语民族创世神话是盘古神话的主要来源——盘古神话来源问题研究之六》，《广西民族研究》2007年第3期；蓝阳春《伏羲神话、女娲神话与盘古神话是三个不同的神话谱系——盘古神话来源问题研究之七》，《广西民族研究》2007年第3期；覃乃昌《我国南方少数民族创世神话创世史诗丰富与汉族没有发现创世神话创世史诗的原因——盘古神话来源问题研究之八》，《广西民族研究》2007年第4期；蓝阳春《论盘瓠、盘王非盘古——盘古神话来源问题研究之九》，《广西民族研究》2007年第4期；覃乃昌《"咟盘"与"勒勾"：盘古一词源于壮侗语民族先民的磨石崇拜和葫芦崇拜——盘古神话来源问题研究之十》，《广西民族研究》2008年第1期；覃乃昌、潘其旭、覃彩銮等《广西来宾市盘古文化的考察与研究》，《广西民族研究》2004年第1期等系列文章，以及覃乃昌《追问盘古——广西来宾市盘古文化考察札记》，南宁：广西人民出版社，2006年；覃乃昌、覃彩銮、潘其旭等《盘古国与盘古神话》，北京：民族出版社，2007年。
4 蓝鸿恩：《层叠现象剖析——壮族古代文化反思之二》，《民族艺术》1994年第3期。

其二，证明了来宾是盘古文化的重要发祥地。覃乃昌等人的研究，发现了以来宾（来宾原属柳州地区）为中心，包括柳江区在内的盘古文化群，把盘古源于南方说推向了高峰。

其三，揭示了"盘古"的原始意义。覃乃昌等人从壮族语言的角度来揭示"盘古"就是"盘勾"即"磨刀石与葫芦"[1]，这样就使壮族至今仍流传的兄妹始祖型洪水神话中的"磨刀石"、"葫芦"与"盘古"发生了关联，壮族盘古兄妹洪水神话也就是"盘勾"神话。从而使"盘古"的原始意义得到了解读。

当然，上述所言，无论南方说还是中原说，也无论汉族说还是壮族说，都是在传统轨道上的学术讨论和争鸣。现在，在铸牢中华民族共同体意识的轨道上，在柳州"三交"史的背景下，盘古传说中无论是南传北，还是北传于南；也无论是汉族传入壮族还是壮族传入汉族，从本质上来讲，都反映了民族之间的交往、交流和交融。要不然何以解释壮族人的族群记忆中，有尊奉汉族的伏羲为壮族的始祖神，来叙述本族群的兄妹始祖型洪水神话？何以解释汉族早在周代晚在汉代，就有对"盘古之宗"的崇拜？何以解释河南桐柏山区盘古神话中的祖先记忆，与广西来宾（包括柳江区在内）盘古文化群的发现如此相似？何以解释瑶族的盘瓠文化与盘古文化的混淆，有人认为"盘古"是由《后汉书·南蛮传》中的"盘瓠"音转而来？[2] 何以解释有人会认为瑶、侗、苗三族的盘古神话"同出一源"？[3] 其实，在铸牢中华民族共同体意识的视野中，盘古传说你中有我，我中有你；同中有异，异中有同，正是柳州在传说时期各民族交往、交流、交融的一种文化表达。

---

1 参阅覃乃昌、潘其旭、覃彩銮等：《广西来宾市盘古文化的考察与研究》，《广西民族研究》2004年第1期；覃乃昌：《追问盘古——广西来宾市盘古文化考察札记》，南宁：广西人民出版社，2006年，第80—89页。
2 夏曾佑：《中国古代史》，北京：生活·读书·新知三联书店，1955年，第8页。
3 参阅陈宏文：《粤北瑶族〈歌堂曲〉读后》，《民族文学研究》1985年第1期。

三、分子人类学视野下的柳州原生时代

（一）基因分析：分子人类学与民族学牵手的纽带

分子人类学的崛起，给研究柳州原生时代的"三交"史打开了一个崭新的窗口。

分子人类学的研究成果表明：现居于地球上的人类均源自非洲，这一论点，虽偶有争论，但基本上已成为遗传学家和人类学家们的共识。

现代人类约于6万年前走出非洲后，因遥远、险阻的地理隔离和迥异的气候，分化成多个地理种[1]；后又因社会习俗和文化隔绝，分化为众多的族群。这些族群或者以相同的历史聚在一起，或者以相同的语言和文化聚在一起，或者以相似的地域环境简单地认同为同一群体。鉴于此，通常都会依据语言、文化、体质特点、地理位置等作为分类标准。这种群体分类方法简单、明了。然而，这种简单的群体归类方法多少都带有一定的主观色彩，如果再加上一些人为因素或政治因素的介入，群体的定义就会越来越不精准，致使很多群体的生物学起源、迁徙等问题变得愈加模糊，这无疑给人类学、群体遗传学等学科的研究和发展带来一定的制约甚至误导，因为群体是遗传学研究的基础单位，唯有明确了群体的概念，才能够真正以遗传学角度对该课题开展研究，但很难知道基于这些标准的分类在遗传学上是否合理。

相对于语言人类学和历史人类学来说，分子人类学可能对了解群体的起源及其与周围人群的关系会相对精准和科学得多。因为语言会随着人们对自然界认知的提高而不断丰富，并可能受周围群体外来语言的影响而不断变化，历史也往往只记载强势群体的历史，因此，完全依照文化、语言等方面的资料确定的族群，虽然在族群文化、语言特性等方面拥有很多共同点，但在遗

---

[1] 同一种生物以地区不同所产生的形态差异为区别时，称之为地理种。地理种的形成原因一般认为是地理的隔离。

传学的角度上分析，两者可能并非属于同一个群体。

相对而言，人类的遗传物质（脱氧核糖核酸，DNA）则稳定得多。DNA是生物遗传信息的载体，生物物种的特性和物种发展的进化过程都是由遗传物质DNA决定的。尽管DNA也会受环境的变化发生一定程度的变异，但其变异是遵循一定速度和规律的，反而变成了一种遗传的时间和距离标尺。近年来，海量的分子遗传学数据表明，虽然整个人类基因组由数目庞大的碱基对（约30亿对）组成，各个民族、群体、个体的基因在大多数区域内是一致的，只是在某些区域内存在差异性，这些不同的区域则被称为人类基因多样性区域，是由于环境的作用选择性保留DNA的变异所致，包括碱基的缺失、插入和置换等。多态（polymorphism）即DNA序列中某特定位点的变异频率超过1%，不超过1%的则为突变。单倍型（haplotype）指的是有关联的邻近突变形成的组合结构，单倍群（haplogroup）指的是相关联的多种单倍型组成的类群。这些有规律可循的变异或多态可以较为忠实地记录人类起源、进化、迁徙、融合等事件，因此，分析DNA的多态可了解群体的起源及其与周围群体的交流和融合过程。

原生时代，柳州地区山势险峻、地形复杂、交通不便，各群体间往往由于语言不通、习俗迥异等因素，长期缺乏必要的社会沟通和遗传交流，形成一些相对隔绝和孤立的群体，加上柳州地区的原居民族大多仅有语言，没有普遍通用的文字，又极少接受汉语教育，其族群的起源、迁徙等历史多为口头传承，对他们的历史记载是汉人到来之后并以汉人的眼光开始的，难免发生信息丢失、错漏和残缺。另外，某些原居民族因语言上的同化及民族心理认同感的偏差，已很难了解这些族群的发生、发展及融合过程。因此，单纯依靠语言和有限的历史资料进行民族群体的确认已显不足，致使一些群体的文化人类学研究及疾病的群体遗传学研究结果备受质疑。

分子人类学的崛起，为错综复杂的柳州原居民族的生物学甄别以及对他们的起源、迁徙和融合过程的研究带来了契机。

（二）分子人类学的视野：柳州原居民族源流的文化发现

人的本质在于文化，而文化是需要表达的，表达则需要发现。所以凡有人类学意义的发现都是文化发现。分子人类学的视野，给人们打开了探究民族源流的新窗口，使我们在柳州原居民族源流的研究上有印证、颠覆和新意三个方面的文化发现。

1. 吻合：历史文献与基因分析的相互印证

在分子人类学的视野中，首先使我们感到惊讶的是历史文献与基因分析的吻合。

历史文献的记载，壮族的来源可以追溯到2000多年前，属百越族群集团中"骆越"和"西瓯"这两支族群的后裔。对此，从分子人类学的基因分析也得到了印证。

为了研究广西壮族内部遗传的结构，分子人类学者们通过收集来自广西壮族8个支系的DNA，并对其父系遗传的Y染色体上的9对双等位位点和6个短串联重复微点进行多态分群，也就是所谓SNP-STR法。并对采集来的DNA进行母系遗传的线粒体高变区测序。明确其两系的单倍群之后，再对8个支系的单倍群频率以及血统主成分、散布结构等开展研究，并通过基因比率来研讨不同分支之间的遗传交融对比，从而对民族语言的演变、民族历史的追溯与当代壮族分支的构成提供良好的科学基础。结果如下：

> 壮族Y染色体单倍群分布集中在O*、O1、O2a、O3等东亚人群最为常见的单倍群上，其中，壮族各个支系中数量最多的是单倍群O*型，其次是O2a及O1，在这点上和东亚南方人群的Y染色体单倍型频率分布特点是相同的，从中可知壮族人群属于东亚南方群体的一员。而与之相对的东亚北方人群的Y染色体单倍群O3、O3e、O3e1也存在于壮族群体

中，表明壮族与东亚北部人群具有较为频繁的基因交流。[1]

为了更好地梳理广西壮族各个分支的生物学联系，李辉曾经研究壮族各个分支中单倍群的散布图，并得到如下结果：壮族分支虽多，但都是以红水河地区作为主要支点地区，并以之作为堡垒，向古邕州南北两部以及桂林北部不断迁徙演变，并最终在左江、右江以及云桂边界成为迁徙距离最远的壮族分支。换言之，壮族本身的分支蔓延在地理上是自东向西的，而不是按照南北壮话的差异来进行分类。当然，在桂东北地区的壮族五色人之所以与桂西南的壮族在血统构成上极度相似，也有可能是来源于独立的迁徙行为。[2]

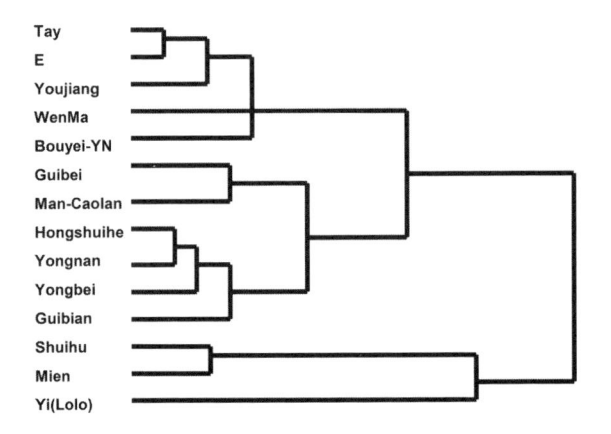

Tay（岱）、E（五色）、Youjiang（右江）、Wenma（文马）、Bouyei-YN（云南布依）、Guibei（桂北）、Man-Caolan（高栏）、Hongshuihe（红水河）、Yongnan（邕南）、Yongbei（邕北）、Guibian（桂边）、Shuihu（水户）、Mien（瑶族）、Yi（Lolo）（彝族）。其中瑶族（Mien）和彝族（Yi）为外群。

图1 壮族各支系的Y-SNP聚类分析

（资料来源：徐杰舜、李辉：《岭南民族源流史》，昆明：云南人民出版社，2014年，第293页。）

---

[1] Chen J, Li H, Qin ZD, et al. Y-chromosome genotyping and genetic structure of Zhuangpopulations. Yi Chuan Xue Bao, 2006 Dec, 33（12）：1060-1072. 转引自徐杰舜、李辉《岭南民族源流史》，昆明：云南人民出版社，2014年，第85页。

[2] 参阅徐杰舜、李辉：《岭南民族源流史》，昆明：云南人民出版社，2014年，第293页。

此外，广西壮族各支系人群 mtDNA 单倍群频率分布，在 213 个样本中，有 17 个单倍群，其中最多的单倍群是 B、F、M7 等，这也和东南亚人群的线粒体 DNA 组成是完全相同的[1]，也显示广西壮族属于东亚南方人群，结果与 Y 染色体单倍型的数据是相同的。姚永刚等的群体研究结果也显示，壮族、傣族、广西汉族之间存在密切的关系。[2]

由此可见，分子人类学研究的结果和其他学者的资料仍然证明，壮族应该是百越族群集团中"骆"和"瓯"这两支族群的后裔。这也和早年间的史籍资料、文化人类学的学术成果相契合。

壮族的族源得到印证，广西另一个大族群集团——苗瑶的族源也得到了印证。苗瑶之源流，目前学术界公认的看法是：苗瑶语族中的苗、瑶、畲这几个民族都拥有同一个源流，在族属上与"九黎""三苗""南蛮"有着紧密的联系。分子人类学的基因分析，对此提供了新的证据。对瑶族研究造诣很深的张有隽先生，在人们还在历史文献中寻找瑶族族源的答案之时，他于 2000 年把眼光转向了刚兴起的分子人类学，与复旦大学现代人类学研究中心的金力、李辉、文波等人合作，在广西、广东、湖南、云南等地区进行了大规模瑶族人群 DNA 抽样调查，对这些样品进行了最适合于研究东亚人群的 13 个 Y-SNP 遗传标记基因分型。文波等人撰写的对瑶族的基因分析，取得了重大的突破。张有隽先生根据分子人类学的材料，对苗瑶族群的起源和迁徙做了假想，他说：苗族、瑶族以及汉族、藏缅族群的父系血统关系比较相像，南北族群融合的情况非常突出；通过对苗瑶族群最突出的 O3-M7 单倍群分

---

[1] 高路、董永利、郝肇菁等：《云南 16 个少数民族群体的线粒体 DNA 多态性研究》，《遗传学报》2005 年第 2 期；李永念，左丽，文波等：《中国布依族人的起源及迁移初探——来自 Y 染色体和线粒体的线索》，《遗传学报》2002 年第 3 期。

[2] Yao YG, Nie L, Harpending H, et al. Genetic Relationship of Chinese Ethnic Populations Revealed by mtDNA Sequence Diversity. Am J Phys Anthropol, 2002, 47: 311-318. Li H, Cai X, Winograd—Cort ER, et al. Mitochondrial DNA diversity and population differentiation in southern East Asia. *Am J Phys Anthropol*, 2007, 134（4）. 转引自徐杰舜、李辉：《岭南民族源流史》，昆明：云南人民出版社，2014 年，第 293 页。

析，可以判断这个族群的分化起码是在1.7万年—1万年前就开始了。所以在将这一信息比对考古学、历史学的研究成果之后，可以认为苗瑶族群的发展历程是："汉藏—苗瑶"群体在1.7万年—1万年前便从最初的族群中分离成为一个独立的族群。到了8000年前，江汉平原一带的苗瑶民众创造了最早稻作的高庙文化。随后，苗瑶族群逐渐开始北向迁徙发展，和黄河流域的各类文化交流、融合，很可能也参与了黄帝与蚩尤之间的战争，并随后在战乱影响下不断往西南迁徙，而向北迁徙的也就是当代苗族的群众。[1]

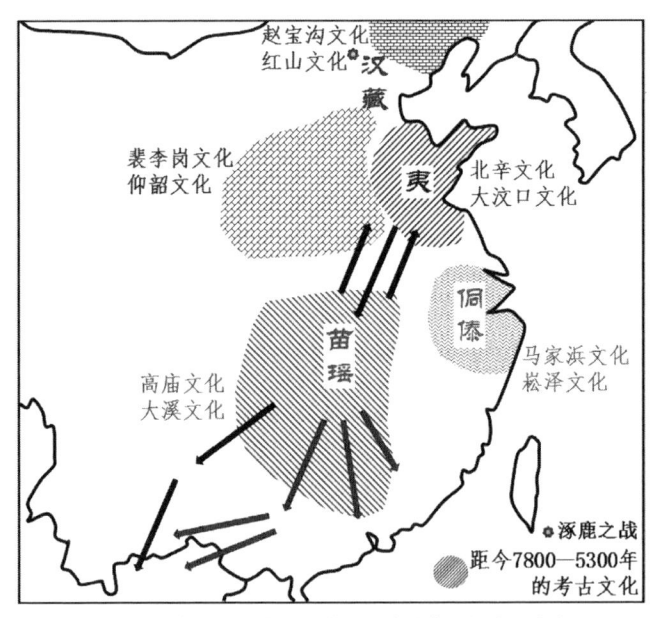

注：虚线和实线分别表示苗族和瑶族（先民）的迁徙路线

图2 苗瑶族群起源和迁徙路线假想图

（资料来源：奉恒高主编：《瑶族通史》，上卷，北京：民族出版社，2007年，第58页。）

---

[1] 奉恒高主编：《瑶族通史》，上卷，北京：民族出版社，2007，第58页。

具体而言，苗族从1.7万年前的上古时期开始发源，得益于彭头山文化、高庙文化的稻作而壮大成型，经历了三皇时期的"三苗""九黎"，再到五帝时期的"有苗"等，以至春秋战国时期的"南蛮"以及汉朝与魏晋时期的"武陵蛮"，最终演变成了唐代的苗族。瑶族与苗族的族群发展经历大致相同，从1.7万年前的传说与创世的英雄神话中可以反推，瑶族的远古先祖盘瓠就是属于九黎一族的，最终也成为武陵蛮、五溪蛮一员。由此可见，在分子人类学的视野中，也证实了苗、瑶以及畲族的同源关系。

2. 颠覆：壮侗语族的核心并不是壮族

柳州原居民族中，壮侗语族诸族是广西最重要的一个民族集团。在普通学者的眼中，壮族先民们一般被称为瓯邓、桂国、损子、产里、百濮、九菌等，骆越与西瓯都属于壮族先民，这是因为壮族在文化上属于壮侗语族，学者们的定位也是文化上的。但如果从生物学角度上来看，壮侗语族应该是源于黎族（属于卡岱语族），因为在分子人类学的分析活动当中，Y染色体O1单倍群是壮侗的主流，而黎族具有最古老的O1单倍群，有近两万年分化历史，这一族群特征远远久于壮族先祖。[1] 该发现也确实超出了民族学界与历史学界早前的判断。因黎族不是广西的世居民族，在此姑且不论。

对柳州原居民族来说，从分子人类学基因分析理论上看，壮族既不是最古老民族，也不是壮侗语族的核心民族。

那么，壮侗语族的核心民族是谁呢？在分子人类学的视野中，壮侗语族的核心民族是侗族和水族，这是很具颠覆性的。

对侗族的分子人类学研究，首先是证实了侗族与百越的源流关系。分子人类学学者在网络结构中发现8个侗水族群和东部沿海人群的连接结构，其中一个是两个族群的共享单倍型。由此可见，侗族与东部沿海古代越族之间的相互关系是相当密切的。除此以外，分子人类学对侗族基因的分析，还有

---

[1] 详见徐杰舜、李辉：《岭南民族源流史》，昆明：云南人民出版社，2014年，第267页。

两点使人惊喜。

一是证明了侗族从梧州迁来绝不是无稽之谈，而是有根据的。

侗族古歌传说自己来源于东南方，语言学的研究也认为他们起源于珠江的下游的沿海地带[1]，后来在政治压力下向西北方向迁徙。结合分子人类学的研究，可以大致推测，侗族在向西北方向迁徙过程中，首先有部分人走散了，来到雷州半岛和海南岛成为临高人。在广东西北部又留下了一部分人，成为标人。到了湘桂黔交界处，定居下来。就是说侗族古歌说侗族来源于梧州正是历史记忆的一种沉淀。

二是揭示了侗族长期处于地理意义上的中心，又是生物学层面的中心，所以不难判断这是岭南各民族形成的中心。

在对侗族的分子人类学研究中，值得关注的是侗水族群总体的O1单倍群年龄是8000多年，这与台湾少数民族和东部越人群体中的O1年龄相当，而侗水族群的发源地都指向东南方向的沿海地区。这三个族群很有可能是同一时期内分化形成的。从基因分析中，我们发现，台湾少数民族的各个单倍型中，有10个是与大陆族群共享的。其中有5个与东部越人共享，3个与侗水族群共享，还有2个与黎族共享。此外还有3个侗水族群和台湾少数民族相连的结构，4个东部越人和台湾相连的结构。这说明，台湾少数民族与大陆东部越人的关系最为密切，其次是侗水群体，以及海南岛黎族。

那么侗水和东部越人的关系如何呢？分子人类学学者在网络结构中发现8个侗水和东部越人的连接结构，其中一个是两个族群的共享单倍型。由此可见，侗水族群、东部越人和台湾少数民族之间的相互关系是相当密切的。实际上，统计这个网络结构中的关系，我们可以发现，侗水群体几乎和任何一个类群都有连接，远远超过其他族群的联系复杂程度，可见侗水族群为岭南族群起源中心的可能性相当之大。

相关材料显示，岭南族群起源中线并非侗水，黎族才最接近中心，但是

---

1 梁敏、张均如：《侗台语族概论》，北京：中国社会科学出版社，1996，第6—11页。

侗水在发展过程中，不断地与其他族群发生着关系，应该是处于岭南人群分布上的中心位置上。也就是说，在壮侗语族人群发育的过程中，侗水族群长期地处于地理上的中心位置，并且是遗传结构上的中心位置。这样，它才有机会和其他族群都发生交流。从地理上看，这个中心位置应该就在广东的东部和福建的南部，这个地区东接台湾，北连江浙古越人，南临黎族，西靠仡佬，西南方向还有马来族群的出发地。这个地区也同语言学推测的发源地基本吻合。

所以，我们基本可以相信，侗水族群的发源地在厦汕一带的沿海地区。侗水族群长期以来是岭南人群分化过程中的核心成分。如果把黎族看作岭南人群的"根"，马来和仡佬就是"侧枝"，而侗水则是南岛－侗傣族群的"主干"。"壮傣"族群则是较晚时间从侗水中分化形成的另一主干。

分子人类学的这个研究成果一下子把侗族推到了壮侗语族族群最古老的位置，而让人们刮目相看！[1]

3. 改变：壮族的发展是从东向西，不是南壮北壮的演进

分子人类学的基因分析不仅颠覆了壮族在壮侗语族族群集团的核心印象和古老历史，也改变了南壮北壮的演进。

虽然近年来广西考古学者逐渐发现了一些古壮语文字的痕迹，但由于样本太少，不成体系，所以很多年来学界的共识是壮族只能够通过汉族文字来实现书面交流，因此壮族本身的发展与分流、迁徙轨迹很难通过文献找到答案，只是凭借言语上的区别将壮族区分为壮族北部方言组和南部方言组。

但是，在分子人类学的研究中，研究结果表明南部壮族群众与北部的壮族群众在遗传形态上十分近似，不管是在主成分分析还是分子方差分析，都并没有充足证据表明两者的分组一致。甚至在地理与主成分分析结果的复合研究上，也并不能推导出南北向的发展轨迹，语言上的南北差异并不能充分

---

[1] 徐杰舜、李辉：《岭南民族源流史》，昆明：云南人民出版社，2014年，第323—324页。

说明生物学上的南北存在差异，相反在东西方向却出现了以红水河作为支点的、渐变扩散的生物学散布轨迹。

对于壮族群众来说，Y染色体的单倍群频率表里，O*、O2a两种单倍群的历史最为久远且出现率较高，这也就意味着O*、O2a应该就是壮族群众的原始遗传标识，同时也有很大概率表明了东亚人种是通过广西深入东亚大陆繁衍的。而在第一主成分地图中，不难发现遗传标识是属于"多点开花"式的繁衍方式，而且是东北、西南的对角分布。在进行研究之后，能够看到O2a本身是第一主成分在现代的遗传标识，而且已经经过了超过一万年的演变，可以表明壮族先民们早在一万年之前就已经将O2a带到了广西。而O*在壮族人体内的标识时间甚至超过了两万年，所以O*也有一定概率是壮族先民带来的原始单倍群，这也就证明了东亚人种可能是在早年间就已经到达了红水河，并向东进行繁衍，在广西境内形成了今日所见的壮族。

O1单倍群非常突出地展现出了壮族先民中的一些群体在1万年前开始从东部向西部迁徙的情况，这也展现了壮族先民遗传学上的第二次融入，也表明了当时西瓯人逐渐与骆越人结合的可能。不难看出，语言学上将壮族划分为南北两部，在遗传学上是不成立的，壮族各个分支的发展蔓延是东西向的。[1] 这也意味着从前南方壮族、北方壮族的分类认识将有可能被颠覆。

4. 发现：百越与苗蛮似乎是同源的

从基因的源头看，百越与苗蛮似乎大部分是同源的，这应是对广西世居民族源流的一个新发现。

长期以来，广西世居民族的研究中，都以百越或苗蛮作为起源。

而在百越先民逐渐繁衍形成民族时，出现了多元分化现象，在通过多年来的重组与分化后，一部分成为华南、西南地区独特的多个民族，如壮族、傣族、布依族、水族、仫佬族、毛南族等壮侗语族族群，也有一部分融入了

---

[1] 徐杰舜、李辉：《岭南民族源流史》，昆明：云南人民出版社，2014年，第311页。

其他民族，如汉族、瑶族、苗族等。所以可见，目前我国壮侗语族的各个民族甚至是其他民族，都有着一定的百越血统。

历史的演进对族群繁衍发展有着根本性影响，这一影响在古代苗蛮部族的民族化历程里得到了印证，今日的苗、瑶、畲民族就是由部分古代苗蛮人发展而来的。

这样，似乎形成了广西世居民族起源的二元结构。但在分子人类学的视野中，百越与苗蛮似乎是同源的。

根据分子人类学的基因分析研究，中国南方的族群分化开始于2万年前后，族群之间特异性的分支开始形成。到了1万年以后这种差异在文化上被放大，遗传的交流就更少了，终于形成了族系的差别。这时，中国南方形成了侗傣、苗瑶、孟高棉等各有特色的族群系统。在研究岭南人群的发源地的问题上，Y染色体更为有力些。但是在东亚人群定居时间、分化时期的大致范围上，母系的线粒体DNA和父系的Y染色体DNA两种遗传标记的估计是大致相符的。所以我们估计，广西世居民族的祖先可能形成于北部湾一带，时间是近3万年之前。在其后慢慢地向北发展出侗傣群体，向东发展出台湾少数民族，向南发展形成马来族群。从这个长时段看，百越与苗蛮显然同源，此其一。

其二，线粒体的分型在中国的南北方之间存在着显著的差异，南方比较古老而且多见的是B、M7、F、R等单倍群。而在侗傣、苗瑶和孟高棉中，这些单倍群占有很高的比例，说明这三个类群最有可能是中国南方的土著族群。众所周知，侗傣族群被认为是中国古代著名的百越族群的后代。根据中国历史，百越是我国古代长江以南最大的一个族群。[1]在史前，他们的祖先就在这一区域内创造了辉煌的文化（河姆渡文化—马家浜文化—崧泽文化—良渚文化—马桥文化等）。许多百越群体逐渐被汉族同化，或者向西迁徙，成为今天的侗傣族群。

---

1 宋蜀华：《百越》，长春：吉林教育出版社，1991年，第1页。

其三，苗瑶族群受百越的遗传影响也可以观察到，特别是广西的各个瑶族支系。O1的比例是：大化布努20%，江华过山瑶10%，富川平地瑶14.6%，上思盘瑶6.3%，田林盘瑶9.1%，勐腊顶板瑶9.1%，防城细板瑶18.2%，红河山瑶4.3%。广西大化县是布努人的集中分布区之一，许多地区布努人多于壮族，布努人来源于侗水族群的分布区，这一部分O1可能来源于侗水。其他瑶族支系都属于瑶族的盘瑶（Iu Mien）支系，是瑶族最大的支系，其中的百越成分可能获得于支系分化之前，也来源于湘黔桂粤交界处的侗水族群。

总而言之，通过遗传学分析发现，古代百越的基因的确与壮族、傣族、侗族三个族群的基因十分相似，在整体上有承继关系，同时也发现苗瑶与侗傣的血统交融并不罕见，只是相互联系稍稍少于东南沿海地区的汉族与侗傣。然而，对于那些特征性的基因标志，苗瑶与侗傣仍然有着显著区分，族群分化都是在近3万年以前完成的，大多数在2万年前左右，而已经形成大族群的则多数有超过1万年的遗传分化历史。

所以，通过遗传学研究可以看出，广西原居民族最早应该在3万年前的北钦防聚集，同时和5000年前的百越族群属于同宗同源。[1]

5. 关注：柳州汉族与周围壮族、瑶族、苗族等民族的基因类似

在基因分析上，值得关注的是柳州汉族与周围壮族、瑶族、苗族等民族的基因类似。据研究柳州汉族人群体在Y染色体上，出现频率较高的单倍型依次为O2a*、O3a5a2、O1*、O、O3a*、O3a4a、O2a1，在mtDNA上，出现频率较高的单倍型依次为M7b*、F1、R9、M*、M7*、B4a、N9，这些单倍型和其他少见单倍型不论在种类和频率上，均与周围壮族、瑶族、苗族等民族类似，也提示这些群体之间亲密的生物学关系，[2] 详细的遗传学分析及与文

---

[1] 以上均参阅徐杰舜、李辉：《分子人类学的视野：广西世居民族源流新论》，《广西师范学院学报》2017年第4期。

[2] 赵青：《广西黑衣壮族及当地汉族的分子人类学研究》，硕士学位论文，广西医科大学，2010年。

化人类学的互相印证工作还在进行中。

国内外学者的研究表明,在 G6PD 缺陷病上,柳州汉族人群最常见的突变类型为 95A→G,1376G→T 和 1388G→A 等,与周围群体相似。此结果亦与以上柳州汉族父系和母系遗传的结果一致。[1] 这正好是柳州汉族与周围壮族、瑶族、苗族等民族交往、交流和交融的结果。

(三) 民族源流是一个古老的话题

历史本来就是记忆的表达,更是后人对记忆的建构。在柳州原居民历史的研究中,民族源流是一个古老的话题。

探讨民族源流,从方法论来说,考证方法不断地变迁着。远的不说,传统方法是以传世文献为唯一合法的证据。20 世纪初,随着西学东渐,尤其是考古学和文化人类学等新兴学科的兴起,疑古学派的出现,中国民族源流研究的方法为之大变。考古过程中出现的新发现、新文献,也在罗振玉、王国维等人的史学研究之后,成民族源流课题的重要参考。不仅是甲骨文拓片,连后来的竹简、帛书也成为研究的重要参考,这正是王国维所言的二重证据法。进入 21 世纪前后,研究的参考文献不仅局限于书面材料,更延伸到了田野调查过程中收集到的非物质文化遗产,如口头传承的叙事诗、壁画以及文物等,即叶舒宪所称为"第三重证据"的口碑材料,以及称为"第四重证据"的文物和图像。[2]

但是,在研究民族源流中,仅凭四重证据似乎还不够,因为民族的源流不仅仅是历史的记忆,也不完全是学者的建构,其根源还有一个血缘因素在内。而血缘因素虽然从文献中可以梳理,但从本质上说,这种文献的梳理仍然是一种建构。那还有没有更好的方法去求证呢?有!这就是分子人类学的

---

1 参阅徐杰舜、李辉:《岭南民族源流史》,昆明:云南人民出版社,2014 年,第 84—85 页。
2 叶舒宪:《四重证据法:符号学视野重建中国文化观》,《光明日报》2010 年 7 月 17 日,第 06 版。

基因分析法。

分子人类学是人类学与生物学的重要学科，其研究方式为通过分析人类基因组中的脱氧核糖核酸（DNA）序列的系统演变规律，找到人类文明的迁徙、演变、社会变化等课题的答案，是一项学科跨度较大的新学科。DNA 在传代过程中会不断积累新的突变，从而造成个体间 DNA 的序列差异与其亲缘关系的远近成正比。分子人类学的研究方式就是对人类的基本遗传信息 DNA 的排列进行对比。主要研究思路就是采集不同人群的 DNA 样本，从而分析各个群体之间的血亲联系。人类学家通过基因组来判断民族发源地以及迁徙、转移的散布，从而解析该群体的繁衍与发展轨迹。分子人类学从 20 世纪末开始成为人类学与考古学的重要臂助，在人类族群起源、交流与民族分化、考古鉴定研究等领域做出了突出贡献。

由此可见，分子人类学的方法不是主观的建构，而是客观的表达。正因为它是客观的表达，所以它是科学的。这好比一个人与其父母有没有真正的血缘关系，经过 DNA 基因检测即可认定。现在，我们在柳州原居民族源流的研究中，引入分子人类学的方法，应该说是提供了非常有力的证据。事实上，社会科学不断地采用自然科学的研究方法的发展趋势，称之为社会科学的自然科学化，民族源流的研究引入分子人类学的方法是迟早的事情。

马克思曾预言："科学，只有从自然科学出发，才是现实的科学。历史本身是自然史的，即自然界成为人这一过程的现实部分。自然科学往后将包括关于人的科学，正像人的科学包括自然科学一样：这将是一门统一的科学。"[1]

总之，从历史长时段的基因分析上看，侗族和水族是从厦门汕头一带沿海迁徙来的壮侗语族最古老的核心；苗瑶同源，似乎苗瑶与壮侗也同源；壮族的发展是从东向西，不是南壮北壮的演进；柳州汉族与周围壮族、瑶族、苗族等民族的基因类似。这是目前为止，我们所能知道的基因时期柳州民族的原生态势。

---

[1] 《马克思恩格斯全集》第 42 卷，北京：人民出版社，1979 年，第 128 页。

第二章　羁縻时代柳州"三交"史

柳州从原生时代跨进文明的大门之后,"羁縻"一直是社会治理的主旋律。

何谓"羁縻"?《史记·司马相如列传》云:"盖闻天子之于夷狄也,其义羁縻勿绝而已。"何谓"羁縻勿绝"? 司马贞《索隐》说:"羁,马络头也;縻,牛靷也。《汉官仪》云,'马云羁,牛云縻',言制四夷如牛马之受羁縻也。"[1]换言之,利用少数民族首领对民族地区进行统治,臣服于王朝,这种通过朝廷封授少数民族首领一个职官称号,仍由他们世袭其地,世统其民,朝廷不过问或干涉其内部事务;允许保留其原来的社会、政治形态,生活方式和风俗习惯,只要求表示臣服归属,并且象征性地收缴一些赋税贡纳,以示臣属关系的方式,在汉代便称为"羁縻"。[2]

羁縻思想起源于西周,在《尚书·周书·周官》孔颖达《正义》中就有"《周礼》'九服',此惟言'六'者,夷、镇、蕃三服,在九州之外夷狄之地,王者之于夷狄,羁縻而已,不可同于华夏"的说法。即自有夷、夏之分时,这种羁縻思想就开始慢慢萌芽,三皇五帝尧舜禹时期"修德振兵"就是

---

[1] 《史记·司马相如列传·索隐》。
[2] 参阅张声震主编:《壮族通史》(中),北京:民族出版社,1997年,第418—419页。

羁縻政策得以实施的前提条件。及至秦代，在少数民族地区设置"道"这一行政单位，《后汉书·百官志五》说"县有蛮夷曰道……县万户以上为令，不满为长。侯国为相。皆秦制也"。虽然"古者国小，甲兵少，交通不便，悬远之地，为驾驭所不及，则建国以守之。后世国大，甲兵多，交通便，悬远之地，亦为力所能及，则择人守之。此建国之所以易为制郡也。……封建（即分封制）之变为郡县如此"[1]。但是对于偏远的少数民族地区，鞭长莫及，中央王朝的管理不方便。所以，秦朝只有通过对其首领封以"臣邦君长"等官职，进行间接统治。汉承秦制，更为广泛地推行"蛮夷君长"的统治制度，除"道"以外，还设置了"属国""初郡"等行政单位，对归附的少数民族首领授以各种官职名号，允许其"以其故俗治"，这种治理方式被称为"羁縻"。此后，随着多民族统一国家的形成和发展，封建王朝更加任用少数民族首领治理边疆，羁縻制度不断发展。到了唐朝，"自太宗平突厥，西北诸蕃及蛮夷稍稍内属，即其部落列置州县。其大者为都督府，以其首领为都督、刺史，皆得世袭"[2]。以羁縻府州制代替秦汉以来的"边郡制"，"以蛮治蛮"的色彩更加浓烈，至此羁縻制度正式确立。[3]

从秦汉到唐，历代中央王朝治理广西及柳州，基本上沿袭了这个羁縻制度。就是在羁縻制度的背景下，柳州的三交史进入了羁縻时代。

一、先秦：柳州及广西的民族态势

先秦时代，当中原地区经历了夏、商、西周三代，并正上演春秋战国的历史大戏之时，包括柳州在内的整个广西还处在"火耕水耨"，[4]"随潮水上下"

---

1 吕思勉：《中国制度史》，上海：上海教育出版社，2002年，第344页。
2 《新唐书·地理志》。
3 参阅缑广则、杜宗景：《羁縻制度对广西经济文化的影响》，《南宁师范高等专科学校学报》2009年第1期。
4 《汉书·地理志》。

的"骆田"[1]时代。从社会发展的角度去比较，广西比中原地区整整滞后了两千余年。在这个差距的背景下，我们在进入柳州三交史羁縻时代之前，先了解一下这个时代百越民族集团的态势。

《中国民族政策简史》曾对百越民族集团做过一个简要的介绍："居住在今江苏南部直到今广西、海南的东南沿海广大地区，因战国初年越国的强大而得名，又因越族种类繁多，古书上称为百越。他们以农业、渔捞为主要生产活动，有断发文身等原始习俗。西周至春秋之时，活动在江、浙太湖流域一带，百越集团中发展比较快的于越部落联盟发展形成为越族，分别建立了吴、越二国。浙江南部的瓯江流域有瓯越，文化较越国落后。其南为闽越，居于今福建和江西东部。南岭之南直到今越南中部的各族，称为南越。大致居于广西东部至广东一带者称西瓯。居于今广西西部者称骆越。在云南、贵州一带也有部分属百越集团的氏族、部落和部落联盟。先秦时，南越与中原各族交往不多。"[2]

从整体上了解了百越之后，我们再看广西的骆。

骆，又作雒，是百越集团中土著广西以及广东雷州半岛、海南岛和越南东北部、中部的一个族群。

骆，因垦食"雒田"和其活动地区多"骆田"而得名。所谓"雒田"或"骆田"，就是山麓岭腿间的田。《交州外域记》云："交趾昔未有郡县之时，土地有雒田。其田从潮水上下……因名为雒民。"[3]《广州记》中则云："交趾有骆田，仰潮水上下，人食其田。"[4]可见"骆田"与"雒田"相通，"雒民"亦即"骆人"，故"骆人"之意，就是垦食骆田的人。经过漫长的历史演进，秦末汉初，骆始见于史籍记载，《史记·南越列传》说：赵佗用"财物赂遗闽越、西瓯、骆，役属焉，东西万余里"。这里的"骆"，就是骆人。这时的骆人，

---

[1] 郦道元：《水经注》卷三十七，引《交州外域记》，《四部丛刊》本。
[2] 徐杰舜、罗树杰、许立坤：《中国民族政策简史》，银川：宁夏人民出版社，2011年，第18页。
[3] 郦道元：《水经注》卷三十七，引《交州外域记》，《四部丛刊》本。
[4] 见《史记·南越列传》注，引《索隐》。

史籍记载，后来分化成为两个较大的族群，即西瓯和骆越。下面我们聚焦与柳州三交史有密切关系的西瓯。

西瓯又称"瓯骆"，其分布地东北方到达今广西贵县，《舆地志》说，"贵州……秦属立郡，仍有瓯骆之名"。《史记·南越列传》亦说："越桂林监居翁谕告瓯骆属汉。"越桂林郡治正在今贵县，其西边也到交趾，《广州记》说："南越王尉佗攻破安阳王，令二使典主交趾、九真二郡，即瓯骆也。"但是，以南越国为中心，从其方位来说，为了区别于东瓯的闽越，瓯骆又被称为"西瓯"，这一点，从史籍所载西瓯的分布地可证。西瓯的东北方，《舆地志》有"贵州（今广西贵县），故西瓯骆越之地"的记载；《史记·赵世家》张守节《正义》亦云："西瓯骆，又在番吾（苍梧？）之西。"东南方，《元和郡县志》"潘州（今广东高州），古西瓯骆越所居"的记载，《史记·赵世家》索隐刘氏亦云："今珠崖、儋耳谓之瓯人。"从上可见，瓯骆的地域当在五岭以南，南越国之西，骆越之东，大体包括汉代郁林郡和苍梧郡，相当于桂江流域和西江中游一带，即今桂东南及粤西南广大地区。[1]

西瓯最早见于记载的是《史记·南越列传》，其云："佗因此以兵威边，财物赂遗闽越、西瓯、骆，役属焉，东西万余里。"后又见于《汉书·两粤传》："蛮夷中西有西瓯，其众半嬴，南面称王。"《淮南子·人间训》更是具体地说出西瓯君的名字云："（秦军）三年不解甲弛弩，使监禄无以转饷。又以卒凿渠而通粮道，以与越人战，杀西呕君译吁宋。"其后又云："越人皆入丛薄中，与禽兽处，莫肯为秦虏。相置桀骏以为将，而夜攻秦人，大破之，杀尉屠睢，伏尸流血数十万，乃发谪戍以备之。"[2]正如《广西通史》第二卷所分析的那样："早在秦军大举南伐之前，西瓯已是岭南百越当中最强大的族群，有一支足以对抗秦军并使之'三年不解甲弛弩'的武装力量。即使西瓯君战死，西瓯人也不屈服，'莫肯为秦虏'，他们重新组织起来，'相置桀骏以

---

[1] 参阅徐杰舜《中国民族史新编》，南宁：广西教育出版社，1989年，第523—524页。
[2] 《淮南子·人间训》。

为将，而夜攻秦人'，杀死秦军统帅屠睢，打得秦军'伏尸流血数十万'。秦在岭南建立三郡，西瓯则退守桂西北，'其众半羸，南面称王'。赵佗的南越国为了对抗吕后，还用财物遗赂西瓯，试图结成联盟。《史记·南越列传》有'瓯骆相攻，南越动摇'的记载，都证明了西瓯作为岭南百越中一支独立的政治实体一直存在到汉武帝灭南越国之后。"[1] 所以，先秦时，西瓯人在今广西境内的活动区域，主要在桂林、柳州、梧贺、玉林、贵港、来宾和河池地区。[2] 郑维宽在《广西历史民族地理》中也说："西瓯人主要分布在今广西东、中部地区。"[3]

但是，学术是发展的。在我们对骆和西瓯有了一个基本的了解之后，为了更好地认识骆和西瓯，有必要分三个方面，稍微具体地介绍周长山等主编，廖国一、陈洪波等著的《广西通史》第一卷中的最新综合论述。

（一）关于"瓯""骆"称呼的考释

文献中真正出现关于西瓯的记载是在汉代。《淮南子·人间训》记述秦始皇平定岭南时，"与越人战，杀西呕君译吁宋"。《史记·南越列传》记载，南越王赵佗"以兵威边，财物赂遗闽越、西瓯、骆，役属焉"。《汉书·南粤传》载："且南方卑湿，蛮夷中，西有西瓯，其众半羸，南面称王。"广西一带的瓯人之所以称为"西瓯"，大约如颜师古所说，"言西者以别东瓯也"。

"瓯"为何意，古人无解。近人刘师培《古代南方建国考》认为：瓯以区声。区，为崎岖藏匿之所。从区之字，均有曲义，故凡山林险阻之地，均谓之瓯。南方多林木，故古人均谓之瓯，因名其人为瓯人。此为一家之言。也有学者认为，瓯不是山林险阻之意，不是地名，也不是人称语词，而是动词，其意义一如汉语中的"要"字。现代壮语中，要什么东西叫"瓯僧"（ou

---

1 周长山、施铁靖：《广西通史》第二卷，桂林：广西师范大学出版社，2019年，第552—553页。
2 参阅周长山、施铁靖：《广西通史》第二卷，桂林：广西师范大学出版社，2019年，第554页。
3 郑维宽：《广西历史民族地理》，桂林：广西师范大学出版社，2018年，第21页。

seng），要某种东西叫"瓯烘"（ou hong），不要叫"咪瓯"（mei ou），吃饭时添饭叫"瓯苟"（ou go），要菜叫"瓯北"（ou pa），摘果子叫"瓯麦"（ou mak），娶妻叫"瓯雅"（ou ya），旧社会说买田买地叫"瓯那"（ou na）、"瓯荔"（ou Ie）。由于瓯的语音在越人的日常生产生活中用得比较普遍，时间长了，便被其他民族用作对越人称呼的代词。[1]

"骆"，或称"雒"。这个族称在先秦古籍中似乎未见本字。在《逸周书·王会解》中提到"路人大竹"。朱右曾《逸周书集训校释》云："'路'音近'骆'，疑即骆越。"还有人认为，《越绝书》《吴越春秋》中的"莱"也是"骆"。真正提到"骆"的最早古籍，大约是《吕氏春秋·孝行览·本味篇》："和之美者，阳补之姜，招摇之桂，越骆之菌。"高诱注："越骆，国名。菌，竹笋。"其实，无论"越骆"还是"骆越"，意思都一样，只是词序不同而已。这个词序的不同，可能与越语、汉语的词序正好相反有关。《史记》似乎没有单独提到过"骆"，提到"骆"时，都是与"瓯"相连成"瓯骆"。东汉以后，特别是魏晋南北朝的史书，才较多单独提到"骆"或"骆越"。如《汉书·贾捐之传》："骆越之人，父子同川而浴。"《后汉书·马援列传》："援……与越人申明旧制以约束之，自后骆越奉行马将军故事。""援好骑，善别名马，于交趾得骆越铜鼓。乃铸为马式，还，上之。"郦道元《水经注·叶榆水》引《交州外域记》云："交趾昔未有郡县之时，土地有雒田，其田从潮水上下，民垦食其田，因名为雒民。设雒王、雒侯主诸郡县。县多为雒将。"又据《史记·南越列传》司马贞《索隐》注曰："《广州记》云：'交趾有骆田，仰潮水上下，人食其田，名为'骆人'。有骆王、骆侯。诸县自名为'骆将'，铜印青绶，即今之令长也。后蜀王子将兵讨骆侯，自称为安阳王，治封溪县。后南越王尉他攻破安阳王，令二使者典主交趾、九真二郡人。'"寻此骆即瓯骆也。"《交州外域记》和《广州记》约为魏晋时期的著

---

[1] 潘世雄：《对广西壮族源流问题的探讨》，《岭外壮族汇考》，南宁：广西民族出版社，1989年，第109页。

述，应是魏晋时对先秦时期骆越情况的追记。[1]

"骆"的来历，除了上引《交州外域记》《广州记》所说的与"潮水上下"有关之外，今人有的认为与"山麓"或"麓田"有关。《史记》"正义"有云，"南方之人，多处山陆"，其中的"山陆"，就是"山麓"的意思。大多数学者认为"骆"实为表示山谷之义。也有人认为，"骆"与鸟图腾或鸟崇拜有关，因为"骆"[lo：k]在壮语中就是鸟的意思。[2]越南历史学家陶维英认为骆是鸟的图腾名称，刻在铜鼓上的候鸟，正是铜鼓的主人即雒（骆）越人的图腾，从"雒"和"雄"字的字义来看，这必定是雒越人氏族的名称，而深究其本义，我们知道"雒"或"雄"字，是指江南地区的一种候鸟。人类学告诉我们，在原始社会中，各个氏族，是常常以图腾的名字来为自己氏族命名。那么"雒"字正是图腾的名称，即我们在玉镂铜鼓上所看到的那种候鸟。[3]

郑超雄称"骆"可能来源于"峔"。从流传在壮族中的《布洛陀经诗》中记载有众多"峔国"的情况看，骆应是在"峔国"的基础上形成族称的。大约从古国时代开始，甚至早到聚落时期，壮族先民以一个或几个山谷谷地为居住单位，每一个居住单位前面都冠以"峔"的名称，与现在壮族村寨名称前冠以"板"或"蛮"字一样。现代岭南地区的地名普遍有六、渌、绿、陆等字，其实都是"峔"的异体同音同义地名，都与山谷谷地有关，于是"峔"字也就成为壮族先民的早期族称。以后又演变成骆字，变成汉人文献中的规范字，其原因是《史记》最早将部分岭南越人称为"骆"族，后来的作史者也就依《史记》称谓而统一其字形和音义。这是秦始皇以来全国统一文字的功劳。[4]

覃圣敏对瓯骆之间的关系做过精辟的分析与总结，他认为，秦始皇用兵

---

1 参阅周长山等主编，廖国一、陈洪波等著：《广西通史》第一卷，桂林：广西师范大学出版社，2019年，第309页。
2 覃圣敏：《西瓯骆越新考》，《百越研究》（第一辑），南宁：广西科学技术出版社，2007年，第1—3页。
3 ［越南］陶维英著，刘统文等译：《越南古代史》，北京：科学出版社，1959年，第73页。
4 郑超雄、覃芳：《壮族历史文化的考古学研究》，北京：民族出版社，2006年，第311—312页。

岭南时，二者结成了一个联盟，原来应该是各自独立的，各自独立的西瓯和骆越整合成为一个整体，称为瓯骆，直到汉武帝平南越时终告瓦解。这个历史过程与瓯、骆在不同时期不同的出现形式正相吻合。综观文献记载，瓯、骆在不同时期有着不同的出现形式：在先秦往往是同时出现的；汉武帝以后，瓯、骆又往往单独出现了。特别应该注意的是秦朝三郡和南越国时期，西瓯与骆越已经整合为史公评述中提到的"瓯骆相攻，南越动摇"一语，一向被作为瓯、骆是两支越人的铁证，但覃圣敏认为，所谓"瓯骆相攻"，并非指瓯与骆之间相互攻击，而是以瓯骆为一方，攻击南越一方，更为符合情理。[1]

（二）关于"瓯""骆"的分布态势

关于西瓯与骆越的分布区域，大家看法不一。从历史文献记载的情况来看，西瓯人主要生活在灵渠以南的桂江流域及西江中游，骆越人主要聚居在左江、右江流域和贵州西南部及越南北部红河三角洲一带。

关于西瓯的地望，《淮南子·人间训》记述秦始皇南开五岭进军广西时称："三年不解甲弛弩，使监禄无以转饷。又以卒凿渠而通粮道，以与越人战，杀西呕君译吁宋。"按秦监禄所凿之渠即灵渠，在今兴安湘江和漓江分水岭之间。经此渠以征越人，可知西瓯当位于灵渠以南。

《汉书·南粤传》说道，南越"西有西瓯"，也给出了一个明确的方位。南越国以番禺为都城，秦汉时期的番禺即今之广州；南越国并有秦之南海、桂林、象郡，占据今广东、广西和越南北部，所谓南越之西，应该是在今广西境。晋人郭璞在注释《山海经》时曰："郁林郡有西瓯。"郁林郡是汉武帝平定南越后从原桂林郡析出的，治所在今贵港市南江区。郁林郡领布山、安广、阿林、广郁、中留、桂林、潭中、临尘、定周、增食、领方、雍鸡十二

---

[1] 覃圣敏：《西瓯骆越新考》，《百越研究》（第一辑），南宁：广西科学技术出版社，2007年，第5—7页。

县，辖地相当于今广西桂中、桂西南至桂北，即整个广西东部地区。西瓯就在这个范围之内。

《旧唐书·地理志》党州条说："党州下，古西瓯所居，秦置桂林郡，汉为郁林郡，唐置党州。"唐代党州治所在今玉林市治西北的小平山乡小平山圩西，领善劳、抚安、善文、宁仁、安仁五县，位于今广西东南部。《旧唐书·地理志》潘州条："潘州下，茂名，州治所，古西瓯、骆越地，秦属桂林郡，汉为合浦郡地。"唐代潘州治所在今玉林市的西南新桥乡境内南流江东岸。潘州领南昌、定川、陆川、温水、宕川五县，也位于广西东南部。《旧唐书·地理志》贵州条说："贵州下，郁平，汉广郁县地，属郁林郡，古西瓯、骆越所居，后汉谷永为郁林太守降乌浒人十万，开七县即此地也。"唐李吉甫《元和郡县图志》也说："贵州，本西瓯、骆越之地，秦并天下置桂林郡。"

南宋王象之《舆地纪胜》卷一〇一广南西路贵州条引《通典》说：贵州，"古西瓯、骆越之地"。唐宋时期的贵州治所在今贵港市贵城镇，领郁林、潮水、郁平、马度四县，辖境也在今广西东南部。北宋欧阳忞《舆地广记》说："郁林州，古蛮夷之地；春秋战国为西瓯，秦立桂林郡，后为南越尉佗所并。"宋代郁林州又名郁林郡，治所在今玉林市兴业县石南镇，后徙玉林市玉林镇，辖境也在桂东南。《太平寰宇记》贵州郁平县条引《舆地志》云："故西瓯、骆越之地，秦虽立郡，仍有瓯骆之名。"宋代郁平县治所在今贵港市东津乡郁江南岸。

根据上述记载，西瓯作为百越的一支，存在于岭南西部地区，西江中游等地。如罗香林即认为，西瓯"其居地似在今广西柳江以东，湖南衡阳西南，下至今苍梧封川，北达今黔桂界上。西瓯与骆越境地相接，曾杂错而居，似以今之柳江西岸区域为界，柳江东南则称西瓯，柳江西岸以西则称骆越，而此西岸区域之连接带则称西瓯、骆越"[1]。

---

[1] 罗香林：《古代百越分布考》，《中夏系统中之百越》，上海：独立出版社，1943年，第121页。转引自周长山等主编，廖国一、陈洪波等著：《广西通史》第一卷，桂林：广西师范大学出版社，2019年，第315页。

（三）关于西瓯、骆越文化的考古踪迹

关于西瓯，有人认为，桂北、桂东和桂东北地区的一些新石器时代晚期遗址可能是西瓯的早期文化。这些遗址出土的生产工具以磨制石器为主，有梯形穿孔石斧、石锛、石凿、石镞等，陶器都是印纹陶，有罐、釜等。到了商周时期，随着岭南与楚国及中原地区联系的加强，西瓯地区的文化有了进一步的发展。这一时期的墓葬，在形制以及随葬品的造型、纹饰等方面，与楚国、中原地区所发现的大体相同，并有浓厚的地方特色。在平乐、平南、桂平、容县、象州等地发现的战国墓葬就说明了这一点。以平乐银山岭西瓯战国墓为例，该地墓底普遍设腰坑，腰坑内习惯于放置一件陶器，或瓮或罐，或杯或盒，只一件，别无他物。[1] 墓底设置腰坑，是中原地区商代和西周时期流行的形制，但到春秋中期几乎绝迹。而且中原地区腰坑内一般是埋狗或殉人。银山岭战国腰坑墓有学者解释为苍梧族的墓葬，苍梧族的迁徙从中原地区带入了这种葬俗。但大多数学者还是认为银山岭战国墓属于西瓯，腰坑墓属于西瓯的葬俗。无论银山岭腰坑墓属于苍梧还是西瓯，都表明它们与中原地区葬俗可能具有一定的联系。

蒋廷瑜通过银山岭战国墓与同时期广东德庆落雁山、肇庆北岭松山、四会鸟旦山、四会高地园、怀集栏马山、广宁铜鼓岗、罗定南门垌等战国墓进行比较，认为它们有许多共同特点，属于同一种文化类型，再对照历史文献记载，推断它们同属于历史上的西瓯。[2] 再综合罗定背夫山、岑溪花果山、高州仙坑村、广宁龙嘴岗等战国墓群和零星发现的材料，可以将西瓯文化的主要特征归纳如下：

1. 盛行长方形土坑墓，墓室底部普遍设置腰坑。墓底设腰坑是中原地区商和西周时期十分普遍的现象，腰坑内一般埋一只狗，个别贵族墓也有埋殉人的，进入春秋时期，腰坑的数量已大为减少，到春秋中期几乎全部消失。

---

[1] 广西壮族自治区文物工作队：《平乐银山岭战国墓》，《考古学报》1978年第2期。
[2] 蒋廷瑜：《西瓯骆越青铜文化比较研究》，南宁：广西科学技术出版社，2007年，第91—95页。

但在岭南西瓯地区，在时隔几个世纪之后，仍然盛行腰坑。这种腰坑与中原商周时期的腰坑不同，腰坑内只埋一件陶器，未见埋狗痕迹。西瓯墓设腰坑的比例很大，以平乐银山岭为例，在110座战国墓中就有87座设有腰坑，占总数的79%以上。

2. 随葬品组合比较规范。西瓯墓的随葬品以实用器为主，基本上没有礼器。基本组合是铜兵器（或陶纺轮）+ 生产工具 + 生活用具。铜兵器是剑、矛、镞配套，生产工具是锄、刮刀配套，生活用具是鼎、盒、杯配套，此外还伴出砥砺兵器和工具的砺石。组合方式相当整齐划一。有铜兵器的墓，都不见陶纺轮，有陶纺轮的墓，都不出铜兵器，可以窥见其男女性别的差异。在一些大墓中，还随葬代表其不同寻常身份地位的甬钟或柱形器。

3. 青铜制品地域色彩浓厚。西瓯墓中随葬的青铜器，具有浓厚的地域色彩，以铜扁茎短剑、双肩铲形钺、靴形钺、竹叶形刮刀、柱形器和盘口鼎最为突出。此外，还流行甬钟。

4. 有一批具有特色的陶器。如硬陶三足盒、"米"字纹大陶瓮等。[1]

笔者之所以在此详引《广西通史》第一卷陈洪波的研究成果，实乃其是迄今为止，对"瓯""骆"最全面、最系统、最集中的研究呈现。

二、秦代：秦瓯之战与汉族入柳

战争是政治的继续，也是民族与族群交往、交流、交融的一个重要形式。马克思和恩格斯在《德意志意识形态》中说："战争本身还是一种经常的交往形式。"[2] 马克思和恩格斯的这个观点，从宏观的历史上看，在相当长时期内，

---

[1] 参阅周长山等主编，廖国一、陈洪波等著《广西通史》第一卷，桂林：广西师范大学出版社，2019年，第318—320页。
[2] 马克思、恩格斯：《德意志意识形态》，《马克思恩格斯全集》第3卷，北京：人民出版社，1965年，第26页。

暴力、战争、掠夺、抢劫等被看作历史的动力。古老的文明，往往被"野蛮"的民族破坏，然后又重新形成新的文明。在原始的状态下，人口的增长往往需要越来越多的资源，这导致历史上战争这种交往形式被广泛利用，于是，战争成了一种经常的交往形式。而广西及柳州，这样一个被封闭了两千多年的地方，于公元前221年后，被一场旷日持久的秦瓯之战打破了。

秦瓯之战，就是中国历史上著名的发生在秦始皇与西瓯之间，长达6年之久的战争。[1]

公元前221年（始皇二十六年），秦始皇统一了中原。分天下为三十六郡，《史记·秦始皇本纪》云："地东至海暨朝鲜，西至临洮、羌中，南至北向户，北据河为塞，并阴山至辽东。"这是中国历史上第一次出现的统一版图。此所谓"北向户"，据黄体荣研究：《史记》注，"〈吴都赋〉曰：'开北户以向日。'刘逵曰：'日南之北户，犹日北之南户也。'"这就是说，岭南地区已被抽象地包括在中国版图内，但当时建置的三十六郡，不只没有岭南三郡，即今福建地区也未列入三十六郡，所以"南至北向户"，只能意味着秦始皇对于遥远的南方，早已心向往之。[2]也就是说经略岭南是秦始皇统一中原后的梦想。

征服岭南的战争一旦列入秦始皇的战略之中，就势必爆发。公元前219年（始皇二十八年），秦军开始对南方百越民族进行征服战争。《淮南子·人间训》载："又利越之犀角、象齿、翡翠、珠玑，乃使尉屠睢发卒五十万，为五军：一军塞镡城之岭，一军守九嶷之塞，一军处番禺之都，一军守南野之界，一军结余干之水。"可见，南下大军的主帅尉屠睢亲自指挥第一路军对岭

---

[1] 关于秦瓯之战，许多著作都有解读，如萧泽昌、张益桂：《柳州史话》，南宁：广西人民出版社，1983年，第14页；黄体荣编著：《广西历史地理》，南宁：广西民族出版社，1985年，第32—38页；黄现璠、黄增庆、张一民：《壮族通史》，南宁：广西民族出版社，1988年，第172—176页；覃彩銮：《广西开发史》，桂林：广西师范大学出版社，2013年，第63—66页；郑维宽：《广西历史民族地理》，桂林：广西师范大学出版社，2018年，第19—20页；周长山、施铁靖：《广西通史》第二卷，桂林：广西师范大学出版社，2019年，第552—553页等。

[2] 参阅黄体荣编著：《广西历史地理》，南宁：广西民族出版社，1985年，第32页。

南开战。

战事一开始，就是在五岭中的越城岭和萌渚岭的低谷中进行的。这两处低谷在秦以前就已存在古道，所以秦向岭南进军，就把主力第一军放在镡城[1]之野的越城岭。从这里通过湘桂走廊，进入今广西兴安、桂林一带，进而控制漓江通道。在九嶷的第二军，这一路起着重要的"犄角"的作用，沿古道进入今广西的钟山、贺州一带，然后沿着贺江或漓江和第一路军在西江会合。这样，秦军在这里就能打出一个有利的态势，向东向西进兵任由他们选择。至于"处番禺之都"和"南野之界"的两路军，正在虎视着南海之滨，但由于这两路军所要通过的都是新开辟的道路，而且没有河道运输，所以秦对岭南用兵，就把重点放在镡城之岭。如果战事顺利，就可以沿西江东下，直取番禺，实现统一岭南的梦想。

但是战事并没有如秦始皇所愿，尉屠睢挥军直扑越城岭，在战事开始时，秦军拥有优势的兵力，西瓯人未能挡住秦军凌厉的攻势，于是他们化整为零，分散退入山林，并实行坚壁清野，给长驱直入的秦军造成了极大的困难。公元前217年（始皇三十年），秦军被迫停止了攻势，《淮南子·人间训》云："三年不解甲弛弩，使监禄无以转饷，又以卒凿渠，而通粮道。"由于孤军深入，后勤供应不上，加上越人运用了游击战术，使秦军疲乏不堪。怎么办？

为了实现征服岭南的梦想，秦始皇雄心不已，决定修建灵渠，解决运输问题。洞庭湖，是南下秦军前方和后方联络的枢纽，人员和军用物资，都从洞庭湖沿着湘水南运。灵渠在海洋河（湘江上源）的上游和漓江的上游之间的低地，利用两条河的支流（湘江支流双女井溪、漓江支流始安水，均在兴安境内），在这两条支流相距最近的地方，即在现兴安县城东南两千米的分水塘筑坝，在低处开凿人工运河，并疏浚改造漓江的支流（始安水），把湘水引向西流，是谓南渠，水从分水塘流到铁卢村与始安水汇合，全程约长4.5千米，始安水与段家河汇合后，称灵河。灵河曲折西流，在溶江镇附近注入

---

[1] 镡城，地名，在今湖南省黔阳以南的靖县一带。

漓江。这条南渠（即灵渠、秦渠、兴安运河）全长30多千米。由于灵渠的开凿，把珠江流域和长江流域联系了起来，使中国的华南和华中地区能在水路上进行交往。

由于灵渠开凿成功，为秦军解决了后勤的供应问题，但因广西的地形复杂，山岭重叠，森林遍地，秦军开展军事行动还是存在着不少困难，秦瓯之战仍在相持之中。一方面秦军凭着自己武器先进，训练有素，作战经验丰富等优势，掌握着战场上的主动权；另一方面，西瓯人熟悉地形，勇武彪悍，《淮南子·人间训》载："与越人战，杀西瓯君译吁宋，而越人皆入丛薄中，与禽兽处，莫肯为秦虏，相置桀骏以为将，而夜攻秦人，大破之，杀尉屠睢，伏尸流血数十万，乃发谪戍以备之。"双方主将均战死沙场，足见战争激烈的程度。《汉书·严助传》载淮南王上书武帝时曾云："臣闻越非有城郭邑里也，处溪谷之间，篁竹之中，习于水斗，便于用舟，地深昧而多水险，中国之人不知其势阻而入其地，虽百不当其一。"可见西瓯人的顽强抗击，有效地阻滞了秦军的进攻步伐，使秦瓯之战转入了相持阶段。

在这种军事形势下，秦始皇总结了三年来在岭南用兵的经验教训，改变了策略，"又使尉佗逾五岭攻百越。尉佗知中国劳极，止王不来，使人上书，求女无夫家者三万人，以为士卒衣补，秦皇帝可其万五千人"[1]。与此同时，秦军又在灵渠和漓江汇合的地方——今兴安县大溶江镇，修建城堡，派兵驻屯，以防越人进袭，这就是人们所称的"秦城"。使南下的50万大军，除病死和阵亡者外，全部留在岭南"适戍以备之"[2]，以稳扎稳打来对付西瓯人神出鬼没的游击战。

更重要的是，公元前214年（始皇三十三年），秦始皇"发诸尝逋亡人、赘婿、贾人略取陆梁地，为桂林、象郡、南海，以适遣戍"[3]。在对岭南采取军事行动的同时，还采用了移民嵌入的办法，把汉族人从中原迁徙到岭南来和

---

[1]《史记·淮南王安列传》。

[2]《汉书·严助传》。

[3]《史记·始皇本纪》。

西瓯人杂居,借收交往、交流、交融的作用。这个策略十分奏效,于是,公元前219年到公元前214年,前后经过6年的时间,秦始皇终于征服了岭南,设置了桂林、象郡和南海三郡,实现了"南至北向户"的政治梦想,并产生了两个积极的重要成果:一是使包括柳州在内的岭南地区正式划入了中国的版图,使岭南地区成为中国不可分割的一部分;二是不仅汉族人开始入岭南、入桂、入柳"与越杂处",[1]而且包括柳州西瓯人在内的百越人从这个时候起,正式成为中华民族大家庭中的成员。[2]所以,《资治通鉴》卷十五《汉纪七》晁错上书孝文帝补述秦始皇移民实边时说:"先发吏有谪及赘婿、贾人,后以尝有市籍者,又后以大父母、父母尝有市籍者,后入闾,取其左。"从此揭开了羁縻时代包括柳州在内广西地区"三交"史的序幕。

三、汉代:"初郡"的羁縻与赵佗开拓柳州

千古一帝秦始皇虽然实现了中国的统一,但终因历史的局限而葬身于秦末农民大起义的汪洋大海之中。秦虽亡,大一统却成了中国发展的大趋势,成了中国发展不可逆转的铁律。

汉承秦制,在汉代完善的羁縻制度,覆盖了包括柳州在内的广西地区,从而推进了柳州三交史的发展。这个时期的发展,是在两个背景下进行的,大背景是汉代设置的初郡,小背景是南越国的势力范围。

(一)潭中:汉代设置的"初郡"

《汉书·地理志》记载:"粤(通"越")地,牵牛、婺女之分野也。今之苍梧、郁林、合浦、交趾、九真、南海、日南,皆粤分也。"其实汉武帝开始

---

[1] 《史记·南越列传》。
[2] 参阅黄体荣编著:《广西历史地理》,南宁:广西民族出版社,1985年,第33—36页。

在岭南地区设置了南海、苍梧、郁林、合浦、交趾、九真、日南、珠崖、儋耳九郡。[1]后因珠崖、儋耳二郡的骆越人数年一次起事，使得汉朝统治者不堪其扰，遂于汉昭帝和元帝时相继裁撤，[2]因此《汉书·地理志》仅载岭南七郡。

在这个大背景下，根据《汉书·地理志》的记载，在今广西境内设置了苍梧、郁林、合浦三郡。据《广西历史民族地理》的研究，苍梧郡下辖10县，其中广信（治今梧州）、封阳（治今贺州）、临贺（治今贺州）、冯乘（治今富川）、富川（治今钟山）、荔浦（治今荔浦）、猛陵（治今苍梧）7县位于今广西境内；郁林郡下辖12县，即布山（治今贵港）、安广（治今横县）、阿林（治今桂平）、广郁（治今巴马西北、凌云东境）、中留（治今武宣）、桂林（治今象州）、潭中（治今柳州）、临尘（治今崇左）、定周（治今宜州）、增食（治今隆安）、领方（治今宾阳）、雍鸡（治今龙州），全部位于今广西境内；合浦郡下辖5县，其中合浦（治今合浦）、朱卢（治今玉林）位于今广西境内。很清楚地点明了柳州作为"初郡"的设置为"潭中"。

从此之后，历经三国、魏晋，及至南朝的369年（220—589年），柳州一直为郁林郡或桂林郡下辖的潭中县。故唐人李吉甫在《元和郡县志》中说："柳州本汉郁林郡潭中县之地，迄陈不改。"李氏所说"迄陈不改"，就是指柳州自汉至陈均为潭中县。至于属郡，则或属郁林，或属桂林。[3]

潭中县的羁縻性质，正如《广西历史民族地理》所言："就汉武帝在岭南西部设置郡级政区的性质而言，主要属于'初郡'。所谓'初郡'，就是汉朝统治者在周边非汉族群聚居区设置的郡，王朝对这些郡的管理与内地不同，采取'以其故俗治'的统治策略，是中原王朝在边疆民族地区实行'以夷治夷'的自治区政策的雏形。故《史记·平准书》载：'汉连兵三岁，诛羌，灭南越，番禺以西至蜀南者置初郡十七，且以其故俗治，毋赋税。'"[4]

---

[1] 参阅《汉书·武帝纪》《汉书·南粤传》。
[2] 参阅《汉书·昭帝纪》《汉书·元帝纪》。
[3] 参阅萧泽昌、张益桂：《柳州史话》，南宁：广西人民出版社，1983年，第15—16页。
[4] 郑维宽：《广西历史民族地理》，桂林：广西师范大学出版社，2018年，第28页。

（二）南越：赵佗"和辑百越"促交融

汉武帝在岭南设九郡为历史的大手笔，但缺乏柳州"三交"史的细节，这个历史细节由赵佗割据岭南的南越做了补充。

赵佗的南越国从公元前204年至公元前112年，统一了岭南，将岭南的西瓯、骆越等族群统称为"越人"，历经5任国王，享国93年。

自尊为南越武王赵佗，作为一位有梦想、有胆略的政治家，深知身处越人的汪洋大海里协调好汉越民族关系，争取越人支持的战略意义，故而制定了以"和辑百越"为核心的一系列民族政策。

1. 吸收越人参与政权治理

赵佗大力吸收在越人中有影响的越人首领到南越政权中委以要职参加政权管理，这样就可以使越人首领感受到南越政权与自己利益的一致性，而不至于产生对立或反叛；同时也可以通过这些上层首领去影响其部众。例如，越人大首领吕嘉被赵佗委以王国丞相要职，直接参与南越国政权的政事管理；吕嘉之弟也被封为将军，其宗族中为长吏者70余人。此外，还有许多越人上层人物在南越王国政权中担任军政要职，如归义侯郑严和田甲、驰义侯何遗、赵郎都稽、湘长侯桂林监居翁、瓯骆佐将黄同、瞭侯毕取、揭阳县令史定等，这些人都是见于《史记》或《汉书》中的身任南越国官职的越人。除此之外，在越人强骡的地方，赵佗还采取分封越人首领为王的做法，让"诸雒将主民如故"[1]。

2. 变服易俗"以其故俗治"

赵佗采取"顺其俗治，全其部落"的策略，带头遵从越人错臂左衽、剪发文身、短裆不裤、冠首之服、椎髻箕踞、尊贵铜鼓、居住干栏的风俗习惯，

---

[1] 《交州外域记》,《水经注》卷三十七。

自称"蛮夷大长",带头"魋结箕踞",变服易俗。史载"高祖使陆贾赐尉佗(赵佗)印为南越王。陆生至,尉佗魋结箕踞见陆生"[1]。于是,南来的汉官汉民纷纷遵从和仿效,从衣、食、住以及婚丧习俗上改从当地越人风习,同时,还使得"越人相攻击之俗益止"[2]。从而有效地加强了汉越之间的交往、交流、交融。

3. 汉越通婚促交融

民族间的通婚是交往、交流、交融的最佳形式。赵佗鼓励汉越通婚,他要求王室带头与越人通婚。史籍记载,其子裔"娶越女为妻",从而使民间的汉越通婚逐渐增多。如明王婴齐的妻出于越女,生子建德;丞相吕嘉宗族"男尽尚王女,女尽嫁王子兄弟宗室"[3],并且还与苍梧王赵光联姻。吕嘉连相三王,"其居国中甚重,粤人信之,多为耳目者,得众心愈于王"[4]。南越密切了与吕嘉及其宗族的关系,实际上就是密切了汉越关系,融通了汉越之间的感情。

4. "以夷治夷"行羁縻

"羁縻"是"以夷治夷"的灵魂。

南越实行羁縻政策,让越人首领自行管理其内部事务,王朝不加干预,并针对各地社会的实际,采取不同的治理政策。如在原桂林郡东部的苍梧建立苍梧王国,派同姓赵光亲自治理,以防受项羽封为衡山王的吴芮势力对南越的骚扰;对于包括柳州地区在内的西瓯地区,封以前西瓯君的后代为西于王,仍以其故俗治,实行"羁縻"。

这一系列"和辑百越"的政策和措施,开柳州及广西,乃至岭南三交史

---

[1] 《汉书·陆贾传》。
[2] 《汉书·高帝本纪》。
[3] 《史记·南越列传》。
[4] 《汉书·西南夷两粤朝鲜传》。

的先河，从而开始形成了一个你中有我、我中有你的交往、交流、交融态势。正如覃彩銮在《广西开发史》中所说："如今广东、广西的白话，就是以汉语为主，夹有不少越语成分在内的汉语；现在仍存在于壮族师公唱经、民歌、故事、账本中的古壮字，就是借用汉字的形音义，结合壮语的音韵特点构成的；越族婚姻习俗中的'父母之命，媒妁之言'和交聘金行三牲六礼等仪式，就是从汉族婚俗中吸收过来的；越族丧葬习俗中的拾骨二次葬，是从汉族行一次大葬的仪式移植过来并加以改造而形成的；四时节日中的春节、春社、秋社、端午、重阳、冬至、除夕等节日，都是从汉族传入的。"[1] 所以，不仅刘邦评价"南海尉佗居南方长治之，甚有文理"[2]，连毛泽东也评价赵佗是"南下干部第一人"[3]，也是开拓岭南的第一人。

四、南朝：左郡左县的羁縻与交融

东汉末年，中原大乱，岭南动荡，民族迁徙，及至南朝，行左郡左县，族群重构，交流深入，柳州迎来了新的交融时代。

（一）"俚僚"：南朝族群重构的新图像

三国魏晋南北朝时期的大动荡、大分化、大迁徙所导致的岭南族群格局的重组，完全改变了民族格局的图像。

东汉之后，在岭南出现了被称为"俚""僚"的族群，因为这两个族群与昔日的西瓯和骆越一样交错相嵌而居，故史籍文献中多将俚、僚并称。《后汉

---

[1] 覃彩銮：《广西开发史》，桂林：广西师范大学出版社，2013年，第77页。
[2] 《汉书·高帝本纪》。
[3] 转引自戴春平：《"南下干部第一人"赵佗的历史地位与历史贡献研究》，《广西教育学院学报》2013年第6期。

书·马援传》注引裴氏《广州记》云："俚、僚铸铜为鼓，鼓唯高大为贵，面阔丈余。"《南史·林邑国传》亦云："广州诸山并俚、僚，种类繁炽，前后屡为侵暴，历世患苦之。"[1] 关于僚族和俚族，后世史家多认为是岭南地区百越族群的后裔，《隋书·南蛮传》云："南蛮杂类，与华人错居，曰蜑，曰獽，曰俚，曰僚，曰㺅……古先所谓百越是也。"足见由于族群的重构，三国两晋南北朝时期的岭南山区及交州、越州已然纯属俚僚的世界，构成了一幅族群重构的新图像。

与今柳州相关的俚人，最早被记载于《后汉书·南蛮西南夷列传》，其云："建武十二年，九真徼外蛮里张游，率种人慕化内属，封为归汉里君。"这里的"蛮里"即指俚人。该书还记载九真、日南、合浦等地皆有俚（里）人。及至三国，吴国万震在《南州异物志》中云："广州南有贼曰俚，此贼在广州之南，苍梧、郁林、合浦、宁浦、高凉五郡中央，地方数千里。往往别村，各有长帅，无君主，恃在山险，不用王，自古及今，弥历年纪。"[2] 为了羁縻俚人，中原政权的统治者十分重视选拔廉能的官吏进行治理，《三国志·吴书·薛综传》云："今日交州虽名粗定，尚有高凉宿贼。其南海、苍梧、郁林、珠官四郡界未绥，依作寇盗，专为亡叛逋逃之薮。若（吕）岱不复南，新刺史宜得精密，检摄八郡，方略智计，能稍稍以渐治高凉者，假其威宠，借之形势，责其成效，庶几可补复。如但中人，近守常法，无奇数异术者，则群恶日滋，久远成害。故国之安危，在于所任，不可不察也。"这里的"高凉宿贼"即指土著俚人，南海、苍梧、郁林、珠官四郡境内也是俚人聚居之地。比如苍梧郡境内的俚人蜂起反抗，沉重地打击了中原王朝在该区域的统治，故《三国志·蜀书·许靖传》说："会苍梧诸县夷越蜂起，州府倾覆，道路阻绝，（徐）元贤被害，老弱并杀。"这里的"夷越"亦是俚人。

南朝时期，岭南地区俚人分布广泛的局面依旧，故沈怀远《南越志》称：

---

1 这里所指的广州是涵盖今两广地区的大政区，而非仅指今天的广州地区。
2 （宋）李昉等：《太平御览》卷七八五《四夷部六》。

"广州诸山并俚、僚。"其中郁林郡（治今广西贵港）一带的俚人"其俗栅居，实为俚之城"。《南史·林邑传》亦载："广州诸山并俚、僚，种类繁炽，前后屡为侵暴。"很显然，这些俚、僚均为非汉族群。

交州境内自东汉至西晋都是俚人聚居之地。东汉时的情况如上述，而三国两晋时期的情况则见于《三国志》《晋书》《博物志》等文献所载。赤乌十一年（248年），交趾、九真夷人攻陷城邑，交州全境震动，孙权任命陆胤为交州刺史、安南校尉，前往平定。陆胤到岭南后，"喻以恩信，务崇招纳，高凉渠帅黄吴等支党三千余家皆出降。引军而南，重宣至诚，遗以财币。贼帅百余人，民五万余家，深幽不羁，莫不稽颡，交域清泰"[1]。吴永安七年（264年），从交州析出广州，可见陆胤任交州刺史时，交州包括今两广和越南北部之地。西晋时交、广二州的官方户口，交州有25600户，广州有43120户，两州共有68720户。[2]另据西晋初交州刺史陶璜在《止减州郡兵疏》中所说："交土荒裔，斗绝一方，或重译而言，连带山海。……今四海混同，无思不服，当卷甲消刃，礼乐是务。而此州之人，识义者寡，厌其安乐，好为祸乱。又广州南岸，周旋六千余里，不宾属者乃五万余户，及桂林不羁之辈，复当万户。至于服从官役，才五千余家。二州（交州、广州）唇齿，唯兵是镇。"[3]这里指出交、广二州的户口约为65000户，与《晋书·地理志下》所载户口接近，与三国时高凉及以南地区的夷人53000余户相去不远。而所谓交州夷人，实际上就是俚人，故西晋张华在《博物志》卷2中说："交州夷名曰俚子。"

这些史料，足以证明三国两晋时期岭南地区交、广二州境内的民族分布格局呈现出夷多汉少、生夷多熟夷少的特点，这些夷人实则俚人，岭南地区绝大多数郡县的居民都是土著俚人，外来的汉族移民及其后裔则较少。根据上述陶璜所言，西晋初年岭南地区承担赋税徭役的民户仅有5000余户，只约

---

[1] 《三国志·吴书·陆凯附陆胤传》。
[2] 《晋书·地理志下》。
[3] 《晋书·陶璜传》。

占全部户数65000余户的8%。其中60000户属于俚人，5000余户属于汉人。根据郑维宽的研究，"东汉至三国两晋时期，俚人分布的地域包括今越南中北部、北部湾沿岸地区、广西东南部、广东西江以南（含雷州半岛）、海南岛在内的广大地区，其中高凉郡、苍梧郡、郁林郡、合浦郡（珠官郡）等地是俚人分布的核心区"[1]。所以，南朝时期，岭南地区俚族的势力仍盛，成了新族群图像的重要组成部分。

南朝时，柳州的行政设置多变，宋明帝移桂林郡治于中留县（今武宣县西南），并废潭中县。齐明帝又迁桂林郡治于武熙县（今象州县）。齐又复置潭中县。梁天监六年（507年），置桂州于桂林郡治。桂州区因此首开今柳州市属地地方最高行政建制之先河。梁大同三年（537年），因八龙见于江而在今柳城县旧柳城西龙江南岸置龙城县。[2] 次年，析广州地置龙州，治今柳城县旧柳城西十里。亦以八龙见于江而名州。同时，析潭中县地置辖马平等郡、县。马平郡、县均治于今柳州市东南柳江东南岸，同时领辖龙城等县。至此，龙州成了继桂州之后今柳州属地最高地方行政建制。陈时，桂州迁治始安郡（今桂林市），马平郡亦同桂林郡一起隶桂州。并析桂林郡置象郡（治今鹿寨县西柳江边）。[3]

（二）"左郡左县"：南朝羁縻政策的深化

南朝在岭南大力推行以招抚为主的羁縻政策，如进一步增置郡县，尽可能地将"楼居山险""隐伏岩障"[4]的俚人纳入王朝控制体系。《隋书·食货志》即云："岭外酋帅，因生口、翡翠、明珠、犀象之饶，雄于乡曲者，朝廷多因

---

[1] 郑维宽：《广西历史民族地理》，桂林：广西师范大学出版社，2018年，第50页。
[2] 《柳州府志》和《马平县志》载，南朝梁大同三年（537年），在潭中县地今柳城龙江上，出现了"八龙现于江"的景象。当地官员把它作为祥瑞上报了皇帝。于是，皇帝高兴之余，把该地从潭中县分出，另置了一个龙城县，即今柳城县前身。
[3] 参阅邓敏杰：《广西历史地理通考》，南宁：广西民族出版社，1984年，第116页。
[4] 《南齐书·州郡志上》。

而署之，以收其利。历宋、齐、梁、陈，皆因而不改。"通过将其编入郡县体系，实现政治上强化地域控制，经济上增加财赋收入的目的。

据《广西通史》第二卷[1]的研究，达成这一羁縻目标的方法主要有两种：一是和平方式。对酋帅许以官爵名号，使其以县令、郡守乃至刺史的名义继续统治所居地区，并允许世袭。《广东通志》云："南海以西溪洞，自汉晋以来，宁族最大。世为俚帅，蛮僚皆归之。"[2]二是武力征服。对以柔性手段施之无效者，则诉诸于戈，强力令其接受统治。如刘宋大明年间（457—464年），世居合浦的土著部族首领、人称"合浦大帅"的陈檀，在朝廷多次派军攻剿之后表示归顺，官拜龙骧将军、高兴郡太守。[3]萧梁大通年间（527—529年），"西江俚帅陈文彻出寇高要"，广州刺史萧励受诏讨之，"未几，文彻降附"。[4]

对于俚僚的治理，南朝深化了两汉以来的羁縻政策，形成了以左郡、左县为形式的新样态。所谓"左"，当源于孔子语"微管仲，吾其披发左衽矣"[5]。考虑到在岭南少数民族地区设置郡县、当地民众对"相呼以蛮，则为深忌"[6]的心理，故以"左"代"蛮"。[7]亦以"俚郡""僚郡"称之。[8]

左郡、左县之名首见于刘宋。《宋书·州郡志》记载，刘宋曾设有7个左郡、40个左县。这些左郡、左县大多位于豫州蛮分布区内，岭南亦有。湘州始建内史辖下，则有乐化左县（治今平乐一带）。[9]齐世，湘州始安郡辖境亦有建陵左县（治今荔浦修仁）。[10]至萧齐末期，左郡、左县制度又有发展，增至

---

1 参阅周长山、施铁靖：《广西通史》第二卷，桂林：广西师范大学出版社，2019年，第803—804页。
2 （明）黄佐：《广东通志》卷五五《宁纯传》，广州：广东省地方史志办公室影印明刻本，1997年，第1395页。
3 《宋书·夷蛮列传》。
4 《南史·萧励传》。
5 （清）刘宝楠撰，高流水点校：《论语正义》卷一四《宪问》，北京：中华书局，1990年，第578页。
6 《隋书·地理志》。
7 参阅杨武泉：《"蛮左"试释》，《江汉论坛》1986年第3期。
8 参阅周长山、施铁靖：《广西通史》第二卷，桂林：广西师范大学出版社，2019年，第806—807页。
9 《宋书·州郡志三》。
10 《南齐书·州郡志下》。

51郡，145县（俚人建立8郡23县）。[1]鉴于左郡、左县都是在表示归服的少数民族地区设置的，其守令亦以当地酋帅为之，并且"酋豪世袭，事炳前叶"[2]。《资治通鉴》记载，梁武帝平定南部边地俚洞后，"或因荒徼之民所居村落置州及郡县，刺史守令皆用彼人为之"[3]。仍然是"以夷治夷"的本质。

南朝时左郡、左县的建立和推行，是汉代以来对岭南少数民族治理政策的深化发展，表明中央王朝对岭南少数民族的治理，已由"羁縻而已，未能制服其民"[4]的状况，开始了向编户齐民的转变。正如《广西通史》第二卷所云：左郡、左县的建立和推行"使得岭南少数民族在保持自身聚族而居和独特文化习俗的同时，也在某种程度上被纳入中央政权的掌控当中"[5]。陈寅恪认为这是"南朝民族及社会阶级之变动"的一件大事[6]，既是南朝岭南开发不断深化羁縻政策的结果，又是南朝包括柳州、广西及岭南汉与俚僚进一步深入交往、交流、交融的一种呈现。

（三）"同之齐人"：南朝岭南民族交融的果实

这样，自西晋后，经过南朝169年的历史熔铸，在中国历史上可歌可泣的魏晋南北朝民族大融合的浪潮中，岭南少数民族的一部分与汉族融合了，另一部分演化成了新的少数民族。本来，岭南是"南蛮杂类，与华人错居，曰蜑、曰獽、曰俚、曰獠、曰狿，俱无君长，随山洞而居，古先所谓百越是也"[7]。经过如火如荼的交往、交流、交融的沧桑，则"浸以微弱，稍属于中

---

1 《南齐书·州郡志下》。
2 《南齐书·南蛮传》。
3 《资治通鉴》卷一五八《梁纪十四》"大同五年十一月"。
4 《魏书·司马睿传》。
5 周长山、施铁靖：《广西通史》第二卷，桂林：广西师范大学出版社，2019年，第808页。
6 陈寅恪：《魏书司马睿传江东民族条释证及推论》，初刊《历史语言研究所集刊》第十一本，后收于陈氏著《金明馆丛稿初编》，北京：生活·读书·新知三联书店，2011年，第113页。
7 见《隋书·南蛮传》。

国，皆列为郡县，同之齐人"[1]。"同之齐人"，正是南期民族交融结果的一种反映，这可以以俚族首领冼夫人为例。

在南朝派往高凉的地方官冯氏与土著冼氏联姻之前，冯氏在高凉地方的统治因为缺乏俚族首领的支持，导致自冯业至冯融，虽然三代人都担任高凉地方的太守，但是"他乡羁旅，号令不行"[2]。冯融显然看到了这一点，于是他积极撮合儿子冯宝与冼氏夫人联姻，冼氏夫人也不负所望，与冯宝结婚后，"夫人诫约本宗，使从百姓礼。每共宝参决辞讼，首领有犯法者，虽是亲族，无所舍纵。自此，政令有序，人莫敢违"[3]。

事实上，冼夫人只是俚族首领的一个典型代表而已。岭南俚人中较为著名的酋豪还有陈檀、陈文彻、宁猛力、李佛子、王仲宣、李光仕、钟士雄等，这些俚帅分布于岭南地区南部和西部广大地区。在桂州、象州等地也有俚人分布，《隋书·何稠传》载："开皇末，桂州俚李光仕聚众为乱，诏（何）稠召募讨之。师次衡岭，遣使者谕其渠帅洞主莫崇解兵降款，桂州长史王文同锁崇以诣稠所。稠诈宣言曰：州县不能绥养，致边民扰叛，非崇之罪也。乃命释之，引崇共坐，并从者四人，为设酒食而遣之。崇大悦，归洞不设备。稠至五更，掩入其洞，悉发俚兵，以临余贼。象州逆帅杜条辽、罗州逆帅庞靖等相继降款。分遣建州开府梁昵讨叛夷罗寿，罗州刺史冯暄讨贼帅李大檀，并平之，传首军门，承制署首领为州县官而还，众皆悦服。"可见这里涉及与柳州相关的桂州、象州等地的俚人，也参与了南朝俚汉的交往、交流、交融。对此，有考古材料为证：1980年，在柳州邻近的融安县大巷公社安宁大队和红卫大队，发现两座南朝墓葬，从中出土文物有用滑石制成的买地券、男女俑、猪、砚、杯，以及瓷砚、瓷碗、铁锸等，此外，还有人物画像砖60余块。这些文物表明，早在南朝时期，柳州地区的制瓷、雕刻、冶炼、铸造

---

[1] 见《隋书·南蛮传》。
[2] 《隋书·谯国夫人传》。
[3] 《北史·谯国夫人冼氏传》。

等手工业以及农业生产都有了较高的水平,文化也有相应的发展。[1]进入隋唐,包括柳州在内的广西及岭南的三交史则已是换了"新天"了。

五、隋唐:柳州的开发与柳宗元的教化

进入隋唐,换了"新天"的柳州得到了新的开发,一是马平县设置到了江北,二是来了一个柳宗元。

(一)柳州定位:马平新址从江南迁至江北

自汉以来,潭中县管属的范围比较大,隋开皇十一年(592年),改潭中县为桂林县,同时析桂林县置马平县,属象州。今柳州时为马平县所在地。相传"马平"之名,是因为"城据柳江北岸,柳江至此,曲折成马蹄形,城之三面皆为阔野平原故名"。[2]

柳州的定位,对其开发,以利民族间的交往、交流、交融至关重要。据《柳州史话》的研究,潭中县原设在柳江南岸,《清一统志》说:"潭中废县,在马平县东南驾鹤山间。"驾鹤山位于柳江南岸,孤峰耸立,它的形态好像一只大鹤矗立江滨。驾鹤山与东面的东台山、蟠龙山,西面的马鞍山,以及南面诸山,围成一个小盆地,古老的潭中县治所就设在这群山环抱的峰林平地间。柳宗元在《柳州山水近治可游者记》中说,"驾鹤山,壮耸环立,古州治负焉"。[3]驾鹤山下虽然有风景优美的盆地,但毕竟其地狭窄,又西连群山,不易防守,且距柳江稍远,交通和生活用水都不甚方便。因此,当隋朝创建

---

[1] 参阅萧泽昌、张益桂《柳州史话》,南宁:广西人民出版社,1983年,第16页。

[2] (民国)伍连德:《中华景象》,良友图书印刷有限公司印行,民国二十三年(1934年)。转引自萧泽昌、张益桂:《柳州史话》,南宁:广西人民出版社,1983年,第16页。

[3] 柳宗元:《柳州山水近治可游者记》,载《柳州诗文征》,香港:香港新世纪国际金融文化出版社,2000年,第264页。

马平县时，便将县治从江南迁到了江北。《清一统志》说："马平故城，在今县北，隋时旧治。"金鉷在《广西通志》中也说："（马平）故城在府北双山间。"双山又名背石山，它由东面的桃竹山和西面的鹊儿山组成。双山间有一通道，两旁石壁崭然。山南为平地，前有柳江环绕，山北为丘陵，起伏绵延。

那么，马平古城为什么要建在这里？据《柳州史话》研究：柳州，既有丰富的自然资源，具备一个城市所必需的经济条件，而又地处广西的腹部，当柳江上下航运的要冲，水陆交通极为方便。从柳州出发，东北沿洛清江、相思埭、漓江、湘江，与桂林、湖南相通，由龙江、融江而上，可达广西西北部和湘西、黔东，由柳江而下，入郁江、珠江，东达广东，南抵南宁，如溯左右江，还可至越南、云南等地。由此可见，柳州位于中原通往祖国西南的要道上。《马平县志》说："（柳州）内杂瑶壮，外连黔越，迩则三都、五都，远则古州、通道，凡荷戟从戎之士，暨四方宾旅商贾之流，莫不出其途而藏其市，地属冲要，非他邑比。"从军事上来说，这里不仅居广西腹部，而且枕山带江，进可以攻，退可以守，据柳州，西北可护湘黔，东南可下交广。明人顾祖禹在《读史方舆纪要》中写道："府襟带楚黔，控扼蛮洞，山川回环，封壤辽远，驭之得其道，可以荡黔江之氛翳，清岭表之烽烟也。"又引地方志说："柳州形势，东北达昭、桂，西南接黔、邕，控扼番落，封疆不啻千里；众流逶迤，与牂牁会，边于夜郎，为骆越要害，足以控制诸蛮云。"

据《柳州史话》的介绍：唐代柳州的治所位于今柳州江北。州衙与县衙相邻，其位置大约在今柳州市人民政府所在地。当年衙城内全为官邸，古木苍天，浓荫遮蔽。环衙城外为市街，民房栉比。北宋大中祥符三年（1010年），柳州知州许申在《柳州待苏楼记》中写道："龙城山水之秀在水南，而州治在水北。……柳侯祠直其东，天庆观直其西，古木森然，雉堞缭绕。"[1]《柳州县志》也说："县城附城郭，唐宋时俱系土城。"唐代柳州，在政治、经济、

---

[1] 汪森：《粤西文载》，卷三十。转引自萧泽昌、张益桂：《柳州史话》，南宁：广西人民出版社，1983年，第20页。

文化以及城市建设等方面，都有很大的发展。柳宗元在《柳州复大云寺记》中说："水北环治城六百室，水南三百室。"[1] 我们知道，水南为旧城，水北为新城，新城比旧城住户多一倍，这是柳州发展的标志。[2]

正因如此，隋代选址柳江北岸设马平县是明智之举，不仅大大有利于柳州的开发和发展，也大大有利于柳州地区民族之间的交往、交流、交融。[3]

（二）柳宗元在柳州开新天

唐代是开发柳州的关键时期。如果说隋代为柳州的开发选好了位置，那唐代则为柳州的发展定了名。贞观八年（634年）马平以州境内柳江更名为"柳州"。此后天宝元年（742年），改名为龙城郡。但乾元元年（758年），龙城郡又复名为"柳州"，并沿用至今。

俗话说重要的事情说三遍，本书在绪言编中论述柳州人文的时候论及"柳宗元是柳州的'城隍'"，在此我们要讲的是"柳宗元在柳州开新天"。

从汉到隋，在广西及岭南，除汉设潭中县，隋设马平县之外，柳州在历史上基本上是默默无闻的。但从柳宗元到了柳州任柳州刺史的5年（815—819年），使柳州有了翻天覆地的变化而开了新天。对此，《柳州史话》中从废除奴俗；破除迷信，去鬼息杀；开荒凿井，劝农生产；办学校，兴文教；修建风景，寄情山水等5个方面做了专述，[4] 而柳州苗族作家韦晓明的散文《一个人和一座城》则写得有情有义，充满活力，引述如下：

> 释奴婢。斯时，柳州穷人多艰，能够拿来充当借贷质押的，只有自己的亲生骨肉。若要借贷，就把子女抵押给放贷人家。借款到期无力偿

---

1 萧泽昌、张益桂：《柳州史话》，南宁：广西人民出版社，1983年，第20页。
2 参阅萧泽昌、张益桂：《柳州史话》，南宁：广西人民出版社，1983年，第20—21页。
3 参阅萧泽昌、张益桂：《柳州史话》，南宁：广西人民出版社，1983年，第17—18页。
4 详见萧泽昌、张益桂：《柳州史话》，南宁：广西人民出版社，1983年，第25—36页。

还,子女就成了债主永久的奴隶。岁岁年年,日积月累,大量失去人身自由的奴婢,成了柳州社会动荡不安的重要隐患。依例,奴隶终生不得赎身,在债主家做劳工,也不计工钱。柳宗元下令,奴隶做工要算工钱,奴隶可以用自己的工钱为自己赎身;奴隶家里有了钱,也可以拿钱替子女赎身。卑贱者很聪明,他们一旦知道自己也可以获得解放,知道自己也可以拥有尊严,他们就会自觉地迸发出无穷的智慧和力量,为自己的解放和尊严而斗争。柳宗元一篇《童区寄传》,对此做了生动的描述。由于照顾到了奴隶主阶级的经济利益,新政推进得十分顺利,不到一年时间,大量可怜的奴婢就陆陆续续恢复了人身自由,回到各自家中,成了有尊严的人。柳宗元此举,被上级视为社会管理最佳模式予以推广,岭南各州因之陆续跟进。中原文明春风,徐徐吹越五岭,尽情抚拂、涵养壮乡的一山一水、一草一木。

破恶习。柳州壮侗人家历来只信鬼神不信医,生病了找巫师,杀鸡宰鸭祭神祀鬼。巫师用鸡骨头占卜,为事主祈求消灾除病。如果鸡鸭这些小头牲不见效,就打猪马牛羊等大家畜的主意。如果还不灵,患者就只得哀叹"鬼神都不留我了",找块破毡布盖上头脸,不吃不喝躺着等死。死了也不埋,遗弃于野,瘴疠瘟疫,便因此而盛行。此等恶习,令柳宗元瞠目结舌。倡导"统合儒释,宣涤凝滞"的柳宗元面对这些"未化之区愚民",认为"唯浮图事神而语大,可因而入焉,以佐教化"。佛家教义力量神奇而巨大,可以导入这种力量,帮助为政者感化教化民众。于是柳宗元将捣鼓巫术不事农耕之徒统统驱赶到偏远地方集中管理,然后放开手脚修复焚毁百年的佛寺庙宇,有计划地利用佛教戒杀的主张和讲究大中之道的教义,引导百姓祛除滥杀牲口的陋习。早年研习过医学的柳宗元,还深入患者木楼茅舍,望闻问切,开方抓药,治愈了一例例伤寒咳嗽、摆子痢疾。巫师神汉没了生意,只好丢了面具,老老实实赤脚下田,自食其力。

掘水井。柳州傍着柳江河,不缺水,但城中居民要到柳江河边去取水，费力费时费神不说，搞不好还有被凶猛河水卷走的危险。但按柳州旧俗，要挥锄动土，则必得请高人择个良辰吉日。柳宗元掘井取水这把火，今天叫作"上项目"，他大张旗鼓安排工人在城东门外掘土打井，目的就是要让老百姓看看，不择吉日动不动得土。开工那天，人们里三层外三层将工地围了个水泄不通，他们都想看这个"新市长"的笑话呢。结果他们看到的是"柳市长"第一个上前执锹挖土，还一铲将土块抛出几米开外。敢动土的柳市长不仅没事，半个月后还让全城人喝到了从未喝过的甜井水。柳州人从柳市长那里，看到了自己想要的新生活，他们自然来了干劲，纷纷四处查找水源，勘测地形。才半年时间，柳州一口气打了十多口井。

搞绿化。仁者乐山，智者乐水。柳宗元且仁且智，既乐山也乐水。这一点，柳氏诗文足资证明。乐山乐水就得美化山水，公务之余、法定节假日，柳市长率全体干部职工走出公署家门搞义务劳动，他们开荒垦地，植树造林，绿化美化新柳州。仅大云寺一带，他们就种竹三万竿，种菜上百畦；而在柳江河畔，他们遍植柳树，余荫及今。

兴文教。执文坛牛耳的柳刺史，甫抵柳州，征衣不解，风尘未洗，就着手翻建文庙，修葺寺院，还在治所一旁创办了长山书房，搜罗儒释经典，招来孺子童生，口授手教，亲自培养读书种子。岭南诸生，早就悉知柳大师本事，如今大师南来，不啻救星临降，遂相约跋山涉水，不辞劳苦投其门下。得柳大师点拨，文章果然面貌一新；进京赶考，大多一举而中。"衡湘以南，为进士者，皆以子厚为师，其经承子厚口讲指画为文词者，悉有法度可观。"（韩愈《柳子厚墓志铭》）躬身大地的柳宗元，在柳州人眼里分明就是一尊神。"愿侯福我兮寿我，驱厉鬼兮山之左。下无苦湿兮高无乾，秔稌充羡兮蛇蛟结蟠。我民报事兮无怠其始，自今兮钦于世世。"韩愈先生在《柳州罗池庙碑》里以柳州人口吻吟诵"享神诗"称颂柳宗元业绩：祈愿柳大人啊，给我福分给我寿缘，把瘴疠恶鬼赶到深山里去啊，让我们没了忧患；低洼地方没了潮湿闷热之苦啊，高坡之上不会干旱,我们的粮食堆满谷仓啊,那些毒蛇蛟龙就让它们纠缠一堆沉下河底不再来祸害我们;我们这些您的子民啊,矢志不移和从前一样有事就来禀报,我们对您的仰慕钦敬从开始到现在啊,还将世世代代永无停息。

  短短四年的刺史任上,在柳州这个未曾经受过先进文化洗礼的"蛮荒"之地,柳宗元以他文化巨擘的情怀,勤政爱民,如春风化雨,如灯塔破雾,将岭外中华民族的小兄弟们引领到了文明上升的境界,促使其成为中华文明大家庭中之又一员。柳州渐次开化了,而柳宗元却倒下了,像一棵树,倒在他荫泽的土地上。但从此,柳州就耸立起一个高大的身影,一支入云的标杆,一座千百年来人们景仰的丰碑。[1]

  柳州来了一个柳宗元,正如柳侯祠《龙城石刻》残碑,柳宗元的手迹碑刻所云:"龙城柳,神所守。驱厉鬼,出匕首。福四民,制九丑。"[2] 从此柳州开了新天,一跃而闻名天下,使柳州的三交史走进了一个新时代。

---

[1] 韦晓明:《一个人和一座城》,《民族文学》2021年第9期。
[2] 转引自萧泽昌、张益桂:《柳州史话》,南宁:广西人民出版社,1983年,第40页。

第三章　土司时代柳州"三交"史

一个时代有一个时代的主题。

当历史的主旋律从"羁縻"转换到"土司"的时候，柳州的三交史进入了土司时代。

为什么羁縻制度在宋代会升级为土司制度？

从历史深处走来的广西，唐宋之交仍处在"化外"边缘。《桂海虞衡志》云："羁縻州洞，隶邕州左右江者为多……宜州管下亦有羁縻州县十余所，其法制尤疏，几似化外。"[1] 周去非的《岭外代答》亦云："广西西南一方，皆迫化外。"[2] 但是宋景德四年（1007年），"宜州澄海军校陈进反"[3]；景祐二年（1035年）宜州管下镇宁州"蛮贼莫陵，边人覃敌争田，互相仇杀，其众才百余人，而宜、融、柳州同巡检凌仲舒妄言七百人。今既请降，已勒誓状，放还镇宁州"[4]。庆历四年（1044年），"广西区希范诱白崖山蛮蒙赶反，有众数

---

[1] （宋）范成大撰，孔凡礼点校：《桂海虞衡志》，北京：中华书局，2002年，第135页。

[2] （宋）周去非撰，杨武泉校注：《岭外代答》，北京：中华书局，1999年，第3页。

[3] 《宋史·曹克明传》。

[4] 郭声波点校：《宋会要辑稿·蕃夷五》，成都：四川大学出版社，2010年，第390—391页。

千，袭破环州"[1]；皇祐四年（1052年），"侬智高反，知广无城，可以鼓行剽掠，遂自邕州浮江而下，数日抵广州"[2]。尤其是皇祐四年（1052年）四月广源蛮首领侬智高的起义，彻底打破了广西"羁縻"的宁静，羁縻制度治理松散，致使守备薄弱，无力抵抗，侬智高的义军"出入十有二州"，官兵"或死或不死，而无一人能守其州者"。[3]在龙岫洞歼灭了桂、宜、柳三州巡检李贵的队伍；回师邕州时，一路攻下桂州（今桂林）、柳州，攻打宜州（今宜山）。这样，随着羁縻制度弊端的不断显现，亟须探寻一种新的统治方式以加强对广西的治理。于是土司制度应运而生。

在这种形势下，当历史的车轮进入宋代之后，广西的战略地位的重要性逐渐凸现出来，《岭外代答》云："广西西南一方，皆迫化外。令甲：邕、宜、钦、廉、融、琼州，吉阳、万安、昌化军，静江府，系沿边；柳、宾、贵、横、郁林、化、雷，系次边。总广西二十五州，而边州十七……若夫浮海而南，近则占城诸蕃，远则接于六合之外矣。"[4]这就是说，宋代的广南西路，包括柳州在内的极西南方与极南方的边区地带上的州县，有外控外邦，内治溪峒的战略地位。《宋史·地理志》亦云："广南东西路，盖《禹贡》荆、扬二州之域，当牵牛婺女之分，南滨大海，西控夷洞，北限五岭。"于是，广西地区在宋代也由"化外"变成"化内"之地，管理更严密的土司制度逐步取代松散的羁縻制度成为历史的选择。[5]

广西的土司制度，确立于宋代，完善于元代，兴盛于明代，没落于清代，消亡于民国。因此，随着土司制度在广西的确立，从宋到民国，历代中央王朝治理广西及柳州，基本上沿袭了这个土司制度。

就是在土司制度的背景下，柳州的三交史进入了土司时代。

---

1 《宋史·杜杞传》。

2 （宋）李焘：《续资治通鉴长编》卷二三七，熙宁五年八月戊子。

3 （宋）王安石：《桂州新城记》，《王安石集》，李之亮注译，郑州：中州古籍出版社，2010年，第258页。

4 （宋）周去非撰，杨武泉校注：《岭外代答》，北京：中华书局，1999年，第3—4页。

5 详见黄金东：《论宋元时期广西羁縻制度向土司制度转化的原因》，《百色学院学报》2019年第4期。

一、宋代：柳州的新格局及"客人"的迁入

进入宋代，先看看广西及柳州土司制度的历史态势。

宋仁宗时，加强了对岭南地区行政区划的整合，在王尧臣的建议下，把广西路一分为宜、容、邕三路，宜州就为其中一路。《续资治通鉴长编》卷一百七十三皇祐四年（1052年）十月条下载：

> 壬辰，枢密副使王尧臣言："请析广西宜、容、邕等州为三路。以融、柳、象隶宜州，白、高、窦、雷、化、郁林、仪、藤、梧、龚、琼隶容州，钦、宾、廉、横、浔、贵隶邕州。其三州应并选武臣为安抚都监兼知州事，以统支郡。若蛮人入寇，即三路率支郡并力掩击之。知桂州以两制以上，仍带经略安抚使，以统治三路……"诏狄青详酌，青以为便，遂施行。

《宋史·王尧臣传》亦载：

> 会侬智高反，请析广西宜、容、邕州为三路，以融、柳、象隶宜州，白、高、窦、雷、化、郁林、仪、藤、梧、龚、琼隶容州，钦、宾、廉、横、浔、贵隶邕州；遇蛮入寇，三路会支郡兵掩击，令经略、安抚使守桂州以统制焉；益募澄海、忠敢土军分屯，运全、永、道三州米以饷之，罢遣北兵远戍。时狄青经制岭南，诏青审议，以为便。

为了巩固崇宁末大观初期间拓边的这一成果，大观元年（1107年）十二月，朝廷在接受王祖道等人的建议后，把广西的融水、宜州、柳州等分割出来合并为黔南路，并把宜州升为大郡，极大地提升了宜州的政治地位。《宋史·徽宗二》载："癸巳，以江宁、荆南、扬、杭、越、洪、福、潭、广、桂并为帅府。置黔南路。"《宋史·地理志》亦载："广南西路。大观元年，割融、

柳、宜及平、允、从、庭、孚、观九州黔南路，融州为帅府，宜州为望郡。"这告诉我们，在土司制度下，宋代的柳州、融州、宜州基本上属同一个行政区域，大体上包括今柳江流域的范围。柳江，发源于黔南山区，是桂北地区重要的河流，在柳城县与龙江合流。这一区域北部为一系列高大的土山及丘陵，柳江地区为岩溶地貌，两岸有一些面积不大的平原。宋代，在这一区域分布着一些世居民族，宋人朱辅的《溪蛮丛笑》记载，有山瑶、苗等族群。[1]

广南西路的行政建置，大者为州，小者为县，又小者为峒。《桂海虞衡志·志蛮·羁縻州》详记云："有知州、权州、监州、知县、知峒；其次有同发遣，权发遣之属，谓之主户，余民皆称提陀，犹言百姓也。"接着又云，在土司制度下，"其田计口给民，不得典卖。唯自开荒者由己，谓之祖业口分田。知州别得养印田，犹圭田也。权州以下无印记者，得荫免田。既各服属其民，又以攻剽山僚及博买嫁娶所得生口，男女相配，给田使耕，教以武技，世世隶属，谓之家奴，亦曰家丁"。《宋史·地理志》载"广南东、西路，盖《禹贡》荆、扬二州之域，当牵牛、婺女之分。南滨大海，西控夷洞，北限五岭。"这就是说："广西西南一方，皆迫化外。令甲：邕、宜、钦、廉、融、琼州，吉阳、万安、昌化军，静江府，系沿边；柳、宾、贵、横、郁林、化、雷，系次边。总广西二十五州，而边州十七。"宋在这些羁縻州峒建立了土官统治，令其土官"输纳租税"。与此同时，宋朝派汉官或官军进驻重要城市和军事要地，对土官和属民进行监督和控制，并把当地的各族人民编为"土丁""撞丁""峒丁"。现有史料中记载宋代广西28个州军的知州中，宜州118人、柳州24人，融州25人。《宋史·冯伸己传》曾记载：冯伸己就曾任"桂、宜、融、柳、象沿边兵马都监，遂专溪峒事"。更重要的是宋代对羁縻州县的管理比之唐代更加规范、灵活。如对于羁縻州酋长，任刺史、知州职位可以世袭，并制定了一整套严格的法律程序，要求先由羁縻州向中央提出

---

[1] 周长山等主编，刘祥学等著：《广西通史》第四卷，桂林：广西师范大学出版社，2019年，第1136—1137页。

申请，并亲向当地官府陈报理由，以彰显中央的权威。在这个背景下，宋代柳州的三交史主要以经略龙江流域为主逐步展开，主要表现在世居民族与中央王朝互动的加强上。

宋仁宗宝元元年（1038年），因"安化蛮"反抗斗争的影响，宋朝为招抚桂北当地居民，"除宜融州夏税"[1]，产生了一定效果。宋仁宗至和元年（1054年）五月时，"广南西路经略司言，融州大邱峒首领杨光朝内附"[2]。但自北宋末年之后，宋迫于北方强大的军事压力，继续加强对南方民族地区的经略。在广西则以柳州为基地，将统治势力沿柳江北上，延伸到柳江流域，实施开疆拓土政策。

这种互动交往，据刘祥学等人所著《广西通史》第四卷的研究，主要形式就是行政区划的设置与调整。

以怀远县的最终设置为例，宋朝在稳定对广西的统治后，以军事力量为后盾逐步向柳江流域拓展势力范围。北宋初，沿袭前代，设融州融水郡。其下设有一些军砦、羁縻州，如王口砦、王江古州等。宋徽宗统治的崇宁年间，于此置清远军节度，使融州成为一个军事州，驻有一定军队编制的名额。大观二年（1107年）时，宋将之升为黔南路帅府，但次年即改为下都督府。

在融州之下，宋朝同样设置了堡、砦等军事机构，并设置了一些羁縻州、县。宋徽宗崇宁元年（1102年），宋在融州西部世居民族地区置武阳砦、罗城堡。次年，又加以调整，置乐善砦，而废罗城堡。之后将乐善砦改为羁縻州。但这一过程并不顺利，当地世居民族进行了持续的抗争，反击宋朝的开疆拓土政策，史称"初，乐善州蛮寇融州之罗城及武阳，武阳主簿杨奭募丁男与州兵捕逐，为贼所伤，殁于任。壬申，赐奭子汝贤同学究出身"[3]。其间，广南西路经略使王祖道，大力推行开疆拓土政策，以功请赏。崇宁四年（1105年）三月，王江古州的"蛮户"主动向王口砦纳土归附，宋廷于此建立

---

1 《宋史·仁宗二》。
2 （宋）李焘：《续资治通鉴长编》卷一七六"至和元年五月丙戌"。
3 （宋）李焘：《续资治通鉴长编》卷七一"大中祥符二年春正月壬申"。

怀远军，并割融州融江的文村、浔江、临溪、四堡砦划给怀远军管辖，不久，宋将怀远军改为平州，同时仍置倚郭、怀远县。此外，宋廷在这一时期"又置百万砦及万安砦，又于安口隘置允州及安口县，又于中古州置格州及乐古县。五年，改格州为从州。政和元年废平州，依旧为王口砦，并融江、文村、浔江、临溪四堡砦，并依旧隶融州"。[1]

然而，这种开疆拓土的行为，也极大地激化了民族矛盾，导致当地居民起来激烈反抗，史称"崇宁、大观间，边臣启衅，奏请置州拓境，深入不毛，如平、从、允、孚、庭、观、溪、驯、叙、乐、隆、兑等十有二州，属之黔南，其官吏军兵请给费用，悉由内郡，于是骚然，莫能支吾"。[2] 从而导致新开疆土所设置的州县，并不稳定，故这些新设置的州、县经过反反复复的调整，有的被废为砦。于是，北宋末即废怀远县，接着又废从州为乐古砦，并重新调整辖地，将通靖、镇安、百万砦，拨隶允州，又废允州，暂时保留平州建置。

再以平州为例。随着宋朝的衰弱，广西边臣却为一己之私，鼓动主政者经略怀远一带，《宋史·抚水州蛮传》云："边吏黄忱、李坦班其帅臣程邻，乞存平州，设知州一人、兵职官二人，曹官一人，县令簿二人，提举溪峒公事；本州管界都同巡检二人，五砦堡监官指挥十人，吏额百人，禁军、土丁千人。岁费钱一万四千四百一十八贯六百文、米一万一千一百二十石有奇。州无租赋户籍，转运司岁移桂、融、象、柳之粟以给之。及徙融州西北金溪乡税米四百九十余石隶怀远，靡费甚于观州。"[3] 与此同时，枢密院亦提出"广西沿边堡砦，昨因边臣希赏，改建州城，侵扰蛮夷，大开边衅。地属徼外，租赋亦无所入，而支费烦内郡，民不堪其弊，遂皆废罢"。[4] 在这样的情况下，放弃平州，就提到了宋廷的议事日程。宋徽宗宣和二年（1120年），赐平州郡为怀

---

[1] 《宋史·地理六·广南西路》。

[2] 《宋史·抚水州蛮传》。

[3] 《宋史·抚水州蛮传》。

[4] 《宋史·抚水州蛮传》。

远。宋高宗绍兴四年（1134年），诸司交相向朝廷进言"平、观二州困弊已甚，有害无益，请复祖宗旧制为便"，宋高宗当即"诏从其言"，[1] 废平州，仍为王口砦，隶融州。绍兴十四年（1144年），又将王口砦改为怀远县。这样，经过反复的调整，至南宋时期，在柳江流域地区的行政区划最终确定下来，计有："县一：融水。砦一：融江。南渡后，增县一：怀远。羁縻州一：乐善州。"[2] 新设的怀远，主要在今三江侗族自治县内，表明南宋时经过多方努力，已成功地将中央的政治、军事势力渗透到桂北的民族聚居区内。[3]

经秦汉到隋唐一千多年的演进，宋代的广西及柳州迎来了千年大变局，在辽、夏、金及宋王朝血与火的互动中，从北宋到南宋逐渐构成了一个崭新的格局，使宋代柳州的三交史主要在三个方面展现：一是世居民族换了"新颜"；二是"客人"族群的迁入。

（一）世居民族换了"新颜"：壮、侗、水、毛南诸族"亮像"

千年巨变的历史风云，席卷了隋唐以来所有的民族或族群，从东汉及至南朝的俚、僚、乌浒蛮，演进到隋唐的牂牁蛮、东谢蛮、南谢蛮、西原蛮等"诸蛮"，演出了岭南历史舞台上最活跃，也是最使人感到扑朔迷离的一幕。进入宋代以后，"诸蛮"们经过新的分化和重构纷纷换"新颜"，开始了形成壮族、侗族、仫佬族、毛南族、水族、仡佬族的过程。

范成大在《桂海虞衡志》之《志蛮》中对广西腹地和边缘羁縻地区的非汉族群以及西南地区诸蛮的大致状况进行了描述，他说："广西经略使所领二十五郡，其外则西南诸蛮。蛮之区落，不可殚记，姑记问其声闻相接、帅司常有事于其地者数种，曰羁縻州洞，曰瑶，曰僚，曰黎，曰蜑，通谓之

---

[1] 《宋史·抚水州蛮传》。
[2] 《宋史·地理六·广南西路》。
[3] 参阅周长山等主编，刘祥学等著：《广西通史》第四卷，桂林：广西师范大学出版社，2019年，第1337—1339页。

蛮。"据郑维宽的研究，南宋初广西的非汉族群人口至少在100万人以上。[1]

宋代与今柳州有关的融州与荆湖北路、夔州路接壤，交界地带也是传统非汉族群聚居区，在广南西路一边是王江、乐善、宜良、丈盈、洪源、从允诸蛮，在荆湖北路、夔州路一边则是牂牁、夜郎诸蛮。宜州是广西西北部的非汉族群聚居区，除了宜州城及附郭有较多汉民，其他地区可谓非汉族群的汪洋大海，而宜州城则处于这片汪洋大海之中。这些非汉族群包括"南丹州蛮""安化蛮""荔波蛮""赢河蛮""五峒蛮""茅滩蛮""抚水蛮"。那么，宋代的"诸蛮"是如何分化换"新颜"的呢？

先看壮族。宋代是壮族形成和发展的重要时期。据郑维宽研究：宋代以后，对壮族的俚、僚称谓日渐稀少，而撞（僮）、土人、侬、俍等称谓日益增多，族称的变化昭示着壮族作为一个民族共同体的确立。"撞""撞军""撞丁"的称谓始见于南宋时期。宋高宗时，派遣张宪和撞军统制王经率兵增援岳飞，镇压了杨再兴的起事。[2] 宋理宗时，广西经略安抚使李曾伯在《帅广条陈五事奏》中建议朝廷团结训练溪峒民丁，并提及庆远府属宜山县境内的"撞丁"，他说："如宜、融两州，则淳祐五年亦有团结旧籍。在宜州则有土丁、民丁、保丁、义丁、义效、撞丁，九千余人，其猗撞一项可用。"[3] 可见宋代广西的土著壮民换了"新颜"，开始有了"撞"的称谓。尽管有学者认为，"撞"是指武装组织及其所属士兵，但万事总有个源，"撞"的出现，应该是换颜的开始。所以，在宋人的表述中，广西境内的僮人包括两类：一是熟蛮，聚居在羁縻州峒，因为"地犹近省，民供税役，故不以蛮命之"，这里是指已经纳入王朝统治秩序的僮民；二是生蛮、真蛮，即居住在羁縻州峒之外"化外之地"的僮民，王朝对控制较为薄弱，甚至谈不上控制，比如《宋史·西南溪峒诸蛮传》中列出的"南丹州蛮""抚水州蛮""广源州蛮""环州蛮"等。[4]

---

1 郑维宽：《广西历史民族地理》，桂林：广西师范大学出版社，2018年，第131页。
2 （清）毕沅：《续资治通鉴》卷一一〇。
3 （宋）李曾伯：《可斋杂稿》卷一七《奏申·帅广条陈五事奏》。
4 参阅郑维宽：《广西历史民族地理》，桂林：广西师范大学出版社，2018年，第140-141页。

二看侗族。侗族源自唐宋时期分布于湘西、黔东、桂北一带溪峒地方的"峒人""峒蛮""溪峒诸蛮""溪峒之人""伶人",而"峒人""伶人"等又是从僚人中分化而来。但李辉的分子人类学研究认为,侗族的祖先起源于距今8000年的今广东沿海地区,距今5000年前形成了南越族群,在汉代由于南越国的灭亡被迫西迁,南北朝时已迁至今广西东部,唐宋时期迁移至今广西、贵州、湖南毗邻地区,因此,侗族起源于岭南百越族系。[1]这一论断与梁敏、张均如等人基于语言学的研究结论相吻合,梁敏等认为侗族起源于珠江下游的沿海地带,后来在政治压力下向西北方向迁徙。[2]王文光等也认为侗族源于百越族系,并基于历史文献的记载,指出宋元时期分布于今湘、桂、黔连接地带的溪峒山涧中的部分僚人开始出现向近现代侗族分化的趋势,并在明代最终成为单一的侗族。[3]可见分子人类学家、语言学家和历史学家对侗族起源的看法基本一致。

但是,在宋代,侗、伶本是两个不同的族群,因此史籍中峒蛮与仡伶并称。南宋时陆游在《老学庵笔记》曾对湖南西部的伶人做了较为详细的记录,该书卷四载:

> 辰、沅、靖州蛮,有仡伶,有仡僚,有仡榄,有仡偻,有山猺。俗亦类土著,外愚内黠。皆焚山而耕,所种粟、豆而已。食不足则猎野兽,至烧龟蛇啖之。其负物则少者轻,老者重,率皆束于背,妇人负者尤多。男未娶者,以金鸡羽插髻,女未嫁者,以海螺为数珠挂颈上。嫁娶先密约,乃伺女于路,劫缚以归。亦忿争叫号求救,其实皆伪也。生子乃持牛酒拜女父母,初亦佯怒却之,邻里共劝,乃受。饮酒以鼻,一饮至数升,名钩藤酒,不知何物。醉则男女聚而踏歌。农隙时至一二百人为曹,

---

[1] 参阅徐杰舜、李辉:《岭南民族源流史》,昆明:云南人民出版社,2014年,第252、273页。
[2] 参阅梁敏、张均如:《侗台语族概论》,北京:中国社会科学出版社,1996年,第6—11页。
[3] 参阅王文光、李晓斌:《百越民族发展演变史从越、僚到壮侗语族各民族》,北京:民族出版社,2007年,第233页。

手相握而歌，数人吹笙在前导之。贮缸酒于树阴，饥不复食，惟就缸取酒恣饮，已而复歌。夜疲则野宿，至三日未厌，则五日，或七日方散归。……诸蛮惟仡伶颇强，习战斗，他时或能为边患。

可见，南宋时期"仡伶"主要分布于湘西沅水中上游一带，势力颇盛。许多学者认为，"仡伶""仡榄"是宋代中原士人对侗族自称"gaeml"或"jaeml"的记录，而这一称谓主要来自侗人居住的自然地理环境。"gaeml"或"jaeml"意为两山之间的谷地或者溪河两岸较为平坦的小盆地，侗人喜欢居住在依山傍水的山谷或溪河两岸的盆地，这种地形被中原士大夫称为"峒"或"垌"，住在这里的居民也就被称为"峒民"或"峒人"。最初"峒民"或"峒人"被用于泛指岭南百越族群，后来才逐渐演变为侗族的专称。可见"峒民""峒人"是中原士大夫对侗族的他称，而"伶""仡伶"则是侗族的自称。此后在换"新颜"重构中呈现出侗族的他称与自称逐渐合流的态势，最终"峒（侗）"取代"伶"而成为侗族的族称。

宋代广西境内的侗人主要分布在融州境内，从南宋初广西安抚使招降的非汉族群种类看，包括了伶、依、僚、侗等族群。比如宋高宗绍兴年间，"安抚使吕愿中诱降诸蛮伶、依、僚、侗之属三十一种，得州二十七，县一百二十五，寨四十，峒一百七十九。"[1] 有意义的是侗人以地域为纽带的村与村、寨与寨联盟的民间社会组织——"合款"是形式，地域范围有小款、大款之分，"小款"由一二十个相邻的村寨组成，"大款"由若干个"小款"联合组成。宋代以降，侗款主要分布于黔、桂交界的地区，包括贵州的黎平、榕江、从江，湖南的通道，广西的三江，三江县境内有六个小款，即林溪款、

---

[1] 雍正《广西通志》卷九四《诸蛮》。这里主要列举了4个族群，实际上可归纳为两个族属，其中依、僚演变为后来的壮族，伶、侗演变为后来的侗族。需要指出的是，此处虽然将伶、侗视为两个族群，但是从他们的分布地域、生计方式、风俗习惯和历史传统来看，具有高度的相似性，就如同明清时期广西僮人与俍人的关系。参阅郑维宽：《广西历史民族地理》，桂林：广西师范大学出版社，2018年，第136页。

武洛款、苗江款、五百和里晒江款，榕江十塘款、浔江九合局扩大款。而且广西境内的侗款还与毗邻的贵州境内的侗款结成大款，在《从前我们做大款》的款词中，就有"头在古州[1]，尾在柳州"大款的记载。

值得注意的是，在换"新颜"的过程中，明清时期《广西通志》，柳州府、桂林府的地方志和明代田汝成《炎徼纪闻》、清代陆次云《峒溪纤志》、康熙《古今图书集成·方舆汇编·职方典》、乾隆《皇清职贡图》《大清一统志》等文献中，虽可见有关"伶人""峒人"的记载，但呈现出"峒人"繁衍而"伶人"衰微的趋势。据郑维宽的研究，伶人往往呈现出两种状态：一是较为野蛮落后的状态，幽居崖处，种山采集捕兽为业，属于生伶；二是已经从事农耕，与其他族群杂居或小聚居，属于熟伶。清人陆次云在《峒溪纤志》卷4中记载了"生伶"的情况："伶人，生广西奥谷之中……不室而处，饥食橡薯、百虫，附近瑶人，瑶人亦莫能译其所语。"乾隆《柳州府志》卷三〇《瑶僮》载："伶者，另也，诸蛮之外，别为一种，大藤、罗运山中，其幽崖奥谷，是生伶人。"马平县"又有伶、伢二种，风俗简陋，以种山捕兽为业"。但是生伶毕竟是少数，与其他族群杂居或小聚居，逐渐纳入王朝管辖体系的熟伶则更多一些。比如清中期柳州府属雒县"僮人与伶、俍杂居""僮七而瑶三，又有俍人与伶人并耕"；罗城县有苗、伶、僮、俍、瑶五种少数民族，其中伶人分布于县境东一、西一、西七、西九、东五、平东、上里等地。怀远县侗人、伶人众多，[2]"永吉三峒等村皆伶人，男女俱穿耳，男首插白雉尾，女额项手以银箍、银圈、银镯为饰，裙以六幅青布为之，而不缝。其长过足，即用为脚缠。不识文字，或卖田地，以木刻记之。以手抟饭，和以鱼酢，为上食，以宴客。杀牲用剪，无刀砧"[3]。清人傅恒在《皇清职贡图》卷四中记载怀远县伶人的情况："伶者，另也。诸蛮之外，另为一种，与瑶、僮又别，故曰伶人。其贵少贱老，不留髭须，亦似苗，但不若苗顽悍。怀远之

---

[1] "古州"即今天贵州的榕江县。
[2] 见乾隆《柳州府志》卷三〇《瑶僮》，香港：京华出版社，2003年，第461—467页。
[3] 道光《龙胜厅志》之《风俗·伶人》，雍正《广西通志》卷九二《诸蛮传》亦有载。

永吉、三峒等村，多幽崖奥谷，伶人依焉。不室而处，采橡薯为粮，或射狐掘鼠，及捕虫蚤以充食，妇女亦间采山果以佐之。不识纺织，以卉为衣。鴃舌乌言，须重译乃通。"宋代广西境内的伶人主要分布于桂北融州境内，而在此后的发展中则曾广泛分布于柳州府境内各县了。[1]

在广西及柳州的三交史中，到了民国时期，伶人作为族称已经"消失"，除了一部分融入汉族，大部分与侗族合二为一，还有一部分演变为今天的仫佬族。仫佬人在明清时期有自称为"伶"者，据《古今图书集成·方舆汇编·职方典》，庆远府属天河县"东乡八里，咸属伶种，名曰姆佬"。可见这里将后来的仫佬族视为伶人的一支。何光岳认为，被视为伶种的仫佬人，主要来自吴、杨二姓，"与宋代仡伶人沅州吴氏和靖州杨氏有血缘关系"。[2]这些当然是后话了。[3]

三看水族。水族人数虽不多，但资格却很老。李辉的分子人类学研究认为：8000多年前侗水语支群体分化为闽越和南越两部分，由于受到西汉王朝政治和军事的压力，闽越和南越族群被迫向西北方向迁移至今广西、贵州境内，形成了后来的水族和侗族，其中水族可能是闽越的部分后裔，而侗族则可能是南越的后裔。[4]由此可见，宋代桂西北抚水蛮的前身可追溯至秦汉时期的闽越族群。当然，作为一个经历了长途迁徙和其他族群发生大量交往后形成的民族，水族的族源具有多元性。

陈国安在《水族》一书所记载的水族祖先起源及向广西、贵州迁徙传说印证了李辉的研究，其云：

> 相传水族古代住在遥远的地方，地面宽广平坦，海水平岸，看见天边。那时，天上有十二个月亮照到半早，十二个太阳照到半夜。早上吃

---

[1] 以上参阅郑维宽：《广西历史民族地理》，桂林：广西师范大学出版社，2018年，第151－158页。
[2] 何光岳：《百越源流史》，南昌：江西教育出版社，1989年，第293页。
[3] 参阅郑维宽：《广西历史民族地理》，桂林：广西师范大学出版社，2018年，第158页。
[4] 参阅徐杰舜、李辉：《岭南民族源流史》，昆明：云南人民出版社，2014年，第259页。

鱼，晚上吃肉，鱼当顿，肉当餐。天之不幸，河下九年水灾，海水上涨，赶人北上避难，走到红河清水边坐了下来。接着，又发生连续九年旱灾，领、良两个妈妈带着一部分女儿顺清水河而下，赶、鬲两个妈妈带着一部分女儿顺红水河上来，走到岜越山脚杉林中的枫树下，住在石崖边，睡在草丛中，生下了儿和女，男孩叫亚，女孩叫东。东、亚都长大了，东姑娘很贤惠，受人爱戴，亚善于用犬猎兽，大家立他为头目，管理全部人群，后被老后拱龙猛、牙所洛代替。不久，人们又推举陆铎公接替，陆铎公看到人们住在树下遮不住风雨，挡不住烈日，迁到岜虽山蝙蝠洞、燕子洞居住。……又有不幸，异族侵占田地房屋，他们带着铜弓、铜箭向我人群发射，徒手抵抗，终于失败，往北再迁，经过南宁，远上庆远地方定居。往后异族又来侵占，祖先又北逃经南丹。又遇异族，转上贵州，东向南逃，选中了群山环绕的岜容地方。[1]

分子人类学和民间传说关于水族的来源在历史文献中也得到了反映，据考，《旧唐书·南蛮传》所载之"东谢蛮"是水族的先民之一，可能是水族在正史中最早的记载。其载："（东谢蛮）土宜五谷，不以牛耕，但为畲田，每岁易。……散在山洞间，依树为层巢而居，汲流以饮。皆自营生业，无赋税之事。"而"东谢蛮"是唐初对分布于黔、桂交界处的溪峒之民的统称，水族的一部分先民来自"东谢蛮"，似乎也在情理之中。所以，尤中指出，宋代水族已经从僚族中分化出来，作为一个单一的民族出现在今黔南至黔东南一带，以及广西大、小环江流域周围地区，即龙江上游和都柳江上游之间的地区。特别是宋初以来在广西大、小环江流域周围地带设置抚水州、抚水县、京水县，这些州县的名称都带"水"字，显然是因为当地居住着水族人而命名的。[2]可见，水族的起源与迁徙与"抚水州"关系密切，"抚水州"因水族人

---

[1] 陈国安：《水族》，北京：民族出版社，1993年，第6—7页。
[2] 参阅尤中：《中国西南民族史》，昆明：云南人民出版社，1985年，第220页。

而命名，水族人又因"抚水州"而传世。因此，宋代换了"新颜"的水族作为一个新的族群已经从僚人中分化出来，分布于包括柳州在内的今贵州南部、东南部以及广西大、小环江流域周围地区。[1]

四看毛南族。毛南族古称"茆难蛮"。其作为一个族群的称谓始见于宋代，《宋史·蛮夷列传三·抚水州》云："观州则控制南丹、陆家砦、茆滩十道及白崖诸蛮。"据郑维宽研究：这里的"茆滩十道"是一个地名，居住在这里的"蛮人"就是"茆难蛮"，因为"茆滩"又称"茅滩"，而"茅滩"地方的蛮人生活在称为"茆难团"的组织中。宋人周去非云："广西西南一方，皆迫化外。令甲邕、宜、钦、廉、融、琼州，吉阳、万安、昌化军，静江府，系沿边。……自融稍西南曰宜州，宜处群蛮之腹，有南丹州、安化三州一镇、荔波、赢河、五峒、茅滩、抚水诸蛮。"[2]很显然，这里的"茅滩"与《宋史》中的"茆滩"是指同一个地方。关于"茆难蛮"的社会组织形态，在《宋会要辑稿》之蕃夷102中有相关表述，其载："宜州尤为紧要，盖缘西接南丹，北接安化、茅难、荔波五团，南接虾水、地州、三旺诸洞。""茅难团"应该是"茆难蛮"自身形成的社会组织，类似于侗族的"款"。可见，毛南族源于宋代的"茆难蛮"，换了"新颜"的"茆难蛮"是分布于宋代桂西北宜州境内茅滩地方茅难团的"蛮族"。[3]

（二）"客人"迁入：汉、瑶、苗诸族入柳

宋代对经略广西十分重视。在这样的历史背景下，一些外省籍移民陆续进入广西及柳州，成为当时广西及柳州社会的"客人"。[4]

---

1 参阅郑维宽：《广西历史民族地理》，桂林：广西师范大学出版社，2018年，第146—149、160页。
2 （宋）周去非：《岭外代答》卷1《地理门·并边》。
3 参阅郑维宽：《广西历史民族地理》，桂林：广西师范大学出版社，2018年，第150、160页。
4 参阅周长山等主编，刘祥学等著：《广西通史》第四卷，桂林：广西师范大学出版社，2019年，第1259页。

迁入的"客人"中，既有汉族，也有少数民族，但以汉族为主。迁来的汉族人口中，以来自今山东、河南、江西、湖南、广东等省为主，而迁入的少数民族中，有来自湖南、广东的瑶族，有来自湖南、贵州的苗族，兼有从云贵高原迁来的彝族。[1]

1. 汉族继续入柳

从北宋到南宋，广西的人口增长很快，在北宋神宗元丰三年（1080年）时，广南西路共有242109户，至南宋宁宗嘉定十六年（1223年）时，已增至528220户，增长率为118%。[2] 对这种显然与外来人口的迁入有较为密切关系的人口超常增长，宋人周去非的《岭外代答》也云："诸郡山川广莫，生齿不蕃，强弱不侔，又四方之奸民萃焉。"[3]

移民迁入柳州的具体情况缺乏文献记载，我们可以从相邻桂州的移民情况以窥一斑。据《广西通史》第四卷的研究，桂州为广南西路帅府所在地，作为岭南西部地区的军事、政治重镇，宋朝在此驻扎了大量的军队。所谓"静江帅府，元屯半将二千五百人，又驻泊兵二千人，效用五百人，又殿前摧锋军五百人，又有雄略、忠敢等军，军容颇盛"[4]。显然，桂州周围一带，带有军事性质的移民不少，尤其是于桂州置效用军之后，"凡强盗贷死，逃卒亡命与其强武愿从之民咸集焉。……若乃诸郡效用，散在民间，犹存而不废"[5]。

而直接反映移民在广西分布的，莫过于宋代在广西的人口统计中，有主户与客户之分，那些"客户"就是来已入籍的移民。《太平寰宇记》载，仅

---

[1] 参阅周长山等主编，刘祥学等著：《广西通史》第四卷，桂林：广西师范大学出版社，2019年，第1259页；柳州地区志编纂委员会编，黄嘉猷、韦绪主编：《柳州地区志》，广西人民出版社，2000年，第73页。

[2] 参阅葛剑雄主编：《中国移民史·第四卷·宋辽金元时期》，福州：福建人民出版社，1997年，第206页。

[3] （宋）周去非：《岭外代答》卷三《外国门下·效用》。

[4] （宋）周去非：《岭外代答》卷三《外国门下·沿边兵》。

[5] （宋）周去非：《岭外代答》卷三《外国门下·效用》。

桂州就有主户"一万六千七百一十九",客户"七千七百五十九"。另《宋史·食货志》载,当时广西编籍在户的汉人有24万余户,130多万人。而据近人梁方仲统计,北宋元丰年间时广南西路一带,客户占总户口比例大于50%的地方有浔州、融州;在30%—50%之间的,有象州、梧州、龚州、贵州、宾州、郁林州;比例小于30%的计有桂州、容州、邕州、昭州、藤州、柳州、宜州、横州、白州、钦州、廉州。[1]这些客户的分布情况,是宋代广西外来移民最充分的史料依据。柳州的比例虽小于30%,但也可说明迁入"客人"的态势。[2]

值得庆幸的是,"寓柳三相"的故事给我们提了一个汉人继续入柳的个案。

《柳州史话》记载:宋代柳州的文化教育进一步提高。明人黎澄在《重修县学碑记》中说:"大中祥符之间,青衿之士,比肩相摩,人文之盛,与中州埒,盖振兴鼓舞之机,实由人也。"《马平县志》引《玉海学记》说:"宋大观中,士之弦诵者至三百人,为岭南诸州县之最。"由此可见,柳州的文化教育在北宋时已比较发达了,到南宋时就更所发展。

南宋柳州文教发展的代表就是客寓柳州的"三相",即著名学者吴敏、王安中、汪应辰。他们因种种原因,先后被贬来广西,后同寓柳州,又因三公有的贬前当相,有的贬后起用为相,都官居相位,故人称为"寓柳三相"。

> 吴敏,真州(今江苏仪征)人。大观二年(1108年),辟雍(太学之预备学校)私试首选,升为浙东学事司干官。钦宗时拜少宰,后被罢为观文殿大学士、醴泉观使,复出守扬州,再贬为崇信军节度副使。建炎元年(1127年),徙柳州。吴敏在寓柳期间常徜徉于山水间,借吟山咏水,以抒情怀。

---

[1] 梁方仲:《中国历代户口、田地、田赋统计》,上海:上海人民出版社,1980年,第148页。
[2] 参阅周长山等主编,刘祥学等著:《广西通史》第四卷,桂林:广西师范大学出版社,2019年,第1261—1263页。

王安中（1075—1134），阳曲（今河北定县）人。他为文敏捷，徽宗称他为奇才。元符三年（1100年）中进士，政和中自大名府（治今河北大名）主簿，累擢中书舍人、御史中丞、翰林学士。在做御史时，他公开指责宰相蔡京欺君害民，后出镇燕山府（治今北京）。宣和间官尚书左丞，靖康元年（1126年），被罢官，并流放象州安置，后允许他自由活动，即客居于柳州。王安中是宋代著名诗人学者，他贬至广西，游览了桂林、柳州、象州、融水等地名山胜景，写了不少歌颂广西山水的文章。

汪应辰（1119—1176），信州（今江西上饶）玉山人，学者称他为"玉山先生"。应辰出身贫寒，由于其天资聪敏，又能刻苦攻读，终于在他十六岁的那年，即绍兴五年（1135年），中了状元。可是这位青年才子刚踏上仕途时，就碰上了奸贼秦桧。秦桧时为宰相，把持朝政，主张与金人议和。而汪应辰不畏权奸，竭力反对上疏说："和议不谐，非所患；和议谐矣，而因循无备之可畏。异议不息，非所患；异议息矣，而上下相蒙之可畏。"初生之犊不畏虎，却为饿虎伤了身。年轻的汪应辰因之而遭秦桧的打击，初被贬为建州（今福建建瓯）通判；后贬为静江府（今桂林）和广州通判，前后流落岭南十七年，一直等到秦桧死了，才被召回朝廷。此间，汪应辰曾与吴敏、王安中同居柳州。

据宋人赵师邈在《三相亭碑记》中说，三相寓柳，初居水南报恩寺。而该寺别无记载，亦无故址可考，又查宋代柳州水南除有仙奕山下的天宁寺外，再无其他禅林，故报恩寺可能就是天宁寺，它即是唐代柳宗元所兴复的大云寺。寺居仙奕山与鱼峰山之间，因山麓有灵泉，泉水汇积成潭，名为龙潭，故此寺又称灵泉寺，崇宁中改名为天宁万寿禅寺。该寺殿宇幽深，规模宏大，雄伟壮观，时为广西第一禅林，"四方来栖之士，指以千计"。其香火盛旺，空前绝后。住持此寺的昕觉大师，曾游京师，居法云、惠林、智海诸禅林，是一个学识渊博的高僧，他与吴敏、王安中、汪应辰交谊很深，常与三公徜徉山水，酬诗唱和，并为吴敏筑"钓轩"于仙奕山上。建炎元年（1127年），当王安中贬谪象州时，昕觉大师还专程前往拜访。六年后，即绍兴二年（1132年），王安中移居柳州，昕觉又请他为其作《新殿记》，及"仁能之殿"四个大字。至今在仙奕山西北面犹存《新殿记》摩崖石刻。由此可见，三公寓柳时居天灵寺是完全可能的。

三公客柳州，"闲居暇日，相与游，访林石佳处"。他们见驾鹤山"岩石屏立，上有空洞数处"，甚为幽静，便在这里创建茅亭两所，名叫"驾鹤书院""三相亭"。他们常聚会院中，"携筇挈榼，观书论诗，款洽终日不倦"，并把这里题曰"小桃源"。然而这个"小桃源"并不是与世隔绝的仙境，相反却因三公名望，而招来远近文人学士，一时间，这简陋的茅亭书院竟成为一方名流学者会集的地方。

物以时新，景因人盛。三公久去，院亭无存。时隔九百年，昔日小桃源，如今尚存王公手书"驾鹤书院""竹里""小桃源"等石刻外，已别无故迹可考。然而尽管如此，古来人们仍以此为名山胜境，前采凭吊访古者，接踵不绝。明人方溢登临凭吊，写了一篇怀古思幽的《小桃源赋》。清人范赫也题诗称赞：

三公济世才，荒谷与丰玉。
建炎绍兴间，时事如覆局。
鹤院驻高风，云水诗千篇。
桃源岁月深，荆榛森似束。[1]

从"寓柳三相"的案例中，我们仿佛闻见汉人继续入柳的一些细节，以补文献记载之不足。

2. 瑶族入柳

迁入柳州的"客人"，除汉族外，还有苗族和瑶族。其中最主要的是瑶族

---

[1] 参阅萧泽昌、张益桂：《柳州史话》，南宁：广西人民出版社，1983年，第53—57页。

自湖南向广西一带发展。[1]《桂海虞衡志·志蛮》载:"瑶,本五溪盘瓠之后,其壤接广右者,静江之兴安、义宁、古县,融州之融水、怀远界,皆有之。"周去非在《岭外代答》卷三《外国门下》对此记载则更为详尽,其载:"静江府五县,与瑶人接境,曰兴安、灵川、临桂、义宁、古县,瑶人聚落不一,最强者曰罗曼瑶人、麻园瑶人,其余曰黄沙,曰甲石,曰岭屯,曰褒江,曰赠脚,曰黄村,曰赤水,曰蓝思,曰巾江,曰竦江,曰定花,曰冷石坑,曰白面,曰黄意,曰大利,曰小平,曰滩头,曰丹江,曰縻江,曰闪江,曰把界。山谷弥远,瑶人弥多,尽隶于义宁县。"由于桂东北地区瑶族人口较多,故《岭外代答》卷一《地理门》称"静江属县,半抵瑶峒",其中又尤以义宁(今临桂县、龙胜各族自治县一带)瑶为盛。宋代桂东北地区瑶族的增多,可以肯定与瑶族的迁移活动有关。其人口构成一部分是宋以前即已定居于此地的瑶族,一部分当为自湖南等省迁来者。如据富川境内葛坡关源瑶族李姓族谱中记载,他们为宋时自湖南迁入。[2] 瑶族总的迁移方向是由湖南向广西中南部扩展。一些由湖南南部进入桂东北一带后,还有一部分瑶族沿今黔桂交界地区向东向西发展,《桂海虞衡志·志蛮》载瑶人"融州之融水、怀远县界皆有之";《岭外代答》卷一《地理门》也明确记载"融州城下江,即牂牁江也。江之上流,与王江合,王江之间,群瑶居之"。北宋末年以前,融州一带因为瑶族较多,并不在宋的统治辖区内。北宋末臣蔡京欲立边功,在瑶族主要聚居的融州一带,"建平、从、允三州",遭到大臣陈遘的坚决反对,他认为"蛮人幸安静,轻扰以兆衅,不可"。[3] 其中平州,后来改为怀远县(治今三江侗族自治县西南老堡乡)。《宋史·地理志六》载:"平州。崇宁四年(1105年)三月,王江古州蛮户纳土,于王口寨建军,以怀远为名。……寻改怀远

---

1 参阅刘祥学、刘玄启:《走向和谐:广西民族关系发展的历史地理学研究》,北京:民族出版社,2011年,第43—44页。
2 富川瑶族自治县县志编纂委员会编:《富川瑶族自治县志》,南宁:广西人民出版社,1993年,第454页。
3 《宋史·陈遘传》。

军为平州，……宣和二年（1120年），赐平州郡名曰怀远。绍兴四年（1134年），废平州仍为王口寨，隶融州。十四年（1144年），复以王口寨为怀远县。从州，废置具平州。"而从州治所就位于今三江侗族自治县西。[1]

对于瑶族迁入融州，郑维宽在《广西历史民族地理》中也有叙述，其云："融州毗邻荆湖北路的诚州（后改靖州、渠阳军），而辰、沅、靖三州是瑶人重要分布地，因此融州境内也就成为荆湖北路瑶人南迁的区域。徽宗崇宁年间，融江流域开边拓殖，其中一个重要措施就是设置平、从、允三州，以便镇抚'蛮瑶'。关于融州境内瑶人聚居之地，宋人周去非说：'融州城下江，即牂牁江也。江之上流，与王江合，王江之间，群徭居之。又其上流，群蛮居之。徭即武陵溪之别也。'[2] 可见融江（牂牁江）与王江之间是瑶人的集中分布地，而瑶人来源于武陵蛮。总体上看，融州瑶人接受官府的招抚，较为安静，只是因为个别地方官在与瑶人的交易中克扣盘剥，才滋生事端。绍兴二十六年（1156年），权发遣融州张希道奏称：'沿边溪峒瑶人渐被圣化之久，近闻多因博易之际，不得均平，甚者诬以结连作祸，擅兴捕捉，妄生事端，希求赏典，恐致人情不宁。'[3] 宋廷因此下令沿边州县优加抚恤，以示惠绥怀远。"[4]

3. 苗族入柳

柳州苗族的迁入文献记载很少，《柳州地区志》记载：融水苗族自治县的苗族从宋代起陆续迁入，一支从黔东南从江一带迁入；一支从贵州榕江迁入；一支从湖南进入广西。三江侗族自治县的苗族tamu从贵州黔东南迁入；

---

[1] 参阅周长山等主编，刘祥学等著：《广西通史》第四卷，桂林：广西师范大学出版社，2019年，第1263－1264页。
[2] （宋）周去非：《岭外代答》卷一《边帅门》。
[3] 郭声波点校：《宋会要辑稿·蕃夷五》，成都：四川大学出版社，2010年，第425页。
[4] 参阅郑维宽：《广西历史民族地理》，桂林：广西师范大学出版社，2018年，第133－134页。

mjiuma 从贵州黎平三团寨迁入。[1] 又《三江侗族自治县民族志》云："《广西少数民族》载称，在宋代苗族即进入今融水苗族自治县的元宝山周围居住。"[2]

但民族志材料有所反映，据《融水苗族》记载：

> 融水苗族自称"木"的苗胞，与苗语中西部方言自称"蒙"的苗胞，在族称发音是基本相同的。这部分苗胞的先祖主要来自三个方面：
>
> （1）从贵州直接迁入
>
> 据有限的文字记载及大量的口碑故事、苗族古歌、"依直"理词、"依直"歌介绍，这支苗族先民原居住在洞庭湖"水天相连"的地方，苗语叫"整海洋"，与其他民族为邻，地方宽广，土地肥沃，各做各吃，各民族和睦相处，有婚丧喜庆等红白喜事，大家都互相帮助。后来发生瘟疫等自然灾害，死人很多，不少人举家外逃，有些辗转逃到贵州，苗语叫"鸠友""鸠佬"的地方（今贵州省雷山县）。此地土地、气温、雨水等自然条件较好，人口不多，加上苗人勤劳勇敢，吃苦耐劳，大力开荒造田，生活水平逐渐上升，人口也逐渐繁衍，出现了"鹞崽多，蚱崽少；人仔多，饭仔少"的局面，苗语叫"诺打约，梭打可，诺打哪，梭打鸭"。于是头人们就商议决定："马要分群，人要分家，分村寨居住，找地方做吃。""依直"理词称"妻洋仰，巴培努"。
>
> 经过酝酿，在名叫"整各汪阿"的地方做"依直"，决定大部分留在原地，少部分往下游迁徙，即"依直"理词所说"万九在上，千九下来"。这支苗族先民首先到今融水苗族自治县大年乡安里村和毗邻的贵州省从江县西山区大丑、小丑一带，今大丑、小丑，苗语名为"英培""英乌"，汉语意为遍山遍野，可能是指来时的人很多。安里村苗语称"打知

---

[1] 柳州地区志编纂委员会编，黄嘉猷、韦绪主编：《柳州地区志》，南宁：广西人民出版社，2000年，第73页。

[2] 三江侗族自治县民族事务委员会：《三江侗族自治县民族志》，南宁：广西人民出版社，1989年，第101页。

生"。此名原意如何，尚无确凿考究，但用汉语直译有两种意思：一种为"知生"是五千。但安里地处山区，不可能容纳五千人居住；另一种为苗语"生"的谐音是"姓"，也可能当时到安里居住的苗族先民中有五个姓氏。以后又陆续迁到今拱洞乡、红水乡的瑶龙、高武、高文、振民、良友、芝东等地居住。传说在发现一个认为是适宜居住的地方后，一些人唯恐好地方被别人占领而不惜星夜启程，今高武村最先迁来的先民是从瑶龙村迁来的。当时融水境地人烟稀少，大片山地森林密布。人们爬山穿林，到高武岭发现此地较平，土壤肥沃，有闷水（泉水），认为是难得的理想住地，就连夜举家迁移，走到途中一个山坳，肩上挑的鸡啼了，便给此坳取名"鸡啼坳"，此名沿袭至今。

这支苗族进入今融水县境后，部分仍经一段时间迁移才稳定下来，其中较大一次是在高武村头的山坳做"依直"，定"千三在上，六百往下"。这"六百"迁到今白云乡田寨河尾的邦阳、高兰、龙岑、龙令、枫木、高校一带，今人称这段河为"六百河"。

随着不断迁移，在元宝山东北面，成一片苗族人口居多的少数民族聚居区。它是今自治县的主要组成部分，计有大年、拱洞、良寨、红水、白云、大浪六个乡，称融江片。

（2）沿融江河而上迁入

约在宋代，湖南有大批瑶苗迁徙到今广西与广东接壤的贺州、韶州一带，后因天大旱，生活发生困难，决定再次迁徙，先是打算出海到国外去，但到海边看到大海茫茫，无边无际，风险很大，遂决定往内地迁，这支苗族和部分瑶族先后进入柳州府。有部分瑶族到今罗城仫佬族自治县的龙岸居住，有部分与苗族一道到今融水苗族自治县县城东面的水东、铁坑两村居住。1953年《广西苗族调查》刊登自治县政协委员胡佩生的文章写道："在宋代之前，苗族的祖先就劳动、生息、繁衍在这块土地上（指水东、铁坑），宋代以后，汉人逐渐迁居这里。由于历代反动政府推行民族压迫和民族歧视政策，住在这里的苗族被赶到深山里去。首先赶到离融水镇十多公里的棉花山（今属融水镇小荣村黑饭寨），后又越赶越远。"

这支苗族沿融江河而上住一段时间又继续往上游迁移，有部分到今融水苗族自治县境元宝山南面的安太、四荣等乡定居。另一方面，在世人口碑传说中，融江河沿岸留有苗人屋地，据已掌握的资料，除县城周边水东、铁坑两村外，还有大浪乡位于融江电站西面的中团村。

（3）从湖南直接迁入

这支苗族数量不多，他们来今融水境地定居的缘由主要有：

一是先来游村串寨、补锅、阉猪等而后定居。

二是由湖南分支而来。据《安太乡志》和安太乡林洞村戴姓称，戴姓祖先是从湖南省武岗县来的，20世纪90年代武岗做祠堂还来信邀请他们前往参加。融水境内部分潘姓苗族称他们是从湖南靖州来的。今安太乡三村吴姓苗族亦称是从湖南迁来的，但湖南的什么地方，已经说不清楚了。[1]

这些民族志材料大大补充了苗族入柳文献记载之不足。

柳州三交史就这样，于千年巨变中，在宋代转了个大弯，一方面是世居民族在巨变的交往、交流、交融中换了"新颜"，形成了壮族、侗族、水族和毛南族；另一方面是汉族继续迁入，新"客人"——苗族和瑶族的两方面的整合，构成了一幅柳州民族三交史的新结构图。

二、元代：蒙古族与柳州民族的交集

元代是中国历史上一个特殊的大一统朝代，它给中国北方的蒙古族与南方各民族进行交往、交流、交融提供了可能和实践的机会，柳州三交史在这

---

[1] 戴民强主编：《融水苗族》，南宁：广西民族出版社，2009年，第11—13页。

样一个全新的背景下，一方面在中央王朝的掌控下，完善了土司制度；另一方面促进了以壮族和瑶族为代表柳州民族的发展。

（一）北方来的民族完善了土司制度

战争，是一种特殊的人类交往形式，马克思恩格斯在《德意志意识形态》中阐述了这个观点。从宏观的历史上看，在相当长时期，暴力、战争、掠夺、抢劫等被看作历史的动力。古老的文明，往往被野蛮的民族破坏，然后又重新形成新的文明。所以，也可以说是民族一种经常的交往形式。从这个意义上来说，南宋末年，统治如日薄西山，军政废弛，国力疲弱。而这时北方的蒙古族则日趋强盛，不断发动征伐战争。而蒙古兵锋最早达到广西，是在宋理宗开庆元年（1259年）之时。这一年，蒙古军队采取大迂回战略，绕道川西，先攻取云南大理，然后直捣广西，势如破竹。至元十三年（1276年）六月，元将阿里海牙率兵数万，南下进攻广西。由于全州守将的主动投降，广西门户大开。元军阿里海牙攻取桂林之后，立即分遣万户脱温不花前往宾、融、柳、钦、横、邕、庆远等地，齐荣祖前往郁林、贵、廉、象诸州，脱邻至浔、容、藤、梧等州招谕宋朝地方官吏投降，都获得成功。特磨道的首领侬士贵、南丹州牧莫大秀，"皆奉表求内附"[1]，广西最终统一到元朝的版图之中，阿里海牙于是"以兵戍静江、昭、贺、梧、邕、融，乃还潭"[2]。战争，把北方的蒙古族带到了广西，从而扩大了广西各民族交往、交流、交融的范围。

了解元代的柳州，必须放眼整个广西。

在这个大趋势之下，宋元鼎革之际，据郑维宽的研究：广西左、右江地区的土酋纷纷归附元王朝。在元军攻下桂林之前的至元十二年（1275年），宋廷的融、宜、钦三州总管岑从毅，沿边巡检使、广西节制军马李维屏等向

---

[1] 《元史·阿里海牙传》。

[2] 《元史·阿里海牙传》。

云南行省请降，元廷任命岑从毅为来安知州，李维屏为安平知州。[1]元军攻下桂林之后，侬士贵、岑从毅、李维屏等又于至元十四年（1277年）"以所属州县溪峒百四十七、户二十五万六千来附"[2]。但是元廷将左、右江溪峒地方的少数民族户口纳入王朝的户籍，却是在至元二十二年（1285年），"又籍两江侬士贵、岑从毅、李维屏所部户二十五万有奇，以其籍归有司"[3]。此外，元廷对前来归附的桂西、桂西南地的其他土官也一律授予世袭官职，以示安抚。至元二十八年（1291年）南丹州莫国麟入觐，"授国麟安抚使、三珠虎符"[4]。忻城土官莫保归附，"以土官莫保为八仙屯千户"[5]。

元统一广西后，被元廷授予世袭职的土官还有：镇安路军民总管岑斗荣、来安路总管与沿边溪洞军民安抚使岑世兴、太平路军民总管李兴隆、思明路军民总管黄克顺、上思州知州黄志熟、全茗州土官许文杰、安隆寨土官岑世忠、思明州土官黄宗永、忠州土官黄祖显、太平州土官李以忠、镇远州土官赵胜昌、茗盈州土官李铁钉、安平州土官李郭佑、思同州土官黄克嗣、万承州土官许郭安、龙英州土官李世贤、左州土官黄胜爵、陀陵县土官黄宣等。这些土官按期向朝廷进贡方物。[6]

有元一代，为了完善土司制度，在今广西境内设立了两个宣慰司道，即广西两江道宣慰司、海北海南道宣慰司。并鉴于广西左、右江地区少数民族聚居的情况，为了加强军事镇戍与行政控制，在该地区专门设立了左、右两江宣慰司。有意思的是元廷本来打算任用蒙古人、色目人官员进行直接治理，但是左、右江地区恶劣的烟瘴环境迫使元廷不得不使用汉人和土人，由此逐渐演变为间接统治。至元二十五年（1288年），湖广行省言："左、右江溪洞蛮僚，置四总管府，统州、县、洞百六十，而所调官惮瘴疠，多不敢赴，请

---

[1]《元史·世祖纪五》。

[2]《元史·世祖纪六》。

[3]《元史·张立道传》。

[4]《元史·世祖纪十三》。

[5]《明史·广西土司传一》。

[6] 参阅郑维宽：《广西历史民族地理》，桂林：广西师范大学出版社，2018年，第164页。

以汉人为达鲁花赤，军官为民职，杂土人用之。"[1]得到了朝廷的准许。除了左、右江少数民族聚居区，元朝在广西别的地区设置了广西道宣慰司。后来经调整，于元贞元年（1295年）将左、右两江宣慰司和广西道宣慰司合并，设立广西两江道宣慰司都元帅府。[2]从而强化了对左、右江少数民族聚居区的统治。另据《大元混一方舆胜览》下册《湖广等处行中书省》所载，在左、右江少数民族聚居区，专门设置有田州上思等处军民宣抚使司都元帅府进行管辖，它与左、右两江宣慰司是前后继承的关系。

除此之外，元廷还在边远少数民族地区设置招讨、安抚、宣抚等使，作为羁縻少数民族的职官。元廷鉴于宋代桂西北宜州（后改庆远府）管下少数民族频繁反抗，以及羁縻州土酋恃险骄纵、屡不奉法的情况，决定强化对桂西北的管控，在南丹州设立安抚司，专门经略南丹州土民。大德元年（1297年），中书省大臣上疏说："南丹州安抚司及庆远路相去为近，所隶户少，请省之。"[3]于是元廷下令将南丹州安抚司与庆远路总管府合并，设立庆远南丹溪峒等处军民安抚司。[4]在左、右江地区，至元十三年（1276年）在南宁设立安抚司，至元十六年（1279年）改为邕州路总管府，兼左右两江溪峒镇抚，后来才改为左、右两江慰司。[5]因此，元廷在广西境内设立的安抚司和宣慰司兼都元帅府，对于完善广西的土司制度具有重要的意义。此外，还有以"蛮夷""长官"命名的土司管理机构，如镇安路下辖的鹿林蛮夷、鹿长蛮夷、诸部蛮夷，桂西北设立的安化等洞长官。[6]元代在西南溪洞"各置长官司，秩如下州，达鲁花赤、长官、副长官，参用其土人为之"[7]。

事实上，在广西少数民族聚居区，一些政区的名称虽然表面上看来与流

---

[1]《元史·世祖纪十二》。
[2]《元史·成宗本纪》《元史·地理志六》。
[3]《元史·地理志六》。
[4]《元史·成宗本纪》《元史·地理志六》。
[5]《元史·地理志六》。
[6]《大元混一方舆胜览》下册《湖广等处行中书省》。
[7]（嘉庆）《广西通志》卷二二《职官表十》。

官政区相同，但实际上却有所区别。比如左、右江地区设置的太平路、思明路、田州路、来安路、镇安路，因为承担抚绥少数民族的职责，于是在"路"的后面加上"军民总管府"的称谓，这样就变成了适用于少数民族聚居区的羁縻政区。上述五路的总管本为土酋，为了表示对元廷的归附和忠诚，纷纷改用蒙古姓氏，但这种做法掩盖不了元廷通过他们对该地区进行羁縻统治的性质。在羁縻路之下设置的土州、土县，构成了与宣慰司、宣抚司、安抚司、长官司、蛮夷司相并立的又一类土司政区。

可见，元朝统一广西后，设置了宣慰司、宣抚司、安抚司、长官司、蛮夷司、溪洞军民总管府、土州等治理少数民族的土司机构，其中除宣慰使、宣抚使主要由王朝委派蒙古人或汉人充任，安抚使、长官司长官、蛮夷长官、军民总管、土知州等则参用土酋。[1]元顺帝至正二十三年（1363年），元朝为了加强对广西地区的控制，又从湖广行中书省中将广西地区割离，单独成立"广西行中书省"，省会设在靖江路原行政中心——临桂县，即今桂林市。这样，从元王朝完全统一全国起（1278年），到广西行中书省成立时止（1363年），广西地区作为湖广行中书省的一个组成部分，前后共85年。从此以后，广西地区就成为中国行政区划史上一个比较固定的单元。[2]

但是，广西作为少数民族聚居区，元朝还是实行羁縻统治为主。在南宁、柳州、桂林一线以东地区，元朝确立了直接统治。元世祖至元十六年（1279）时，又一度将梧州、柳州、象州、邕州、庆远、宾州、横州、容州、浔州并为路。[3]柳州路下设有柳城、马平、雒容三县；融州下设融水、怀远两县。与宋代相比，元代所实行的土司制度最大的不同之处，在于始设各级土司官职"参用土酋为官"；任命土官后，均赐予诰敕、印章、虎符、驿玺书、金银符作为信物；土司须承担朝贡与纳赋义务；采取"以蛮攻蛮"的策略，建立了

---

[1] 参阅郑维宽：《广西历史民族地理》，桂林：广西师范大学出版社，2018年，第165—166页。
[2] 参阅黄体荣：《广西历史地理》，南宁：广西民族出版社，1985年，第114页。
[3] 《元史·世祖七》。

庞大的由少数民族组成的武装队伍——土兵。[1]于是，元代设立土官确已形成了"一代之制"。[2]

这样，广西及柳州的"三交"史在元代严格的土司制度下，便在一个稳定的平台上展开。

（二）柳州各民族在反抗中求发展

元朝的统治是残暴的，地处西南一隅的广西各族人民时属"南人"[3]中最边远的部分，因而更受歧视，从而激起了广西各民族人民的反抗。

1. 少数民族土司发动的反叛

自元初开始，直到元朝灭亡，土司争斗从未间断。元世祖至元十四年（1277年）时，融州安抚使谭昌因谋图不轨，为元廷所诛杀。左右江地区是土司集中之地，也是土司叛乱最为频繁之地。这一带又以来安路土司反叛活动影响最著，他们叛服不常，元朝对其亦无可奈何，不过抚谕而已。元世祖至元十八年（1281年）十月，"溪洞新附官镇安州岑从毅纵兵杀掠，迫死知州李显祖，召从毅入觐。……二十九年闰六月，右江岑从毅降，从毅老疾，诏以其子斗荣袭，佩虎符，为镇安路军民总管"。[4]元成宗大德十年（1306年）六月，"来安路总管岑雄叛，湖广行省遣宣慰副使忽都鲁铁木儿谕之，雄令其子世坚来降，赐衣物遣之"。元仁宗延祐六年（1319年）七月，"来安路总管岑世兴叛，据唐兴州，赐玺书诏谕之"。[5]元英宗至治二年（1322年），两江来安路总管岑世兴作乱，元朝不得已遣兵讨伐。泰定元年（1324年）十二月，岑

---

[1] 参阅吴永章：《中国土司制度渊源与发展史》，成都：四川民族出版社，1988年，第130—149页。
[2] （清）永瑢等修纂：《钦定历代职官表》卷七十二。转引自吴永章：《中国土司制度渊源与发展史》，成都：四川民族出版社，1988年，第135页。
[3] 元朝实行民族压迫政策，将全国分为蒙古人、色目人、汉人和南人四等。
[4] （清）谢启昆修：《广西通志》卷一八七《前事略九·元一》。
[5] （清）谢启昆修：《广西通志》卷一八七《前事略九·元一》。

世兴被迫表示归服朝廷，元廷于是封岑世兴为怀远大将军，遥授沿边溪洞军民安抚，佩虎符，仍为来安路总管。泰定二年（1325年）九月，岑世兴为表示对元朝的忠心，遣人上疏朝廷，以自明没有反意，并假意请求元朝在来安路设置蒙古、汉人监贰官，为此获得元朝的优待。然而一月不到，在这年十月时，岑世兴就与其子铁木儿率众攻略上林等州，元朝但命抚谕而已。泰定三年（1326年）四月，镇安路土司内部又起祸端，镇安路总管岑修广为其弟岑修仁所攻，岑修广上告朝廷，泰定帝命湖广行省"辨治之"[1]，但没有什么结果。五月，来安路总管岑世兴及镇安路总管岑修文纠合"山僚、角蛮六万余人为寇"[2]，一时桂西震动，元廷急命湖广、云南行省遣人前往诏谕。同年二月，广西全茗州土官许文杰率当地的瑶民反叛，进攻茗盈州，杀知州事李德卿等，元廷"命湖广行省督兵捕之"[3]。

土司对元廷的反叛，是元代蒙古族与广西及柳州各民族交往、交流、交融一种绕不开的形式。[4]

2.各族人民的反抗斗争

广西各族人民的反抗波及范围更广，尤以瑶族的反抗最为持久，影响最大。

自元成宗统治时期开始，广西瑶族的反抗斗争日趋尖锐。大德五年（1301年）十一月，桂北地区的瑶人蓝赖率丹阳三十六洞投降元朝，被委任为怀远县（今三江侗族自治县）簿、尉。元仁宗时期，瑶族反抗规模开始扩大，先是八寨地区的瑶族攻袭横州，接着横州地区的瑶族也起来反抗，元廷命湖广行省发兵讨捕，但随之不久瑶族的反抗斗争很快蔓延开来。融州、宾州、柳州、上思州的瑶族纷纷加入反抗元朝的队伍之中。泰定时，庆远、融州、

---

[1]《元史·泰定帝二》。

[2]《元史·泰定帝二》。

[3]《元史·泰定帝二》。

[4] 参阅周长山等主编，刘祥学等著：《广西通史》第四卷，桂林：广西师范大学出版社，2019年，第1529页。

永淳、宾州、义宁、灵川等处瑶族再次起来反抗，瑶民潘宾率部甚至攻破了柳城县。柳州、静江、平南等地瑶族也纷纷揭竿而起。这样，瑶族反抗从桂中、桂北地区，开始波及桂东北一带，元朝顾此失彼。元朝统治者称"朕自即位，累诏天下，悯恤黎元，惟广瑶屡叛，杀掠良民，故命鄂尔多罕等讨之。今闻迎降者甚众，宜更以恩抚之，若果不悛，严兵追捕"[1]。但元朝的剿抚两手政策，不起效果。梧州、左右江地区、静江路灵川、临桂等地，平乐府荔浦、修仁等地，瑶族反抗更为猛烈。总之，在元朝统治的九十一年中，柳州及邕、宾、梧、容、融等州，以及左右江一带和南丹、大新等边远地方，都先后爆发了人民起义。元顺帝元统二年（1334年）九月，元王朝曾派章伯颜来广西镇压。元顺帝至正十一年（1351年），又派不颜不花来广西镇压瑶族。在桂北的柳州路、融州、庆远南丹民安抚司，桂东的平乐府、梧州路、贺州、藤州，桂中的浔州路、横州路、象州、宾州等地，先后爆发过瑶民起义，[2]特别是元末泰定年间（1324—1327年），广西各地瑶民起义此起彼伏，柳州、融州、静江府、平乐、梧州、平南、田州、两江地的瑶民都发动了反抗斗争，所谓"广西瑶屡叛""广西诸瑶寇城邑"[3]。可以说，元代广西境内凡是瑶民聚居的路府州县，几乎都发生过瑶民的反抗斗争。据不完全统计，静江路、柳州路、庆远南丹军民安抚司、平乐府、贺州、浔州路、融州、宾州、横州路、上思州、全茗州、田州路、钦州路等路府州境内都先后爆发了瑶民起义，涉及所有瑶族聚居区，甚至攻陷贺州、柳城县等州县城池。[4]元末时，桂东北地区的瑶族数次攻陷贺州。为此，元朝命广西宣慰使、都元帅章伯颜调集河南、江浙、江西、湖广等处大军镇压。元人虞集的《平徭记》对此次军事征剿作了极为详细的记载，并云"公引大兵屯柳州"[5]。

---

1 （清）谢启昆修：《广西通志》卷一八八《前事略十·元二》。
2 嘉庆《广西通志》卷一八七《前事略九》。
3 嘉庆《广西通志》卷一八八《前事略十》。
4 参阅奉恒高主编：《瑶族通史》上卷，北京：民族出版社，2007年，第357页。
5 （元）虞集：《平徭记》。参阅周长山等主编，刘祥学等著：《广西通史》第四卷，桂林：广西师范大学出版社，2019年，第1533页。

可见，广西各族人民的反抗，是元代蒙古族与广西及柳州各民族交往、交流、交融的另一种重要形式。[1]

在这种具有元代特征的民族交往、交流、交融中，广西以壮族为代表的各民族，在血与火中得到了发展，如壮族在元代以"僮（撞）"这一族称进入正史记载的开始。

在此之前的南宋，"僮"仅见于地方官的私家著述，比如宋人李曾伯的《可斋杂稿》。《元史》记载了大德二年（1298年）"部民有吴瑛者，言募牧兰等处及融、庆溪峒瑶、撞民丁"；至正八年（1348年）道州路总管林兴祖赴任时被"撞贼"追击的情况。[2]虽然此时被称为"僮（撞）"的土著族群尚位于广西西北部和湖南南部，但为此后"僮（撞）"的使用范围不断扩大起到了重要作用。元代桂西北地区的僮人逐渐被纳入王朝的统治体系。《粤西丛载》卷二十四《僮》记载："南丹溪峒之人呼为僮，其始未尝至省。元至元间，莫国麟献图纳土，自是僮人方入省地。初，柳（州）、庆（远）边山居民苦于瑶寇，募僮人耕种，且以御瑶。"[3]这些记载表明元代的壮族已是一个比较稳定的民族共同体了，这在壮族发展史上不能不说是一个重要的时期。

总之，在土司制度下广西各民族的交往、交流、交融，不仅促进了中国南北民族的互动，还使原先一些不直接对封建王朝纳赋税、供徭役的广西少数民族地区，逐渐被纳入封建王朝的贡赋体系范围，成为国家版图不可分割的一部分。这对进一步密切中央与地方之间的联系，对铸牢中华民族共同体意识的培育、对多民族国家的统一与发展，以及边疆地区的稳定开发，都具有深远的历史意义。

---

1 参阅周长山等主编，刘祥学等著：《广西通史》第四卷，桂林：广西师范大学出版社，2019年，第1531页；黄现璠、黄增庆、张一民：《壮族通史》，南宁：广西民族出版社，1988年，第312页。
2 《元史·兵志三》《元史·林兴祖传》。
3 参阅郑维宽：《广西历史民族地理》，桂林：广西师范大学出版社，2018年，第174页。

三、明代："华夷一家，一视同仁"促"三交"

历史的风水轮流转。

朱元璋建立的明王朝，不仅抛弃了元代把民族划分等级的民族压迫做法，还公开宣称对少数民族实行"华夷一家，一视同仁"[1]的政策，继续实行土司制度，保留少数民族原有的政治制度、生产方式、风俗习惯、宗教信仰不变，帮助少数民族发展经济文化，表现出不少"善意"，给了一些"恩惠"，把柳州及广西的土司制度推上了鼎盛，同时也开始了"改土归流"的历程，使明代柳州的"三交"史，在一个全新的背景下展开。

（一）"华夷一家"：明代柳州的民族交错而居

明代的柳州府与今天的柳州市不能同日而语，明代的柳州辖二州十县，即象州、宾州（今宾阳）二州，以及马平县（今柳州市柳江区一带）、雒容县（今鹿寨）、罗城县、柳城县、怀远县（今三江侗族自治县）、融县（今融安、融水苗族自治县）、来宾县、武宣县、迁江县（今来宾迁江镇）、上林县等十县，范围比今天的柳州市大得多，大约包括了今天的柳州市、来宾市和南宁市的宾阳和上林。

在明代"华夷一家"的理念下，柳州府因在地理范围上南北跨度较广，加上有便捷的柳江作为交通要道，汉族及其他民族的迁徙在地理空间上交往频繁，其民族关系较为复杂，形成交错而居的态势。乾隆时，王锦任右江分巡道观察使驻柳州府期间所主编的《柳州府志》云："柳郡隶粤之右壤，为群蛮奥区，其丑类浩繁，难以悉数"，马平"厢民皆属寓籍，独瑶僮为地著，伶人、伢人亦偏处焉"，雒容"僮七而瑶三，又有俍人与伶并耕"，柳城之蛮"曰依、曰瑶、曰伋、曰伢，余尽僮也"，罗城"有苗、伶、僮、俍、瑶，凡

---

1 《明太祖实录》卷五三。

五种"，怀远"有猺、獞、侗、伶、狙、苗凡六种"，融县、象州"猺獞参半"，来宾"则獞人居多"。特别记载云："生猺在穷谷中，不与华通。熟猺与州民犬巢，或通婚姻。白猺大类熟猺，黑猺大类生猺。又大良猺有户口版籍，较民淳朴，租赋尤易办。"[1]

又有因战争、经济冲突而发生的民族迁移，如柳州马平在明初永乐三年（1405年），"獞寇"起事被扑灭后，荒芜的田地被"庆远、宜山、河池之獞所夺"[2]用以耕种。以至在明代，已出现猺獞杂居，五岭以南皆有猺族散居山间的情形。

表1　明代柳江流域地区柳州府民族分布简表

县名	族群	分布情况	备注
马平县	猺、獞、伶、伢	十里有獞，百里外有猺	耕田输赋皆熟猺、熟獞；又有伶、伢二种，风俗简陋，以种山捕兽为业
雒容县	獞、伶、㑪	獞人与伶、㑪杂居	性剽悍，好劫掠，屡征乃平
柳城县	猺、獞、侬、休、伢五种	至上油峒诸巢皆蛮窟也	语言各不相通，而尚鬼
罗城县	伶、獞、㑪、苗、猺	东一、西一、西七、西九、东五、平东上里咸伶种；平西布政、高悬里咸獞种；郡那等四堡咸㑪种；通道镇有苗、猺	獞俗较伶㑪为顽悍
融县	猺、獞	猺、獞甚多，有獞村猺村，或分地而居，或彼此相错	猺有红黑白三种，乃诸葛武侯征孟获，流入背江

---

[1]（清）王锦修，吴光升纂：乾隆《柳州府志》卷三〇《猺獞》，香港：京华出版社，2003年，第456页。文中原文"犭"旁，全部改为双人旁。
[2]（清）汪森编，黄盛陆等校点：《粤西文载校点》卷四五《平马平蛮碑》，第3册，南宁：广西人民出版社，1990年，第316页。

(续表)

县名	族群	分布情况	备注
怀远县	猺、僮、侗、伶、狙、苗	僮人居北呆等村；苗人居大营峒、梅寨等村；侗伶居永吉三峒等村	猺有住猺、流猺、黑猺三种
象州	猺、僮、獠	各乡多猺、僮	
来宾县	僮	近城皆居民，郭外十数里皆僮	

资料来源：《柳州府志》卷30《猺僮》，香港：京华出版社，2003年，第461—473页。

从上可见，明代的柳州已开始在广西脱颖而出，族群结构多元复杂，犬牙交错，互嵌而居，且主要族群——僮、瑶、苗、侗、毛南、仫佬诸族的发育程度虽然不同，但均已先后崛起，据郑维宽研究：

1. 僮族的崛起

明代壮族称呼以"僮"为主，并已成为广西主要的少数民族。

明代壮族土司辖地主要位于桂西左、右江及红水河流域一带，前已述及，唐宋时期在桂西壮族聚居区设置了大量羁縻州、县、峒，授予壮族首领刺史、知州等官职，实行"以夷治夷"。这些刺史、知州等官职世代承袭，成为元明清时期桂西土司政区土官的主要来源。而《粤西丛载》云："南丹溪峒之人呼为僮，其始未尝至省。元至元间，莫国麒（按：应为麟）献图纳土，自是僮人方入省地。初，柳（州）、庆（远）边山居民苦于瑶寇，募僮人耕种，且以御瑶。……今考居宜山之边境与隶各州县者，此种为多。"[1] 可见明代僮人在桂西流官州县中占据人口的多数则是事实。

又据明人王士性在《广志绎》中所载，柳州、庆远、思恩三府境内的乡村居民基本上属于僮人，还有一些瑶人，其云：

---

[1] （清）汪森：《粤西丛载》卷二四《僮》。

右江三府则纯乎夷，仅城市所居者民耳。环城以外悉皆瑶、僮所居，皆依山傍谷，山衡有田可种处则田之，坦途大陆纵沃，咸荒弃而不顾。然僮人虽以征抚附籍，而不能自至官输粮，则寄托于在邑之民，僮借民为业主，民借僮为佃丁，若中州诡寄者然，每年止收其租以代输之官，以半余入于己。故民无一亩自耕之田，皆僮种也。[1]

明代有关文献还记载了僮人的崛起态势，如桂东府江两岸，桂中迁江北三、来宾北五与"十寨"等地是僮人的集中分布区。[2]而与柳州有关的明代柳州府中南部的马平、宾州、上林、迁江、来宾、雒容等州县的僮民也较多，其中八寨（后称十寨）更是僮民发动反抗斗争的中心地。桂林、柳州二府交界的地区，也是僮民较为集中的分布区。马平虽为柳州府首县，但境内僮人却占人口多数，由于僮人频繁起事和明王朝的镇压，导致马平县的编户日渐减少。随后来自桂西北的僮人（为汉人招募而来）虽然补充了马平人口的损耗，但这些僮人多未入籍，在统治者看来，"马平田土，蚕食几尽，县拥空籍耳"。明人桑悦在《至柳郡写怀》中写道："离城十里是生僮，通衢处处生荆杞。打村劫路闻暗熟，里半居民存有几。参戎守备日筹画，据险贼巢难尽洗。"[3]直到万历大征后，"马平之三都、四都，来宾之北五，凡诸渠魁，皆自投军门，愿为编民"。[4]

还有来宾、迁江二县位于柳州府南部，其中迁江北三、来宾北五的居民"类皆右江僮也"。《万历武功录》载："谭公柄，北三酋长；韦宋武，河塘酋长也。而北三别号劙马贼，其技长于治弩，弩颇毒，发必能中伤人。每一出，

---

1 （明）王士性：《广志绎》卷五《西南诸省·广西》。
2 明代广西被称为三江（府江、右江、左江）之地，其中府江指今天的漓江、桂江，右江指今天的柳江、红水河流域，左江指今天的左、右江流域。
3 雍正《广西通志》卷一二一《艺文》。
4 （清）汪森：《粤西丛载》卷二九《柳州马平》引（明）《紫溪集》。

常百十为群，自弑土吏黄胜以来，岁岁为边患苦。"[1] 宾州、上林亦位于柳州府南部，其中"十寨"与来宾北五、迁江北三毗连，为僮人聚居区。万历《广西通志》载："十寨，旧称八寨，曰思吉、曰周安、曰古卯、曰古蓬、曰古钵、曰都者、曰罗墨、曰剥丁，后益以龙哈、啼咳为十。其地东连柳州三都、皂岭、北四诸峒，西连东兰等州及夷江诸峒，南连思恩及宾州上林铜盘、渌毛诸峒，北连庆远忻城东欧、八仙诸峒，周环五百里。故迁江八所屯及上林二里民地，贼据日久，寨各千余人，扼险要，且骛悍难制。"[2] 隆庆中，在明朝大军的威慑下，十寨的寨老樊公悬、韦公良、石公庆、蓝公略、罗公印、黄公遨等赴官府投诚，归附的僮人村落128个，环村而居的僮人约有2120户，足见僮人崛起之势之大。况且明朝并未在此实行直接统治，而是任命僮人首领为长官和土舍进行管理，"制置使（即两广总督）竟请八寨为长官司，而以兵八千人属黄旸，为长官；而黄昌、韦富皆给冠带，为土舍，亦各引兵二百人，食二寨，如约也"。万历七年（1579年）平定十寨后，仍设三个土巡检司，以东兰州韦应鲲、韦显能和田州黄冯充任土巡检。[3] 由此可见，虽然历经多次征剿，"十寨"地方仍是僮人的聚居区，僮人崛起之势又可见一斑。

可见，明代广西的僮人包括"僮""俍""僚""侬人""土人"等称谓，集中分布于今湘桂铁路线以西的地区，这也是广西土司政区集中分布的地区。在湘桂铁路线以东的山区，比如大藤峡、府江、古田等地，也有较多的僮人分布，明中后期还有一部分俍人从桂西地区迁入桂东、桂中。就明代广西僮人的支系而言，可分为桂西南左、右江流域的土人（俍人、僚人）和桂北的僮人（俍人）。就与王朝关系的紧密程度而言，可分为熟僮、生僮两类，"熟僮"是指纳入王朝户籍和赋役系统的僮人，主要分布于桂东、桂中流官统治区；"生僮"则反之，主要分布于桂西土司地区。这一切，都充分展示了僮族

---

1 （明）瞿九思：《万历武功录》卷四《广西·北三谭公柄河塘韦宋武诸獞列传》；（清）汪森：《粤西丛载》卷二九《北三谭公柄河塘韦宋武诸獞列传》。
2 万历《广西通志》卷三三《外夷·十寨》；（清）汪森：《粤西丛载》二九《十寨》。
3 （明）瞿九思：《万历武功录》卷四《广西·十寨诸僮》；（清）汪森：《粤西丛载》卷二九《十寨》。

在柳州及广西的广泛崛起。

2. 瑶族的崛起

瑶族作为广西的移民族群，能在广西崛起为一个重要民族，实则有赖于他们具有顽强的"生命马拉松"的民族性格。

瑶族在广西的崛起曲折而坎坷，正如郑维宽所言："历经宋代以来的不断迁徙，明代瑶人已经广布于广西大多数府州县，广西因此成为岭南瑶人活动的主要区域。随着中央王朝加强对岭南地区的经略，以及汉族移民的不断迁入，明代广西瑶人的分布经历了从散居到相对聚居的过程，逐渐聚居到几块固定的山地，包括平乐府山地、大藤峡地区和都阳山—大明山地区。在明代广西人口的民族构成中，瑶人是重要组成部分，也是一个民族文化特征非常鲜明的族群。"[1]

由于瑶人的生计方式是"居山游耕"，兼具农耕、狩猎、采集等多种类型，要求居住的环境具有森林和耕地，而这样条件在桂东、桂中地区相对具备，因此，明代广西瑶人的地理分布呈现出从桂东的平乐府、梧州府和桂中的浔州府、柳州府为主要分布区。胡列箭在《明代以来广西瑶人历史分布》一文中认为："自东部的怀集县到西部的思恩府地区，广西瑶人分布越来越少，他们集中分布在东部的桂林府、平乐府、梧州府、浔州府、柳州府，而西部的庆远府和思恩府也有一些瑶人。"[2]

瑶族崛起最突出的事件表达是大藤峡瑶民起义。

桂中大藤峡位于浔州、平乐、梧州与柳州四府交界之地，四山环绕，绵亘数百里，地势险要，是广西瑶人的集中分布地区。对此，明人田汝成有详细的记载：

---

[1] 郑维宽：《广西历史民族地理》，桂林：广西师范大学出版社，2018年，第230页。
[2] 胡列箭未刊稿。转引自郑维宽：《广西历史民族地理》，桂林：广西师范大学出版社，2018年，第231页。

断藤峡，旧名大藤峡，云其江发源柳庆，东绕浔州，碕矗矶排，滩洑洶濞，两岸万山盘礴六百余里。西北联武宣县，迤逦而东，绵络象州、永安、修仁、荔浦、平乐诸州县，截以府江。西南接贵县，依左江而下，包桂平，带平南，抵藤县，浸淫苍梧。大抵藤峡面势以桂平大宣乡崇姜里为前庭，象州东乡、武宣北乡为后户，而右贵之龙山，左藤县之五屯，若两臂也。峡以北巢峒屋列，不可殚名，而西萝、绿东、紫荆、后根姜、老鼠、白面、横石、寺塘、桂州崖、仙女关、九层楼尤极险厄。入者缘木攀萝，往往迷径而返。峡以南山稍廉瘠，而牛肠、大岵、大寺、白银、大湾诸村，亦皆倚江立寨，四塞难通。自紫荆折而稍东，为茶山，为力山。力山之险，三倍藤峡。折而东北为永安，又东为朦胧三峒，荔浦之境也。自紫荆折而东北，为沙田，为林峒。迤北折而稍西，为罗运，罗运之险，又倍力山，其后为长州，象州、修仁之境也。自紫荆折而南，为鹏化，为大同，平南之境也。又折而东为五屯，藤县之境也。万山之中，瑶蛮盘踞，各有宗党，而蓝、胡、侯、盘四姓为之渠魁，山多缦土，沃而敏树，诸瑶皆侧耕危获，不服租庸。……惮见官府，往往通向化瑶老，结城市豪强，号曰招主，自称曰耕丁。招主复结官府左右为之耳目，漏泄缓急，朝发夕闻。大抵自藤峡，径府江，约三百余里，以力山为中界，诸贼往往相通，互为死党。力山之人，善以毒药傅弩矢，中者立毙，故能东助府江，西援藤峡。藤峡之巅，立而环眺，则远近数百里间若可举趾，故军旅所集，盱睫而知，急则稀窜林中，不可疏捕。广西之谚云：盎有一斗米，莫溯藤峡水；囊有一陌钱，莫上府江船。[1]

瑶族选择如此险恶之地而居，一则作为移民族群的无奈之选，二则呈现了瑶人性格的坚韧，三则反映了瑶人移民广西人数之众。所以，据考大藤峡地区的瑶寨很多，每次明军征伐，动辄破寨数百，斩首、俘获人口数千。比

---

[1] （明）田汝成：《炎徼纪闻》卷二《断藤峡》。

如天顺六年（1462年）颜彪奏称："臣同两广总兵等官督率官军，进剿浔州大藤峡等处瑶贼，攻破七百二十一寨，斩首三千二百七十一级，复所掠男妇五百余口。"[1]在成化元年（1465年）十二月进剿大藤峡瑶人的军事行动中，赵辅、韩雍率领明军"破贼大小巢寨三百二十四所，斩首三千二百七级，生擒七百八十二人，获贼属妇女二千七百一十八人，余贼战伤溺死者不可胜计"。[2]正如郑维宽的统计所言：在间隔三年的两次征伐中，大藤峡地区被攻破的瑶、僮寨数量达1045个，排除重复计算的瑶寨和少数僮人村寨，涉及的瑶寨数量至少有七八百个，即使以每寨平均50人计算，亦有约4万瑶人。[3]一直到明后期，桂中浔州府和柳州府南部仍是广西瑶人的一个重要分布区，据万历四十六年（1618）广西巡抚潘一桂所奏："浔、贵、宾、迁间八寨、三里之地瑶贼纵横，两江为梗。"[4]

总之，历经宋代以来的不断迁徙，崛起中的明代瑶人已经广布于广西大多数府州县，广西因此成为岭南瑶人活动的主要区域。随着中央王朝加强对岭南地区的经略，以及汉族移民的不断迁入，明代广西瑶人的分布经历了从散居到相对聚居的过程，逐渐聚居到几块固定的山地，包括平乐府山地、大藤峡地区和都阳山—大明山地区。表明明代广西瑶人的地理分布呈现出从桂东平乐府、梧州府向桂西思恩府递减的趋势，其中桂东桂林府、平乐府、梧州府和桂中浔州府、柳州府是主要分布区，人口规模较大。这一切，都充分展示了瑶人在柳州及广西的顽强崛起。

3.侗族的崛起

侗族是柳州府一个仅次于僮、瑶的族群。柳州府属怀远县，是明代广西侗人（包括伶人）较为集中分布的区域，虽然境内还有瑶、僮、苗、汉等族

---

[1]《明英宗实录》卷三三六，天顺六年正月壬子。
[2]《明宪宗实录》卷二七，成化二年三月壬戌。
[3] 郑维宽：《广西历史民族地理》，桂林：广西师范大学出版社，2018年，第238页。
[4]《明神宗实录》卷五七四，万历四十六年九月己酉。

群，但侗人的人数占优。明代《怀远县志》对侗人的婚姻、唱歌、服饰、治盗、冲突等做了较为详细的记载，并云："怀远之夸，有瑶、侗、僮三种，又有伶、旦、苗三种，其情不甚相远"；"侗人之歌，与民、瑶、僮少异"。[1] 由此可见，怀远县侗人的婚姻习俗包括不落夫家、倚歌择偶、生女还舅（还母）、收继婚等，其对盗贼的严惩起到了维护良好社会风气的作用，而冲突战争中人员的召集、占卜和作战的过程亦颇具特色，在一定程度上反映了正在崛起之中的柳州侗族社会的面貌。

在明代柳州的三交史中，"伶"作为侗人之一支，此时尚未完全交融于侗人，仍保留独立的族群称谓，但在人口规模上已经远远不能与瑶、侗、僮三族相比。这种态势表明侗族崛起的滞后性。

总之，明代广西的侗人、伶人与今天的侗族存在族源继承关系，是明代广西仅次于僮、瑶的少数民族。柳州府属怀远县是明代广西侗人（包括伶人）较为集中分布的区域，与境内的瑶、僮、苗、汉等族群相比，侗人的人数占优。这一切，都充分展示了侗人在柳州及广西的缓缓崛起。

4. 苗族的崛起

明代苗族在柳州及广西的崛起也十分滞后，盖其因广西境内的苗人较少，分布范围也较小，主要分布于桂北地区的全州、怀远县（今三江侗族自治县）境内。明代《怀远县志》载："怀远之夸，有瑶、侗、僮三种，又有伶、旦、苗三种……惟苗女能为汉音楚歌。"[2] 从苗女能说汉话、唱楚歌来看，一方面，说明怀远县的苗人应是从长江流域的"楚地"特别是湖南境内迁徙而来；另一方面，怀远县的苗人受汉文化的影响较大。明人邝露记载道："苗自为一类，其女善为汉音，操楚歌，挂钗留客，能为鹧鸪舞。生女则还母家，曰一女来一女往。"[3]

---

[1] （清）汪森：《粤西丛载》卷一八《蛮习》引（明）《怀远县志》。
[2] （清）汪森：《粤西丛载》卷一八《蛮习》引（明）《怀远县志》。
[3] （明）邝露：《赤雅》卷一《苗》。

在汉人看来，崛起中的苗人有生、熟之分，熟苗输租服役，户口纳入王朝版籍，生苗则不入籍，不输租服役，而且生苗远远多于熟苗。与广西境内的瑶、僮族群相比，苗人显然属于人数较少的族群，势力较为单薄，主要分布于广西北部的山区，在一定程度上制约了苗人发展。所以，桂北地区苗人的分布范围相对稳定，并逐渐呈现出瑶、僮、侗等族群杂居的状态。这种较为稳定的分布格局，一直延续到明末。[1]这一切，都充分展示了苗人在柳州及广西的缓缓崛起。

5. 仫佬族的崛起

仫佬族作为一个小众族群，在明代的柳州及广西悄然崛起。

明代之初，桂西北庆远府天河县境内分布的一支"伶"人已经从侗人中分化出来，开始形成仫佬族。据考，在崛起过程中，仫佬人的族称经历了从宋代的"伶"向元代的"木佬"和明清时期的"姆佬"演变的过程。[2]大约在宋元之际，仫佬人从僚人的一支"伶"中分化出来，被称为"木佬"。[3]

明代对木佬人的记载，以贵州为详。与广西庆远府的"姆佬"有渊源关系的贵州都匀府的"木僚"地理位置毗邻。弘治《贵州图经新志》卷8《都匀府·风俗》记载境内有"木僚""黑苗""仲家""仡僚"等族群，其中"木僚"即"木佬"。《读史方舆纪要》特别记载了明代都匀府邦水长官司境内"木佬"夷人的情况，鉴于"木佬"人口较多，依山为险，洪武十六年（1383年）特地设立邦水长官司，"土官吴氏世袭，编户一里"。[4]这个吴氏土官显然是"木佬"人，因为吴、王、黎、金、文、罗是"木佬"中最原始的六姓。关于"木佬"的习俗，明人田汝成在《炎徼纪闻》卷4中说："木佬，其俗与仡佬略同，掘地为炉，厝火环卧，不施被席，以牛衣藉之。死则男女群冢，

---

1 参阅郑维宽：《广西历史民族地理》，桂林：广西师范大学出版社，2018年，第242页。
2 "木佬"和"姆佬"都是汉族对仫佬族的他称。
3 参阅郑维宽：《广西历史民族地理》，桂林：广西师范大学出版社，2018年，第246页。
4 （清）顾祖禹：《读史方舆纪要》卷一二一《都匀府》。

俛尸而瘗之，云为死者避压也。"

明清时期，贵州境内的仫佬人被称为"木佬"，而广西庆远府天河县的仫佬人除了此前的"伶""僚"称谓，开始被称为"姆佬"。《古今图书集成·方舆汇编·职方典》卷一四一五《庆远府部》载："（天河）邑分四乡，县东八里咸伶种，名曰姆佬，语言与汉迥别。"从雍正《广西通志》、嘉庆《广西通志》、嘉庆《重修一统志》的记载看，罗城县大部、天河县东部、宜山县一部是仫佬人的聚居地。雍正《广西通志》卷九三《诸蛮传》载"罗城县东一、西一、西七、西九、东五、平东、上里，皆伶所居。"嘉庆《广西通志》载："天河僚在县东，又名姆佬。""（天河）多夷种，而处四境者又各不同，东则伶僚，名曰姆佬。""宜山姆佬即僚人，服色尚青，男衣短袂，老者衣细褐，女则短袂长裙。"嘉庆《重修一统志》卷四六四《庆远府》所载与嘉庆《广西通志》所载相同：可见"僚""伶"与"姆佬"是一脉相承的。

有意思的是，在仫佬族崛起的"三交"过程中，元明时期有一部分迁入罗城、天河的汉族移民通过联姻，逐渐融入仫佬族。据章罗罗氏宗祠《鼎建祠碑》载："吾姓为楚中望族，而罗玉祖于元朝年间来游西粤，见此地山水清奇、民风朴茂，遂于凤凰山下家焉。其后子孙繁衍，渐成村落。泊乎有明洪武二年（1369年），由西门对河迁县治，如此竟将吾聚族而居之罗义村移往西门外二三里地方居住，即今之大小罗村及亦村是也。……查吾姓由湘来桂，散居柳庆一带者，如县属之黄金、寺门、安乐、宝坛、三防各村乡，其他宜山、柳城、马平、天河各县，莫不有吾姓聚族而居，根深枝茂，为一乡之望者。"[1] 随着罗姓人口繁衍，散布于三冬、六冬、八冬等村寨，而"冬"是仫佬族的一种重要宗族组织，可见罗姓由汉族融入仫佬族的过程。[2] 这一切，都充分展示了仫佬人在柳州及广西的悄然崛起。

总之，明代除了土司政区境内的居民主要为少数民族，一些流官政区包

---

[1] 《中国少数民族社会历史调查资料丛刊》修订编辑委员会编：《广西仫佬族毛南族社会历史调查》，北京：民族出版社，2009年，第171页。

[2] 参阅郑维宽：《广西历史民族地理》，桂林：广西师范大学出版社，2018年，第248页。

括柳州府在内的桂西、桂中的流府和桂东、桂南的一些流官州县，其少数民族人口也占据人口的多数。桂中和桂西柳州府、庆远府、思恩府的居民大多属于少数民族。可以说，明代广西大多数流官政区都是民夷杂居，人口各占一半。[1] 可见，明代今广西境内的少数民族呈现出以僮、瑶为主体，以桂西、桂西南为聚居分布地，在桂东、桂中则为大杂居、小聚居的分布特点。明人田汝成在《炎徼纪闻》卷四中说："僮人，五岭以南皆有之，与瑶杂处。"僮、瑶族群既有相对聚居的分布区域，相互间的杂居现象也日益增多，俍人的东迁以及瑶人的西迁和南迁，无疑推动了这一历史进程。在桂北、桂西北地区，苗、侗、毛南、仫佬等少数民族在形成本族群相对集中分布区域的同时，也与僮、瑶、汉等族群杂居相处。"华夷一家"，多族群的杂居共处，使明代广西及柳州的民族分布在地理空间上呈现出"多元一体"的大家庭图像。

（二）"一视同仁"：明代广西及柳州土司制度的鼎盛

明代"华夷一家，一视同仁"理念的"一视同仁"之意，就是千方百计地要把"化外"的少数民族纳入"化内"的"大一统"，以巩固"天下国家"的统一。从这个战略目的出发，在策略上把土司制度推向了极致。

前已述及，明代广西的少数民族中，僮族、瑶族数量众多，分布非常广泛，除了集中分布于桂西左、右江地区，其他府州都是大杂居与小聚居相结合，成为影响明王朝统治广西的最重要元素。因此，明廷在广西少数民族聚居区推行的一项重要治理措施，就是广泛建立土司政区，作为对少数民族进行间接统治的行政机构。而在桂东流官统治区，则设立土巡检司这种准土司政区，作为流官统治区内治理少数民族的机构，如在柳州府设有迁江屯田土千户所；融县有大约镇土巡检司；上林县先于隆庆间设立十寨长官司，至万历年间又改置三镇土巡检；怀远县则有万石、宜良、丹阳3个土巡检司。但

---

[1] 参阅郑维宽：《广西历史民族地理》，桂林：广西师范大学出版社，2018年，第214—251页。

明廷在广西僮人聚居设置的土府、土州、土县数量众多，有4土府、41土州、8土县、10长官司、70多土巡检司、5土千户所，大小土官320多个。明代广西土司政区大致沿袭元代的分布格局，集中分布于左、右江地区，共有土司衙门约50个。就土巡检司而言，桂东的平乐府、梧州府、浔州府设置较多，有21个，反映出明朝统治者利用桂西僮人防范大藤峡等地瑶、僮民的策略。明后期在桂西思恩府、田宁府新置28个土巡检司，是该地区府级政区改流后在基层继续实施"以夷治夷"的结果。[1]

下面我们先来追述一下明承元制，在广西推行土司制度的过程。

当明朝统一广西之初，迫于明军的强大压力，各地壮族土官"望风款服"，[2] 纷纷投诚[3]。对此，朱元璋欣慰地云："朕命南征，八闽克清，两广平定。尔等不烦师旅，奉印来归，向慕之诚，良足嘉尚。今特遣使往谕，尔其克慎乃心，益懋厥职，奉宣朕意，以安居民。"[4] 明统一广西以后，仍奉"治夷之道，宜顺其情"[5]之策，对归附的壮族土官，即"用原官授之"，由王朝中央授予官职，颁给印记，准许世袭，实行"以夷治夷"的统治政策，"其土官衔号曰宣慰司，曰宣抚司，曰招讨司，曰安抚司，曰长官司，以劳绩之多寡，分尊卑之等差，而府、州、县之名亦往往有之，袭替必奉朝命，虽在万里外，皆赴阙受职"，[6] 由此建立起了完备的土司制度。

明代是广西土司制度发展的全盛时期。广西土司设置数目之多和建置规模之大，谓之空前，《明史》首开正史专立《土司传》之先例，足见土司制度

---

1 参阅郑维宽：《广西历史民族地理》，桂林：广西师范大学出版社，2018年，第250页。
2 （清）顾祖禹：《读史方舆纪要》卷一〇六，《广西方舆纪要序》，北京：中华书局，2005年，第4789页。
3 《明史·广西土司二》。
4 （清）汪森：《粤西文载》卷二，明太祖《谕广西溪峒官民诏》，《景印文渊阁四库全书》第1465册，台北：商务印书馆，1983年，第457页。
5 （清）汪森：《粤西文载》卷六，王守仁《奏报田州思恩平复疏》，《景印文渊阁四库全书》第1465册，台北：商务印书馆，1983年，第527页。
6 《明史·土司传·序》。

在明代之重要地位。而《明史·土司传》中"广西土司传"的首次设立，表明了明代是广西土司制度发展的重要阶段，[1]柳州被卷入其中当是必然之事了。

众所周知，土司设置的基本走向是由桂西向桂东发展，土司分布遍及广西全省。明廷除加强对传统的桂西土司统治区的管理外，进一步将广西土司的设置范围扩及桂东一带传统的流官统治区域。桂东地区的桂林府、平乐府、梧州府、浔州府、柳州府等虽皆设流官，但至明代，其属内的长官司、土巡检、土典史、土驿臣、土千户、土百户等总数却达190家之多，可见土司分布业已遍及广西诸府，若说广西西部是土司的汪洋大海，那么，在广西东部流官的汪洋大海中明初以后出现了星罗棋布的土司的小岛。[2]据学者统计，明代桂东地区柳州府设有长官司长官1，土巡检12，土副巡检45，土主簿1，土驿丞5，土千户4，土百户9，土指挥1，土舍8，总计设了86个土司。[3]

总之，包括柳州府在内土司机构的普遍设置与广泛分布，是明代广西土司制度进入全盛时期的重要标志，表明中央政权对广西民族地区的管理与控制的"一视同仁"。在此理念下，明廷作了一系列的政策规定。

1. 土司的设置

明廷土司的设置分文职和武职两种。文职土司的设置，土府、土州、土县"设官如府州县"[4]，"其品秩一如流官"[5]。足见明廷"一视同仁"的用心。

2. 土司的任命

土司一经任命，明廷即赐予诰、印章、冠带及符牌等信物，既作为朝廷

---

1 参阅周长山等主编，范玉春等著：《广西通史》第五卷，桂林：广西师范大学出版社，2019年，第1862—1865页。

2 参阅苏建灵：《明清时期壮族历史研究》，南宁：广西民族出版社，1993年，第156页。

3 参阅周长山等主编，范玉春等著：《广西通史》第五卷，桂林：广西师范大学出版社，2019年，第1866页。

4 《明史·职官志五》。

5 《万历野获编》卷四，《土司文职》。

命官的凭证，又彰显明廷对少数民族的"一视同仁"。

3. 土司的承袭

明廷允许土司"世官其地，世有其土，土民世耕其地，世为其民"[1]，即允许土司世代相袭。但为了更有效地对土司进行控制，明廷制定并实施了一系列严密的承袭法。《明史·职官志一》记载："凡土司之官九级，自从三品至从七品，皆无岁禄。其子弟、族属、妻女、若婿及甥之袭职，胥从其俗。"从而牢牢掌控地方土司承袭之权，以强化地方土司对王朝中央的依附与认同，"欲以是示驾驭之权"[2]。

4. 对土司的奖惩

为鼓励土司效忠，凡土司有功，明廷多给以适当奖赏与升迁。相反，对于有谋乱、侵夺、仇杀等行为的土官，明廷不一任姑息，轻者可轻，重者难宥，凡犯重罪者取消世袭权并绳之以法。

5. 土司的义务

明廷规定土司的义务主要有三项，即朝贡、纳赋、出土兵。

朝贡，作为对明廷臣服的一个标志，极受重视，举凡入贡的时间、人数、物品等均有严格的规定。如广西土司所贡物品有"马、犀角、孔雀尾、象牙、象钩、象鞍、象脚盘、蚺蛇胆、金银器皿、青红宝石、玉石、围帐、金绒索、各色绒线、各色手巾、布、花藤席、降香、黄蜡、槟榔"[3]等。

纳赋，即规定各土司编户之民也要缴纳一定数量的赋税，只是土司地区的租赋一般较内地低。

出土兵，即明廷牢牢地掌控着对土司土兵的征调之权，"凡军制内外相

---

[1] 《明史·食货志》。
[2] 《土官底簿·提要》，《四库全书》第599册，上海：上海古籍出版社，1987年，第331页。
[3] 《粤西丛载》卷二四。

维，武官不得辄下符征发。自都督府、都指挥司、留守司、内外卫守御、屯田、群牧千户所、仪卫司、土司、诸番都司卫所，各统其官军及其部落，以听征调、守卫、朝贡、保塞之令"[1]。土司土兵已成为明王朝国家机器的构成部分，成为明代全国军事力量的重要组成部分，"召之戍则戍，召之征则征"[2]，随时听从中央政权的调遣和征发，随从征战和驻军戍守。如"万历四年（1576年），议准：东兰、南丹、那地三州，每州出兵五百名，专戍柳州"[3]。

6.对土司的监督

明廷为了加强对土司的控制，大大加强了对土司的监督，其主要手段是军事震慑、土流参用。

军事震慑。明初以数十万兵力平定广西后，为控制广西，将大部分兵力留驻下来，建立大量卫所，驻扎重兵，实行军事震慑，"以威服之"。《明史·兵志二》载：明朝在广西设立都司卫所10，千户所22。

土流参用，就是"夷"汉参用，土流共治。正如《明史·职官志五》所云："其府州县正贰属官，或土或流，则因其俗。"其目的就是要"使之附辑诸蛮，谨守疆土修职贡，供征调，无相携贰。有相仇者，疏上听命于天子"[4]。显然就是要监督、制衡少数民族土司。[5]

明代所制定的"一视同仁"系列土司政策，不仅在策略上把土司制度推向了鼎盛，在战略上也达到了巩固"天下国家"统一的目的。

---

1 《明史·职官志一》。

2 （清）汪森：《粤西文载》卷五六，苏濬《土司用兵议》，《景印文渊阁四库全书》第1466册，台北：商务印书馆，1983年，第683页。

3 （明）申时行等重修：《明会典》卷一三一，《兵部十四·镇戍六》"广西"条，上海：商务印书馆，1936年，第2685页。

4 《明史·职官志五》。

5 以上参阅徐杰舜、罗树杰、许立坤：《中国民族政策简史》，银川：宁夏人民出版社，2011年，第233—241页；周长山等主编，范玉春等著：《广西通史》第五卷，桂林：广西师范大学出版社，2019年，第1868—1889页。

（三）"教化为先"：明代柳州"内化"之路

明代柳州的"三交"以"教化为先"。朱元璋在建国之初，就将学校教育的推广和完善，作为巩固自身统治的重要手段。洪武二年（1369年）十月，上谕中书省臣曰："治国之要，教化为先，教化之道，学校为本。"[1] 此后，奉此圣旨，明代广西地方官员奉行"治与教无二事"[2]的为官原则，将兴建学校作为教化民众、治理地方的主要手段，执行朝廷"尊经崇儒"的文教政策，兴办各类教育机构，使明代广西学校教育得到很大发展。到明末，今广西地区先后有府、州、县学69所，其中柳州府有柳州府学、马平县学、柳城县学、雒容县学、象州学、融县学、怀远县学、罗城县学、来宾县学、宾州县学、迁江县学、上林县学、武宣县学等13所官学。[3] 出现了"学校之盛，唐宋以来所不及"[4]的盛况。

明洪武初年，改柳州路学为柳州府学，以后经过多次重修。柳州府学办学成就显著，培养了一大批人才，其中"徐司空（徐养正）以文学名，佘司马（勉学）以清节著，张司寇（张翀）以忠谏显，皆府庠也"，号称"府庠三大老"[5]。随着教育的发展，教化程度逐步提高，明代276年间，广西共举行88科乡试，一共录取举人4768名，[6] 其中柳州府689人，占总数的14.75%。[7] 明

---

[1] 《明太祖实录》卷四六，洪武二年十月辛巳条，"中央研究院"历史语言研究所校印本，1962年，第923页。

[2] （清）纪堪谨修纂，《南宁古籍文献丛书》编纂委员会编：《南宁府志》卷四六《艺文志》"记"，黎澄《隆安县学碑记》，南宁：广西人民出版社，2008年，第1507页。

[3] 参阅周长山等主编，范玉春等著：《广西通史》第五卷，桂林：广西师范大学出版社，2019年，第2131页。

[4] 《明史·选举志一》。

[5] 乾隆《柳州府志》卷三二《重修柳州府儒学碑记》，香港：京华出版社，2003年，第508页。

[6] 此处据（清）谢启昆修，胡虔纂，广西师范大学历史系中国历史文献教研室点校《广西通志》"选举表"统计而来。广西壮族自治区地方志编纂委员会《广西通志·教育志》称明代广西录取举人人数为5098人，含廉州府98人。

[7] 参阅周长山等主编，范玉春等著：《广西通史》第五卷，桂林：广西师范大学出版社，2019年，第2162页。

代实行乡试、会试、殿试三级考试制度，乡试中的第一名称为解元，而明代在广西共举行了88科乡试，出现了88名解元，除了宣德七年（1432）解元苏忞、崇祯十二年（1639）解元敬天颜为梧州府怀集县人以外，其余86人分布在柳州府有7人，其中马平6人，上林1人。[1] 在乡试中取得举人身份后才能取得参加会试和殿试的资格，皇帝对会试合格者亲自进行考试，授予通过者进士及第、进士出身和同进士出身的身份。嘉庆《广西通志·选举表》《明清进士题名碑录索引》以及各地方志等资料统计，有明一代广西士人参加常科（文科）考试考中进士的达239名（含恩赐），分布在柳州府的有37人。[2]

于是，"教化为先"打通了柳州的"内化"之路。

清人刘组曾在《马平县志序》中说："马平一邑……自有唐柳子厚开此邦之文教，代有伟人，明季甲第尤甚。"当时柳州作为培养学子的机关，除有府学、县学和义学、社学外，还有同仁书院、驾鹤书院。通过这些学校和书院，培养了一批文人士子。《柳州县志》统计，明代马平拥有举人四百多名、进士27名。明代黎澄在《重修县学碑》中非常自豪地说："柳州在粤西为声名文物之盛郡，而马平为柳属邑，今缙绅之士，列于中外者，班班辈皆马平之产，他邑不得颉颃也。"在这些文人学士中，有的是颇有成就的学者。如甘东阳精于考证，编有《太平府志》；罗之鼎不仅"居官砥砺，名节才利，一无所营"，而且致仕归乡后，"毅然以斯文自任"，一面从事教育，一面进行著书立说，他身居僻静的"大龙潭山庄"，写成《龙隐洞集》；王启元博通经史，官至翰林院检讨，"以老告归，犹著书不辍"；其弟王启睿，授官不仕，终生隐居城东蟠龙冈下，研读写作，著有《蟠龙冈志》。此外，还有唐良杰、戴震、聂居易、王升国等，或勤于讲学，或"杜门著书不辍"。然而，正如萧泽昌和张益桂所著《柳州史话》云："在明代柳州文人中，最有影响、最为人称

---

[1] 参阅周长山等主编，范玉春等著：《广西通史》第五卷，桂林：广西师范大学出版社，2019年，第2163—2164页。

[2] 参阅周长山等主编，范玉春等著：《广西通史》第五卷，桂林：广西师范大学出版社，2019年，第2166页。

赞的还是'柳州八贤'，即周琦、戴钦、佘勉学、佘立、徐养正、张翀、孙克恕、龙文光。"[1]因《柳州史话》出版于1983年，距今已39年，已难寻觅，故引述如下：

> 周琦，字廷玺，天顺六年（1462年）举人，成化十七年（1481年）登进士，官至南京户部员外郎。当时官场腐败，周琦上疏指陈，"多中时病"。他不仅为官清廉，而且敢于与权贵作斗争。周琦对儒家学说很有研究，他自称以孔孟之道为标准，以程颐、朱熹之学为羽镞。其治学严谨，造意深刻，为人赞许。平生著有《东溪日谈》、《儒正篇》等。
>
> 戴钦，字时亮，正德五年（1510年）举人，正德九年（1514年）登进士。他任刑部郎中时，凡朝中大典礼、大狱讼，刑部尚书林见素必请他起稿，他"秉笔立就，无不允当"。戴钦长于诗词，著有《鹿原集》、《玉溪存稿》。其诗清新俊逸，为时人所喜爱。戴钦不仅文思敏捷，而正直不阿，敢于抗上，名闻天下。嘉靖皇帝朱厚熜骄奢淫逸，是历史上有名的昏君。可戴钦却不畏皇威，谏议大礼，力主简朴。戴钦为此而遭廷杖，死于非命。
>
> 佘勉学、佘立父子同为明代柳州八贤，在地方上声誉很高。佘勉学字行甫，出生于一个有封建教养的家庭。其父佘崇凤曾做过福建光泽县令和四川合州（今四川合川）知州，"所至皆有政声，其治家尤有法度，教子孙务循礼义，故嗣后皆能克绍先志"。[2] 勉学于正德八年（1513年）中举人，嘉靖二年（1523年）登进士。他以德政著称于世。第一，佘勉学和他的父亲一样，为官廉洁正直。《马平县志》说他"性甘清苦，门无私馈"。这在当时来说，实在是不可多得的。他在做浙江钱塘知县时，因为执法很严，使许多贪官污吏都不敢营私舞弊，佘勉学因之而受到百姓的

---

1 萧泽昌、张益桂：《柳州史话》，南宁：广西人民出版社，1983年，第67页。
2 《马平县志》卷六。

称赞。第二，他敢于直言抗上。当他在做监察御史时，宰相汪鋐贪赃枉法，佘学具状上告，结果反被送进监狱，直到汪鋐不法行为败露后才得释放，改做连州（今广东连县）判官。第三，他能体察民情，解除一些民间疾苦。他在做徽州（今安徽歙县）太守时，适遇天下大旱，百姓无食，饥民遍野。佘学发食赈济，"民赖以全活甚众"。第四，他善于以理治民，平反冤案。在他未至徽州前，徽州诉讼纷纷，积案如山，佘学上任后，教之以理，及时处理积案，衙署案牍为之减少，牢房几空。他在贵州做官时，还平了许多冤假错案。由于佘勉学为官清廉正直，引起贪官暴吏的嫉恨，结果被迫解职还乡。其长子佘方，自幼博通经史，溶汇百家，因屡试不第，终生不仕，"在家考古论文，种花栽竹以自娱"。次子佘立，自幼聪敏，嘉靖三十七年（1558年），乡试领举人头名，人称"佘解元"。嘉靖四十一年（1562年）登进士，先后做吏部主事、山东学政、兵部左侍郎等官。万历年间，倭寇侵犯朝鲜，明朝政府出兵援救，命佘立为监军，督军援朝，击退倭寇，收复失地。由于佘家父子德政有名，地方人士特为他们建"廉宪坊"、"大中丞坊"以为纪念。

徐养正，字吉夫，号蒙泉，嘉靖七年（1528年）举人，嘉靖二十年（1541年）进士，官至南京工部尚书。徐养正以与奸臣严嵩做斗争而蜚声海内，名载史册。当养正还在做户科给事中时，就因弹劾严嵩党羽中一个姓戴的府尹，而致使严嵩奸相对徐的怀恨。嘉靖二十七年（1548年），徐养正又与同官厉汝进等联名上疏，揭发严嵩之子严世蕃受贿枉法、仗势陷害户部尚书王（日韦）的罪行，结果徐养正被廷杖六十恶棍后，贬往云南、贵州。后来朝廷要提升徐养正做尚宝司卿，时值严世蕃正以工部左侍郎兼理尚宝司事，具有骨气的徐养正宁可辞官不做，也决不与严氏共事。他辞官回乡，隐居乡里多年，直至严嵩垮台后，才重新应召回京做官。清人汪森在《粤西文载》里说，徐养正"不以死生利害动其心"，"矉然涅而缁"。还说他在家拒绝贿赂，"却污令二千金之馈"。可见徐养正为官清廉，刚正不阿。徐养正工诗擅文，著有《蛙鸣集》、《范运吉传》等。

张翀，字子仪，号鹤楼，嘉靖二十八年（1549年）举人，三十二年（1553年）登进士。张翀出身于仕宦家庭，其父张全曾任四川成都府教授。和徐养正一样，张翀也以与奸相严嵩作斗争而出名。嘉靖三十七年（1558年），他在做刑部主事时，正是严嵩乱政之时，这年，张翀上疏，从边防、财赋、人才等方面，揭发严嵩贪污受贿、败坏朝政的罪行。当他上疏的这天，恰好刑科给事中吴时来和主事董传策也同时上疏弹劾严嵩。险恶的严嵩密奏世宗嘉靖皇帝，要其惩办吴、董、张三人，并追究主谋者。世宗下诏将吴、董、张三人入狱。当廷尉审问张翀谁是他们的主谋者时，张翀挺身回答："臣自为社稷死身，畴能主使臣者？"廷尉将审问情况报告世宗。世宗朱厚熜大动肝火，下令廷杖三人，并把他们充军到贵州、广西等地。张翀被贬居贵州都匀后，在那里设坛讲学，他常以忠孝教育青年学子。开初，张翀住在一间潮湿黑暗而狭小的屋子里，后来大家捐资为他修建一座楼房，张翀把它名为"问月楼"，并作《问月楼赋》。由于他诚心讲学，远近青年人都来拜他为师。张翀居都匀达九年之久，直到穆宗称帝时，才重新被起用。两年之中，他连升六级，由六品的吏部稽勋司主事，晋为三品的大理寺正卿。其时柳州大水，张翀以省亲名义为由，辞官回乡。其母死后，张翀筑室墓旁，守护三年。乡人为他至孝的行动所感动，纷纷来张宅附近结庐而居，不多久，这里便成了一个大村庄，张翀回朝任兵部右侍郎（为兵部长官之副）兼右佥都御史（为都察院长官之副）。不久，他便告老还乡，卒于家中。由于张翀生前忠于明王朝，死后，万历皇帝赠他兵部尚书，谥号"忠简"，并下谕为他建祠，春秋二祀。张翀能文能诗，学识渊博，著有《鹤楼集》《浑然子》等。清人刘组曾称他"气节文章，卓卓可表"。[1]

孙克恕，字推之，万历二十二年（1594年）举人，曾做广东南雄府

---

[1] 刘组曾：《马平县志序》。

太守、贵州石思道分巡。他在做南雄府太守时，颇有惠政，人们把他与柳宗元并论，说唐有柳河东，明有孙克恕，因有"孙柳州"之称。著有《孙柳州集》传世。

龙文光，字焕斗，号西野，天启元年（1621年）举人，次年登进士。他在做江西新建令时，颇有政声，所判疑案，能"综理繁剧，剖决如流"人目为神。在任贵州督学时，"刚直不阿，校士必婉曲训诲，士多化焉"。[1]崇祯元年（1628年），他任曹历稽勋考功郎时，正值贵州苗民安邦彦起义，朝廷以广西近黔省，令广西派饷十三万。龙文光想到广西前一年大荒，如今又出重饷，实难负担。为此，龙文光上疏，请免广西兵饷。因"功在梓里"，乡人特为他在北门十字街建一座"为民请命"的大牌坊，在开元寺街的左旁建"天官坊"和"学宪坊"。崇祯十七年（1644年），龙文光以川北参政擢右佥都御史，巡抚四川。时农民军张献忠大战四川，成都吃紧，龙文光与总督刘之勃率兵三千驰赴增援。当刘、龙尚未部署完毕，成都被破，全城文武官员尽作俘虏，龙文光被杀于耀锦桥畔。事后，龙文光被追赠为太子少保、兵部尚书，谥"忠毅"。龙文光生前著有《尊圣志》八卷。[2]

柳州"八贤"是柳州人的骄傲，他们生于柳州，为官清廉，功成于全国，为明代各民族的交往、交流、交融做出了难得的贡献，受到后人的称许，广西师范大学的范玉春则从文化史的层面云：柳州人周琦是明代广西最著名的理学家，其博学多闻，著作颇丰，涉及经史，所著《东溪日谈录》是广西的第一部理学专著，也是明代重要的理学著作，集中体现了周琦的理学思想。全书共18卷，分为性道、理气、祭祀、学术、出处、物理、经传、著述、史系、儒正、文词、异端、辟异等13类。周琦主张躬行深造，笃实践履，开创

---

[1]《马平县志》卷七。
[2] 萧泽昌、张益桂：《柳州史话》，南宁：广西人民出版社，1983年，第67—71页。

了明代一代学风。在周琦倡导和影响下，明代柳州地区理学家辈出。[1]

如前述"八贤"之一的张翀，才华出众，学问广博，谪居都匀卫期间，"诸生日执经侍讲下，聊语以忠孝大节及性命之旨，曰：性命非悬空者，离伦物谈性命，非真性命也"[2]。张翀的主要理学思想保存在其所著《浑然子》一书中，"是书凡十八篇，曰神游论，曰田说，曰樵问，曰将，曰明心，曰士贵，曰体用论，曰兴废，曰祸福，曰忠孝，曰变化，曰穷理，曰求知，曰弭盗，曰用材，曰强弱，曰臣道，曰高洁。皆设为主客问答，旁引曲证，以推明事物之理，大抵规仿刘基《郁离子》也"[3]。

又如柳州人简弼也是当时著名学者。简弼出自柳州书香门第，父亲简文曾任布政使。简弼与兄简辅自幼"颖悟过人"，简辅"登正德辛未进士，历官池州知府"，简弼"登弘治甲子贤书，任肇庆府通判。皆不乐仕进，任未满秩，先后告归，著书林下以自娱，教子义方，至今称为望族云"[4]。简弼"尤粹于理学，起居语默，俱中程度，与同邑周琦齐名"[5]。

再如象州人吕景蒙（1485年—？），字希正，弘治十七年（1504年）举人，历官监察御史，以直言被贬为颍州州判，"时周琦、简弼皆柳郡先辈，倡明理学，景蒙互为切劘，其所论说，粹然一出于正。制府张岳重其望，有事于柳，过象州，造庐请见，流连竟日而去，表其宅曰理学名儒"[6]。吕景蒙学问

---

[1] 周长山等主编，范玉春等著：《广西通史》第五卷，桂林：广西师范大学出版社，2019年，第2170、2172页。

[2] （明）焦竑：《国朝献征录》卷四七《刑部四》，郭棐《刑部侍郎张公翀传略》，上海：上海书店出版社，1986年，第1958页。

[3] （清）永瑢等撰：《四库全书总目》卷一二五卷，《子部三十五·杂家类存目二》，北京：中华书局，1965年，第1074页。

[4] （民国）朱奇元等：《柳江县志》卷四《人物七》"学林"，柳州市地方志编纂委员会办公室《柳州文献丛书》编辑部据民国二十七年铅印本点校，南宁：广西人民出版社，1998年，第23页。

[5] （清）舒启修，吴光升纂：《柳州县志》卷七《人物·乡贤》，台北：学生书局，1968年，第171—172页。

[6] （清）金鉷修，钱元昌纂：《广西通志》卷八四《儒林·附文苑》"吕景蒙"，南宁：广西人民出版社，2010年，第1405页。

渊博，著述颇丰，主要著作有《藏用集》30卷、《定性发蒙》、《象郡学的》、《柳州府志》16卷、《颍州志》20卷。[1]

总之，在明代"教化为先""三交"政策的实施下，大大扩大了柳州人的眼界，使柳州的文化面貌出现了交融一新的气象。

（四）"天下乌鸦一般黑"：明代柳州各族人民在反压迫中促三交

明初，柳州的各种社会矛盾错综复杂，既有明廷与地方政府之间的矛盾，也有流官与土官之间的纷争；既有地主阶级与农民阶级之间的矛盾，也有汉族与少数民族之间的矛盾。各种矛盾交织在一起，造成明代广西社会的危机与动荡。

朱元璋为了巩固政权，采取了"恩威并施"的政策经略广西地区，《明太祖实录》云："惟武功以定天下，文德以化远人，此古先哲王威德并施，遐迩咸服也。"[2] 于此朱元璋为了在军事方面加强拱卫，在全国建立起了军事卫所制度，即"明以武功定天下，革元旧制，自京师达于郡县，皆立卫所"[3]。其设置为"卫五千六百人，所千一百二十人为千户所，百十有二人为百户所，所设总旗二，小旗十"[4]。明廷将此"恩威并施"的治理思想推而广之到广西各地区，由于柳州处在桂中枢纽地区，大部分属于流官管理的范围。从空间的军事防卫战略来看，在柳江府地区则主要采取军事和政治方面的措施，增设军事卫所，并设立众多的土巡检司来控制地方社会秩序。此其一。

其二，由于明廷规定土官统治地区基本上不纳田税，只有贡赋，所以这些负担全部由流官统治地区的百姓承担，这样柳州府作为基本上为流官统治

---

[1] 参阅周长山等主编，范玉春等著：《广西通史》第五卷，桂林：广西师范大学出版社，2019年，第2172—2174页。

[2] 《明史·广西土司传二》。

[3] 《明史·兵志一》。

[4] （清）夏燮编：《明通鉴》卷一《明纪》，北京：中华书局，1959年，第175页。

地区，其农民实际上成为最主要的剥削对象，农民交不起赋税，只好逃亡。而明廷又规定，逃亡户的"粮草负累"，要"见在人户陪纳"，结果逃亡农户越来越多，起初"一里之间一室而逃"，后来"则将尽一里胥而遁矣"。[1]

其三，由于广西各地战火连年，社会经济遭到严重破坏，根本无法完税，尤其是柳州府所处的桂中地区，"自景泰以来，州邑为贼蹂躏，田荒租逋，民苦征敛"[2]。弘治五年（1492）二月，广西左布政使李孟旸上疏称："本省为西南边徼，所统流官州县数仅五十，实计人户不能六百余里，特江南一大县而已。而诸司文职凡六百六十余员，靖江王府自将军而下凡二百三十余位，桂林等卫、全州等所凡二十七处，岁用禄米多至三十五万余石，每岁徭役亦不下二万余丁。此外，岁输香药诸物及杂出民间者不可胜算。""工部移文采办黑铅二万余斤。疲瘵之民，其何以堪。"[3] 于是，无以为生的贫苦农民纷纷加入起义队伍。

其四，地方官员治理无方，欺压百姓，是导致柳州府少数民族起义频繁的主要原因。明初，柳州府马平县瑶壮"皆应差役"，但"厥后长吏抚字乖方"，百姓"始复反侧"。[4] 永乐年间，马平县五都等地梁公竦等作乱，"胁从不过七八百人，攻劫本县永南街等处，都督韩观乘以征进交趾退回兵力，将本县地方六都，每都三里，其十八里，不分善恶，一扫而平，遗下残民止得六里，因致民地空虚，无人居住，乡村田土俱系僮侵，至今延蔓数多，百姓日渐消磨，逼依城郭，并今六里亦无"[5]。

---

1 （清）汪森：《粤西文载》卷五一，吴桂芳《桂林图志叙》，《景印文渊阁四库全书》第1466册，台北：商务印书馆，1983年，第576页。
2 （清）吴九龄修、史鸣皋等纂：《梧州府志》卷24《纪事志》"杂记上"，引旧《府志》，台北：成文出版社据同治十二年刻本影印，1961年。
3 《明孝宗实录》卷60，弘治五年二月癸丑条，台北：台湾"中央研究院"历史语言研究所校印本，1962年，第1152页。
4 《明太祖实录》卷172，洪武十八年三月丙辰条，台北：台湾"中央研究院"历史语言研究所校印本，1962年，第2634页。
5 （清）谢启昆修，胡虔纂，广西师范大学历史系中国历史文献教研室点校：《广西通志》卷192《前事略十四》"明四"，周琦《条陈地方利病疏》，南宁：广西人民出版社，1988年，第5137页。

在"天下乌鸦一般黑"的背景下，明代"恩威并施"的政策，并没有真正减轻对柳州各族人民的压迫，官逼民反，民不得不反。如乾隆《庆远府志》卷五《剿抚》所记：永乐二年（1404年），庆远、柳州诸蛮杀掠吏民，征南将军韩观上章请讨，明年降宜山、忻城诸山寨，荔波傜震恐，乞为编户，帝属韩观抚之，八十余峒皆附。宣德二年（1427年），柳州、庆远，柳庆蛮韦朝烈等作乱，掠临桂诸县，命都督山云佩征蛮将军印充总兵官，代顾兴祖讨之。成化年间（1465—1487年），柳州、庆远，柳庆傜贼乱，广西右参将欧磐募敢死士入贼巢，斩其渠，胡公返。正德二年（1507年）柳州、庆远，僮贼时出劫掠，都御史陈金命营军讨之。

与此同时，明清时期是广西自然灾害最为频繁的时期，水、旱、虫、风等各种自然灾害频发，给广西民众的生产生活造成极大的损害。如《广西通志》卷40《祥异志》记载：景泰三年（1452年），柳州旱疫。是年，寇攻围城池，关厢民多罹其害。因之以大旱，斗米百钱，死者甚众，景泰四年（1453年）冬柳州大雪，河鱼冻死几尽。成化十九年至二十年（1483—1484年），马平连续两年大旱。弘治元年（1488年），柳州大水，自融县抵武宣，房屋漂没过半。"柳州暴雨数日，城垣崩塌几百尺，公私宅第倾颓，漂流无算。"[1] 同年，柳州及属县皆旱，大饥，斗米百钱，民不聊生。当道檄下赈济不给，人各据地采草实噉之。弘治十三年（1500年）九月，融县，融江水红黄浑浊数日，民大疫。瘴疫大行，至一家全无孓者。[2]

凡此等等，正如《柳州史话》所云："明代广西以壮、瑶为主的各族人民起义，是全国农民大起义的重要组成部分，而柳州又是广西农民起义的主要地区之一。""从明代初期开始，柳州地区人民的反抗斗争，日益高涨，到明中叶，起义烽火已成燎原之势。当时，除了柳州和几个孤零零的县城外，广大农村都被起义农民所占领。《明史》的修纂者说："宾、象、融、罗诸瑶蛮

---

[1] 汪森：《粤西丛载》卷一五《天象异征》。
[2] 参阅周长山等主编，范玉春等著：《广西通史》第五卷，桂林：广西师范大学出版社，2019年，第2234—2236页。

蟠结为寇，城外五里即贼巢。"[1] 明人唐顺之在《紫江沈公广右战功序》里说，"柳在万山中，城外皆贼巢……知府刘琏殪于贼，知府邓鋐间出城，弩中其膊。自是诸军民官，必甲而后敢出城，城兵又疲不足仗"[2]。无论封建文人用怎样恶毒的语言咒骂起义农民，但纸已经包不住火了，从而不得不记下当时农民起义的这种声势情况。其实，当年柳州地区何只是城外五里为义民所占领，就是那高墙深壕所防护的十几座县城，有的也常被起义农民所攻占。[3] 现在就让我们看看当时柳州近郊，即马平人民的反抗斗争情况吧：

  明代马平县分为六都，境内多为壮族人民。《马平县志》说："出城十里外，则皆壮类。"因此，明代马平起义，主要是壮族人民。其中柳州西北面的五都，从洪武初年开始就成为农民起义的根据地。这里的壮族人民与邻近的柳城、忻城、融县等地人民，团结战斗，声息相通，使官军达百年之久不敢入其地。

  永乐年间，五都人民在梁公竦领导下举行起义，兵围柳州，"人情汹汹"。朝廷命韩观为广西总兵官，统督两广和贵州官军前往镇压。梁公竦闻讯后，即率众回五都布防。韩得知义军防守严密，便亲领三省官军绕柳州兜了一个大圈子后，便谎报军功，说什么马平"蛮寇"平息，即班师回朝，冒功领赏了事。

  宣德四年（1429年），五都人民又在韦朝烈等领导下举行起义，他们联合古田、雒容等地人民，四面出击，攻城杀吏，弄得官军措手不及。宣宗朱瞻基于宣德五年（1430年）命广西总兵官山云统兵征剿。虽然山云也调了一位名叫王纶的指挥官领兵前往镇压，但他不敢与起义农民交战，便用残杀无辜群众来报功交差。

  弘治年间，五都鱼窝寨周鉴领导当地人民再起，他们捕杀贪官恶霸，

---

1 《明史·广西土司》。
2 《马平县志》卷九。
3 萧泽昌、张益桂：《柳州史话》，南宁：广西人民出版社，1983年，第59页。

夺取豪绅地主土地，并包围柳州。当时柳州知府刘琎凭着坚固的城墙，负隅顽抗。起义农民为了惩罚这个暴吏，便设下巧计，佯作撤围，兵伏郊外。刘琎以为义民败退，便领兵出城追击，当他行至郊外时，义军伏兵四起，不经多战，即全歼官军，刘琎也随之被擒。愤怒的群众立即将他剖腹处死，并用禾草塞进这贪官的肚里。刘琎被诱杀，民心大快，斗志昂扬，而敌人则闻讯胆寒。

嘉靖元年（1522年），柳州地区正大闹饥荒，周克亮趁机领导矿工起义，"潜署名号"，转战柳州附近各县。农民听到矿工起义了，纷纷响应，队伍很快发展到数万人。朝廷闻讯后，急令两广总督张嵿领兵镇压。起义军英勇战斗，屡败明军，后因众寡悬殊，终于失败。

嘉靖二十四年（1545年），壮族首领韦金田领导五都等地人民，占据柳江两岸，"敌杀官军，攻劫县库"。明世宗朱厚熜命两广总督张岳、广西总兵官陈圭领官军士兵七万，分三路前往镇压。五都人民聚集鱼窝等寨，凭着险要的地势，英勇抗击。经过九个多月的血战，鱼窝失守，部分群众撤往忻城、柳城等地。韦金田等誓死不屈，自焚而死。

自韦金田起义失败后，封建政府于五都各要隘设立营堡，以士兵屯守，并派官员到各村寨编户丈田，确定赋役。五都人民"视堡兵如仇"，对官府度田定赋，十分痛恨。他们在壮族首领韦王朋领导下，再次揭竿而起，打退堡兵，驱走编户度田的官员，斩杀前来镇压的千总。

马平人民连年起义，围攻柳州，擒杀官吏，沉重地打击了封建统治。明朝官员在长期镇压柳州地区人民起义的过程中，深深感到柳州"地当冲要，瑶壮偕汉民杂处，非置兵无以防边，非提督重臣又无以弹压偏裨也"[1]。于是，他们便采取种种措施，把柳州建成一个镇压农民起义的重镇。第一，在柳州设立各种军政机关。当时，柳州除了知府衙门和县衙外，还有右江分巡道、右江分守道、柳州卫等，同时还在柳州附近设立

---

[1]《马平县志》卷六。

许多营堡和巡检司。第二，挑选一些凶狠狡猾、诡计多端的官员充任知县、知府、分巡、分守、指挥等官。如姜绾、沈希仪、田汝成等，都是一些长期镇压广西人民起义的刽子手。第三，调遣大批官军土兵驻扎城内，准备随时镇压人民。据《柳州府志》记载，万历年间，仅戍守柳州的士兵就有两千。至于官军、民壮（即乡间地主豪绅组织的民兵）那就更多了。第四，大修城池。《马平县志·城池》中有过这样的记载：

明洪武四年，县丞唐叔达始筑土城。十二年，指挥苏铨等拓之，易以砖，东西三里，南北二里，高一丈八尺，周围七百四十八丈，窝铺四十五间，垛口九百三十七个。为门五：东门、西门、镇南门、靖南门、北门。城外水环如带。

嘉靖二十四年，两广总督张岳在镇压五都人民起义后，又在城北筑一道外罗城。城高一丈四尺，长五百七十九丈，东西连接大江。城开三谯门，东曰"宾曦"，北曰"拱辰"，西曰"留照"。北门城上筑高楼，东西二门城上建平屋。沿郭城设敌台十个，台上建房舍，置戍军三营。此外，还在距郭中南约十丈的地方筑"镇粤台"，台上建"镇粤楼"。楼高三十六尺，共五间，左右有轩，前后有廊。远眺楼台，层檐飞桷，墨瓦红楹，甚是巍然壮观。经过如此精心营建，封建统治者以为柳州外有大江环护，内有高城巨郭，又有大兵重臣驻守，满可以安恬无事了。然而，就在这外罗城建成后约一百年，明王朝便在农民大起义声中垮台了，号称"粤西雄镇"的柳州也出现了兵荒马乱、烽火连天的局面。[1]

历史就是这样福祸相交，一方面是各族人民反压迫斗争的血与火，另一方面又是各族人民在反压迫斗争的交往、交流和交融的加宽、加广和加深。

---

1 萧泽昌、张益桂：《柳州史话》，南宁：广西人民出版社，1983年，第59—62页。

（五）改土归流：柳州大步走向"内化"

土司制度之所以能在广西实行长达千多年之久，这是因为这种制度适应广西社会发展水平的需要，使之基本上保持稳定的状态，有利于社会经济的发展，同时土司制度的实行，可以缓和广西地方与中央王朝的矛盾，有利于国家的统一，民族的团结；也有利于保卫边疆，维护祖国领土完整。然而，土司制度与郡县流官制度相比，毕竟是一种"外化"的制度。随着时间的推移，土司制度日益成为阻碍社会发展的绊脚石。

而且随着土司制度的发展，土官势力的不断壮大，土官的贪婪和扩张野心也越来越大，与明廷的矛盾日益尖锐。因此，明王朝为了加强对广西少数民族地区的统治，一方面对土官采取利用的方针，另一方面又采取种种措施约束土官的行为，限制土官势力的发展，开始逐步废除土司制度，向流官统治过渡，于是，"改土归流"广西走向进步、走向"内化"、走向统一的"三交"大趋势。

明代的"改土归流"是渐进的，据吴永章研究：首先明代土司制度任吏采用"夷"汉参用、流土共治的方针。在这一总前提下，"其府州县正贰属官，或土或流，则因其俗"[1]，就是说，由土人或流官任主要职务，明政府并不作统一规定，可视情况而定。关于广西土司的任吏情况，据明人丘濬说："其府州正官皆以土人为之，而佐贰幕职参用流官。"[2] 有意思的是，在广西土官制中，还出现如下一些特殊现象，一是流土两令同时并存。据载，洪武初，庆远府忻城罢土官莫氏，改设流官知县，"宣、正后，瑶僮狂悖，知县苏宽不任职。瑶老韦公泰等举莫保之孙诚敬为土官，宽为请于上官，具奏，得世袭知县。由是邑有二令，权不相统，流官握空印，僦居府城而已"[3]。二是土官统流官。据明人沈德符说："西南土府知府，仅得统土知州土知县而已，惟广西思

---

[1] 《明史·职官志五》。
[2] 《广西众建土官议》，《粤西文载》卷五六。
[3] 《明史·广西土司一》。

明府之上石西州……其知府俱土，而州守则为流官，不知堂属体统亦如内地否？又如广西泗城州，其属程县为流官，正德中，土知州岑豹亡状，逼逐流官知县，而自领其事，朝廷遂不置吏，以至于今。"[1] 可见，明代的土司制度本身就暗藏玄机，准备有朝一日，时机成熟之时就"改土归流"，完成对少数民族地区的"内化"和统一。[2]

于是，在"改土归流"的大趋势下，在普遍推行土司制度的同时，采取"流官辅佐"的办法，即府州正官皆以土人担任，佐贰幕职参用流官。所以，纵观整个柳江府地区，没有太多如桂西南地区岑氏、黄氏那样大的地方势力，但在土司制度的规范下，一方面任用土官管理地方的政策仍贯彻于该地区，具体表现在设置巡检司以防卫地方。巡检司一般设在交通要道或民族杂居的地区，柳江流域纵贯广西，河道多迂回曲折，关隘众多，基于这样的地理环境，据统计，柳州府的巡检司数量在广西是最多的，有45个。除招纳地方势力做土副巡检司外，庆远府地区还设置永顺、永定、永安三个土官长官司，任用当地势力来管理地方。另一方面，在文职官职的设置方面，明代广西柳江流域地区除庆远府西部属于土属地区之外，大部分地区均属流官统辖。中部、东部柳州府地区因开发较早，在文官的设置上与其他州县无异，如柳州府的马平、雒容、柳城、罗城、融县、怀远等县及象州均有知县、县丞、教谕、训导、主簿等官职的设置也基本如此。[3]

这样看来，在明代"改土归流"的"三交"过程中，柳州敢为人先，捷足先登，基本上"内化"为流官地区了，从而大大推进了柳州"三交"史的历史进程。

---

[1] 《万历野获编》卷三〇，"流官属土府"条。
[2] 参阅吴永章：《明代广西土司制度述略》，《学术论坛》1983年第3期。
[3] 参阅廖晨宏：《明清广西柳江流域官方经略与地方秩序研究》，暨南大学硕士学位论文，2012年，第31—32页。

四、清代：大一统格局中的柳州

清代，历史的风水又一次转到了一个新的起点，又一个北方来的满族统一了中国，包括柳州在内的广西也在其中。

清王朝在统一全国后，设十八个承宣布政使司，即十八个行省，分领全国的府、州、县。广西承宣布政使司辖十一个府和一个直隶州。柳州府在清初仍沿明制，管辖两州十县，即马平、雒容、柳城、罗城、怀远、融县、来宾、武宣、上林、迁江等10个县以及宾、象等2个州。由于府属地方辽阔，知府难以兼顾，以致政事壅滞，因而雍正年间广西巡抚李绂、金鉷分别上疏，请求缩减柳州府的州县。于是，雍正十二年（1734年），柳州府复划辖原隶宾州之来宾县。故清末柳州府实辖马平、雒容、罗城、柳城、怀远、融县、来宾等7个县和象州。从此以后，柳州府便只管马平、雒容、罗城、柳城、融县、怀远、来宾、象州等八个州。其府治仍设在马平。

柳州在大一统的格局中，把各民族三交史的演进推上了一个新的历史阶段。

（一）柳州城市的兴起建构了三交史演进的新平台

清代以前，柳州三交史演进的舞台，一般的集中在乡村地区。进入清代，柳州城市兴起。

据考，城厢是柳州府治、马平县治所在地，其城厢街道格局基本上保持明代的形式，其城墙以内的城区位于今柳江以北的弯曲部分的最南端，即今天连塘路、五一路、文惠路以南，滨江西路、滨江东路以北的椭圆形部分，这是明清两代柳州城区的主要部分。柳州府、马平县城内及沿城墙外的街道有西门大街、北门内大街、小南门内十字街、北门外米行街、城中大街、十字街、道署后街、新道衙后街、府后街、府前街、府学东街、府学西街、柳侯祠街、开元寺街、罗池街。府城附近的村落有黄村、马鹿、窑埠、油榨、鸡喇、犁冲、洛垢等。到了清代末期，城厢扩展，街巷增多。可见，柳州城区建置到了清代已达古代最完整和发达的阶段。柳州城厢位于今柳江以北的柳州市中心的核心区域，官衙林立，民宅密布，商肆栉比，沿江一带更是柳江上下商贸交流中心，郊区农村圩市发达。[1]

清代的大一统是柳州城市兴起的政治基础，农业、手工业和商业的发展则是柳州城市兴起的经济基础。

其实，柳州城市在明代中后期已悄然兴起，明嘉靖年间（1522—1566年）修筑了长近4里的外城。大旅行家徐霞客于崇祯十年（1637年）写的《粤西日记》云，柳州城西门外沿江一带"犹多编茅瞰水之家，其下水涯，稻舟鳞次，俱带梗而束者，诸妇就水次称而市焉，俱从柳城、融县顺流而下者"。反映在柳江上沿江岸或船上的水上商业活动的活跃，成为柳江流域商业活动的中心。清初，柳州府也和全国其他地区一样，农业生产逐步发展，许多荒田重新被垦殖。《柳州县志》记载，雍正九年至十二年（1731—1734年），马平县捐纳开垦老荒田税就有16顷。[2] 此后，到嘉庆年间（1796—1820年），马平县共有官民田1052顷23亩1分9厘。[3] 粮食和副食品生产的增加，反映在当时柳州仓储兴建的发展上。清康熙至乾隆中期，是康乾盛世时期，柳州府先后建立了仓廒、盐仓、军仗库105间，其中马平县有仓库34间，超过了明代以前任何朝代。[4]

据钱宗范等所著的《广西通史》第六卷的研究，"在农业生产发展的基础上，清代的柳州利用优越的自然条件，各族人民勤劳生产，农、林、副、土特产、手工业有了较快的发展，整个社会发展水平在广西已处于前列。史书记载了清代的柳州社会情况：'柳州地近桂林，号无瘴。且山水清旷，风气与

---

[1] 参阅周长山等主编，钱宗范等著：《广西通史》第六卷，桂林：广西师范大学出版社，2019年，第2631页。

[2] 转引自萧泽昌、张益桂：《柳州史话》，南宁：广西人民出版社，1983年，第72页。

[3] 柳州市地方志编纂委员会：《柳州市志》第一卷，南宁：广西人民出版社，1998年，第272页。

[4] 参阅周长山等主编，钱宗范等著：《广西通史》第六卷，桂林：广西师范大学出版社，2019年，第2632页。

中州不甚异'；'马平大江环绕，地气疏豁，故无瘴疠。寒少热多，风景屡变，故冬月晴和，时觉燥热，夏日阴雨，亦复清凉'。但在一千年前当柳宗元任柳州刺史时，柳州还是瘴气盛行，象蛇出没的蛮荒之地，柳宗元的《岭南江行》描写了他当时看到的柳州郊区情况：'瘴江南去入云烟，望尽黄茆是海边。山腹雨晴添象迹，潭心日暖长蛟涎。射工巧伺游人影，飓母偏惊旅客船。从此忧来非一事，岂容华发待流年。'唐代后期为柳宗元心忧的荒蛮之地，到了一千年后的清代，变成了'山水清旷，风气与中州不甚异'的文化先进地区，这是柳州各族人民勤劳聪慧、团结协作开发祖国协南疆所做出的不朽贡献。"[1]

《广西通史》第六卷还详细描述了清代柳州物产丰富的情况，"当时闻名于广西和全国的地方名产有红白稻、筒禾米、粘稻、晚陆禾、绿豆、姜、蘘荷、黄芽菜、紫背菜、络麻、香蕈、龙眼[2]、香瓜、梨、杨梅、葡萄、李子、柑子、佛手柑、茶油树、木棉、枫木、樟树、胭脂木、黑木、水楠木、黄杨木、郁金香、月桂、牡丹、兰、丹竹、斗竹、斑竹、芦竹、桄榔竹、桃枝竹、越王竹、花藤、蛆草、书带草、依兰草、发草、铁、融石、炉甘石、石燕、皮布、绒花被、壮锦、纸甲、酒、豆豉、融剑、漆、山羊、山弓、獾、八哥、秋风鸟、海南鸟、鱼、玉钩鱼、捍鱼、香草鱼、鲈鱼、武阳鱼、艾、猪腰子、五加皮、淫羊藿、白术、木蝴蝶、刀枪药、猪米、苦蔓蔓草、醉葡萄等，[3]这许多来自农、副、渔、林的农产品、手工业产品和地方土特产品。丰富多彩，琳琅满目，其中最有名的物产是木材、竹子、布匹、茶油、桐油、药材、香菇。柳州城区手工竹坊毕集，从事于农副产品的加工以及纺织、酿酒、榨油、榨糖、造纸、矿冶、制砚、竹木加工等业，柳州上下船只络绎不绝，从事运

---

1 周长山等主编，钱宗范等著：《广西通史》第六卷，桂林：广西师范大学出版社，2019年，第2633页。

2 柳州龙眼之闻名，笔者考察过柳州城中区环江村的龙眼树深有感触。此村村民种植水果2660亩，年产约10万公斤。其中龙眼有2160亩，号称"龙眼村"。据传，明清时期村里就有龙眼树了。最大一棵龙眼树要三人合抱才行。

3 ［清］谢启昆修，胡虔纂，广西师范大学历史系中国历史文献研究室点校：《（嘉庆）广西通志》卷九十《舆地略十一·物产二》，南宁：广西人民出版社，1988年，第2850－2856页。

货交易，城乡交流。[1]

农业、手工业的发展，促进了商业的繁盛。清代前期柳商业的发达景象，《柳州史话》从五个方面做了说明：

> 第一，街市店铺林立，行业比较集中。如上叙的铁局街、香线街、梳子街、木行街以及河南的谷埠街等等，都是集中经营各类商品的地方。城中除商家店铺外，行商小贩也到处都是。
>
> 第二，外省商贾云集，会馆增多。《马平县志》说："城厢内外，从戎贸易者多异省人。"其中尤以广东、湖南、江西、福建等省为最多。他们为联谊同乡人，建立同乡会馆，如湖南会馆、江西会馆、粤东会馆等。昔有民谣说：
>
> 湖南会馆一枝花，粤东会馆赛过它；
>
> 福建会馆烫金箔，江西会馆笔生花。
>
> 民谣中所说的湖南会馆，位于文庙旧址（今景行路小学校址），馆内碑刻林立，华堂文彩，交互生辉。粤东会馆建筑豪华，雕梁画栋，金碧辉煌。福建会馆不仅雕花绘彩，所悬挂的楹联匾额，还贴金涂银。江西会馆除建筑富丽堂皇外，在门前大书"人怀彭泽，地接罗池"的对联。庐陵会馆也高悬"南宋状元宰相，江西理学名臣"的门联。这些建筑华丽的会馆，从一个侧面反映了当时柳州工商业的兴旺发达。
>
> 第三，水运发达，码头增多。清代柳州的运输，除了陆路外，主要是水运。当时柳江之上，帆船如云，舳舻相衔。随着水上航运的发展，环城码头增多。江北有小南、五显、中元、明月四大码头，江南有窑埠、茅洲两码头。为了适应柳州与桂林之间水运的需要，雍正二年（1724年）、雍正九年（1731年）、乾隆十九年（1754年）三次修浚桂柳运河。

---

[1] 周长山等主编，钱宗范等著：《广西通史》第六卷，桂林：广西师范大学出版社，2019年，第2633—2334页。

第四，环绕柳州，圩镇星罗棋布。乾隆年间，在柳州附有大小圩镇二十个，著名的有太平圩，喇堡圩、洛垢圩等。这些大大小小的圩市，促进了柳州与乡村间的物资交流，活跃了城乡贸易。(《柳州市志》第一卷还详述了清代柳州圩市的发展的状况。据考，清代乾隆盛世时期，马平县的农业圩市发达，马平县城外有黄村、水东、杉木堡、纸房4厢，在厢的共有25村：黄村、水东村、盘龙村、振柳营、小村、水南村、玉家村、窑埠村、王家村、平石村、杨家村、油榨村、刘村、深水村、雷村、大旦村、黄滩村、龙村、董家村、社湾、溪洌、阳合村、东乐村、河表村、黎冲村，其中属于柳州城区、郊区的有23个。在乡的共6都，每都分上、中、下三里，每里的村落多者二三百户，少的二三十家至三四十家，在乡的都村屯处于今柳州城区、郊区的有19个，一都至六都有圩场20个，其中处于今柳州城区、郊区的有5个。[1])

第五，随着城市人口的增加，市政建设也有所发展。相传柳州旧有"三川九漏"，就是城市建设的一个方面。所谓"三川"，就是城内三条地下排水道。它们均起于文武街，其中西川经左营塘、青云街，穿出城外，注入柳江；中川由文武街过景行路、耳环桥、莲花桥、香线街、下沙街，入柳江；东川过牛皮塘、后府塘、太平桥、粤东会馆，通东台路入柳江。所谓"九漏"，就是城内九口著名的水井。上述五个方面，说明清代前期的柳州又在明代基础上有所发展。[2]

清代柳州农、工、商业的发展，不仅为柳州到近代发展成为广西的工业中心奠定了基础，而且由于城市的兴起，为柳州各民族的"三交"，乃至柳州各民族与广西及至全国各民族"三交"的演进，提供了更广阔、更坚实的舞台。

---

1 柳州市地方志编纂委员会：《柳州市志》第一卷，南宁：广西人民出版社，1998年，第136页。
2 萧泽昌、张益桂：《柳州史话》，南宁：广西人民出版社，1983年，第73—74页。

（二）桂柳人、平话人和客家人：汉族入柳的族群沉淀

汉族入桂及入柳，是柳州三交史的重要内容之一。

汉族入桂始于秦代统一岭南的秦瓯之战，笔者在秦代部分已详述，在此不赘述。以后汉武帝再定岭南，马援南征又有大量兵士民夫进入岭南，进一步改变了广西的族群结构。西晋之时，"五胡乱华"，又导致大批汉人南迁，从而形成独具特点的客家人。今广西有汉族客家人约600万，其事原始于此。隋唐之时，在新的大一统之中，由于军队驻防、官员任职、文人讲学、商人经商，北方汉人和岭南的人口流动更加频繁。杜甫、韩愈两人并未来过桂林，但他们歌颂桂林的诗句"五岭皆炎热，宜人独桂林""江作青罗带，山如碧玉簪"，却脍炙人口，传遍中华。可见"三交"的能量和魅力。唐代名人如李靖、鉴真、柳宗元、李渤、鱼孟威都到桂林、柳州等地任官或守卫，带来了大批汉人移民入桂、入柳。宋代崇文重教，更多的汉族文人学士官员带领大批汉人入桂，其中有黄庭坚、张栻、苏轼、范成大、张孝祥、王正功、周去非等。元朝的兴起及统一全国进程中，也促进了北方汉族和少数民族大量进入广西，广西处于民族融合的新阶段。元顺帝妥懽帖睦尔居藩时就居于独秀峰下，学习汉族和广西各民族的优秀文化。明代随着中央集权的强化，外省的汉族入桂更为经常和频繁。当时，理学家王阳明办书院教育，旅行家徐霞客深入桂林、柳州、玉林、南宁各地探险考察，受到广大各族人民"宾至如归"的亲切接待。[1] 凡此等等，都为清代汉族入桂及入柳开通了道路，为广西十二个世居民族定居格局的形成创造了条件。[2]

但是，众所周知，清初清廷对百姓的人身控制较严，并不允许人口随意流动，对"苗人""土人"进入汉地及汉人进入"苗地"更是严令禁止。雍正十三年（1735年）议准：

---

[1] 参阅黄家城：《桂林旅游史略》，桂林：漓江出版社，1998年，第132—144页。
[2] 周长山等主编，钱宗范等著：《广西通史》第六卷，桂林：广西师范大学出版社，2019年，第2837—2838页。

> 土官土人，因公远赴外省，许呈该管官转报督抚给咨知会到地方之督抚查覆，于事竣日，给咨知会本省督抚。均计程立限，毋许逗留，有不行申报，擅自出境者，土官革职，土人照无引私渡关津律杖八十。若前往外省生事为匪，别经发觉者，除实犯死罪外，徒罪以上，皆照军人私出外境掳掠，不分首从，发边远充军律治罪。[1]

这就是说，土官和土人除公务外，都不允许随意出境，即便是公务需要，也必须向督抚申请，并明定期限，限期返回。如果不按照规定，土司就会被革职，土人则要被杖责八十。管理非常严格。

据黄露茵的研究：对于汉人进入"苗地"，清政府一直存在汉人欺压土人，甚至汉人"教唆"苗人生事的顾虑。雍正五年（1727年），广西左江总兵齐元辅即称："猺、僮土司地方深山辽阔，深林密菁，汉土丛杂。往往内地犯法之徒以及盗贼事发多有藏匿其中，捕役难以弋获，案件未由审结，甚至流寓年久熟悉蛮情，喜灾乐祸，挑唆愚僮生事以为利薮。"[2]清政府官员普遍认为，管理少数民族地区，"首在察逐汉奸，不许肆行煽惑"[3]，禁止汉人无故进入"苗地"，"民人无故擅入苗地，及苗人无故擅入民地均照越渡沿关边寨律治罪"[4]。为使官员重视，还规定："私通土苗及容留外省流棍者，失察各官，照例降调罚俸。"[5]

虽然清政府立下种种条例刑法来禁止汉夷往来，但在实际中却很难做到完善。特别是雍正年间的摊丁入地、改土归流及"新辟苗疆"等政策，客观上减少了人口流动的障碍，有利于民族间的交往。乾隆时期，广东、福建等省均陷入人多地少的境地，迁入边疆人少的省份成为他们谋生的一个重要途

---

1 （光绪）《钦定大清会典事例》卷五八九《兵部·土司》，第138—139页。
2 《世宗宪皇帝朱批谕旨》雍正五年八月初三日广西左江总兵官齐元辅奏，第5516页。
3 《清高宗实录》卷二三七，乾隆十年三月壬寅，北京：中华书局，1985年，第56页。
4 （同治）《钦定户部则例》卷四《户口》，第16页。
5 《清高宗实录》卷三四五，乾隆十四年七月乙丑，北京：中华书局，1985年，第771页。

径。清政府从安定"苗地"的层面上考虑,不希望汉民进入"苗地"。但是当人民需要迁移至有闲余土地的地区来保证生存的时候,强行阻拦反而会导致社会的不安定。所以,乾隆二十五年(1760年),乾隆批复奏折时道:

> 国家承平日久,生齿繁庶,小民自量本籍生计难以自资,不得不就他处营生糊口。此乃情理之常,岂有自舍其乡里田庐而乐为远徙者?地方官本无庸强为限制。若其中遇有生事为匪之人,则在随时严行查禁,不得以一二败类潜踪,遂尔因噎废食。今日户口日增,而各省田土不过如此,不能增益,正宜思所以流通,以养无籍穷民。……若如周人骥所奏,有司设法禁止,不但有拂人性,且恐转滋事端。否则徒为增设科条,而日久又成故事。封疆大吏当通达大体,顺民情所便安,随宜体察。[1]

可见随着实际情况的变化,清政府的政策不得不随之改变,放宽了汉民进入"苗地"的限制。随着清政府对流移人口政策的放宽,越来越多的人加入到人口迁移的浪潮中,广西全省"清一代汉人移植之多,远出历朝之上"[2]。柳江流域也接收了大量的流移人口。[3]

融县和三江均位于山区,为少数民族聚居之地,清代以前移民较少。清代以来,随着苗疆的开辟,水道被数次疏浚,商贸往来逐渐繁荣,古宜、老堡、长安等地成为湘、黔、桂边区贸易的重要枢纽,汉族移民也逐渐增多。

如融县在宋代因置清远军而引起一次移民的高潮,"民族之来自湖南、湖北、广东、江西、福建者日益"[4]。这些先迁入的汉人长居于少数民族地区,对迁入的时间逐渐模糊,"其可考者,以时自明代为多数,以地自湘、赣、闽、

---

[1] 《乾隆朝上谕档》第三册乾隆二十五年正月十四日,第383页。
[2] 刘锡蕃:《岭表纪蛮》,亚洲民族考古丛刊,台北:南天书局,1987年,第224页。
[3] 参阅黄露茵:《清至民国时期柳江流域经济开发研究》,广西师范大学硕士学位论文,2016年,第15—16页。
[4] (民国)《融县志》第二编《社会》,第56页。

粤为多数"[1]。据统计融县的少数民族人数有50000人左右，汉人总数约为80000人。宋代迁入的有路氏、粟氏，繁衍至民国时期有6000人左右。宋元明时期迁入的王氏、陈氏、李氏等族，人数约有18000人。明代迁入的有贾氏、梁氏、何氏、黄氏等族，人数在18000人左右。明末至清代迁入的有周氏、叶氏、罗氏等族，民国时期约有19000人。[2]至于葛、牛、张、白等姓，人数较少，未作详细记录。

又如三江县境内的民族以侗、苗等民族为多，约占六成，其余四成为汉族，分为六甲人、客家人和普通汉人三种。（1）六甲人是指宋代自福建迁来的汉民曹、荣、龙、李、潘、杨、欧、马、蓝、侯、龚、谢十二姓，"其所居地位三峒六甲，而结集于六甲者为多，故又称为六甲人"[3]。他们是经广东进入广西，先到达柳州，然后沿柳江而上到达古宜，沿浔江流域定居。（2）客家人，"明末来自广东嘉应州或福建、江西等地，散居各市镇"[4]，"有郑、赖、刘、李、原、邱、王、罗、温、谭诸姓"[5]，其中以郑氏、赖氏二族为最。客家人大多经商为业，以在福禄（今富禄镇）者较为集中[6]。（3）普通汉人有些是随历代官员而来，或是经商者的后裔，江西、福建、湖南、广东等省迁来较多，居住在古宜镇和各乡集镇。姓氏有何、刘、罗、张、吴等，经营商业和手工业。[7]

而位于柳江下游的柳城、柳江、雒容等县亦然。这里分布有柳江平

---

1 （民国）《融县志》第二编《社会》，第57页。
2 （民国）《融县志》第二编《社会》，第58—63页。
3 （民国）《三江县志》卷二《社会》，第115页。
4 （民国）《三江县志》卷二《社会》，第116页。
5 （民国）《广西通志稿·社会编》，第65页。
6 三江侗族自治县编纂委员会：《三江侗族自治县志》，北京：中央民族学院出版社，1992年，第142页。
7 三江侗族自治县编纂委员会：《三江侗族自治县志》，北京：中央民族学院出版社，1992年，第143页。

原、洛满平原等小平原，气候适于耕种，是柳江流域经济发展较快的地区，同时也是清代柳州府的政治中心，由于政治经济条件优良，很早就有移民落居。

如柳城县"邑有壮人、客家人、百姓人数种"[1]。客家人和百姓人均为外来移民，其中百姓人大多来自湖南，因为迁入时间较长，"其风俗习尚一部分渐为壮族所同化"[2]。客家人"因广东土客斗争难以立足，陆续西迁而来"[3]。据《柳州宗祠》所记，巴芒刘氏、大穴岭陈氏、西岸罗氏、新河家何氏等族都在清代迁入柳城县。至民国时期，迁入的客家人渐多，成为县内一大族，"近来县属各大市场及柳河沿岸多为该族聚居，经济权亦渐为该族所操纵"[4]，其中以李、黄、刘、陈、邓、谢、罗等姓为巨，杨、曾次之。[5]

又如柳江县有广东、湖南等省移民。客家人，"原籍来自广东，始于清乾隆时"[6]。如刘氏一族，先祖"携带家室迁居广西柳州府马邑一都地方保村落业。因看场地两水相隔，移徙蒙水村岭脚居住。详慎山铃地方狭窄，住场仍有不佳，至乾隆五十九年又迁一都基隆村发禄岭新立住场"[7]。曾氏于乾隆二十一年（1756年）从广东嘉应州兴宁县合水迁入柳江县，郑氏于乾隆三十五年（1770年）从广东兴宁县陈坑里迁入。此外练氏、孔氏、陈氏、罗氏等姓俱为清代乾隆后迁入。湖南人自明代已有迁入，"专以种山为业，族姓亦不少"[8]，清代仍陆续有流移迁入，多经营手工业。

再如雒容县（今鹿寨县西南雒容镇）的民族以壮族和汉族为主。雒

---

[1] （民国）《广西通志稿·社会编》，第64页。
[2] （民国）《柳城县志》卷四《民族》，第34页。
[3] 同上。
[4] 同上。
[5] （民国）《广西通志稿·社会编》，第64页。
[6] （民国）《柳江县志》卷二《民族》，第82页。
[7] 柳州市地方志编纂委员会办公室：《柳州宗祠》，南宁：广西人民出版社，2007年，第170页。
[8] （民国）《柳江县志》卷二《民族》，第82页。

容县的江口镇是洛清江与柳江交汇之地，沿柳江往上游可直通柳州，往下游可达梧州、广州。这是广东、福建省移民迁入雒容的主要路径。自雒容逆洛清江而上可经永福到达桂林，这是湖南、江西等省移民迁入的主要道路。移民"其始迁多在明清两朝，其原籍多湘、粤、闽、赣诸省"[1]，主要有李氏、刘氏、邓氏、郭氏等族。

柳城、柳江等县位于柳江下游经柳江至西江可直接到达梧州、广州等地，与广东地区往来便利，是柳江流域与广东商贸往来的重要中转站，客家人沿柳江进入柳城等县，咸称便利。各县内现存的宗祠中，近半由客家人于清末、民国时期修建。柳城县内，客家人单独居住的村落有147个，其他省移民一共才有125个。[2]柳江县的方言中，客家话仅次于官话和壮语，在县内各区，常占百分之十左右，在大同各村，说客家话的甚至达到百分之六十。[3]

曹树基先生的研究[4]认为，嘉庆二十五年至1953年间，柳州府的人口年平均增长率为5.9‰，据此，可以推算出柳州府的人口乾隆三十七年（1772年）为68.8万人，乾隆六十二年（1797年）为80.9万人，嘉庆二十五年（1820年）为93.9万人，道光二十五年（1845年）为108.7万人。[5]

所以，及至清代，在新的大一统格局中，不同时期从不同地方，在广西不同地方落籍的汉族，逐渐沉淀成了不同的汉族族群，有桂柳人、客家人、白话人、平话人、高山汉等。而在柳州主要有桂柳人、平话人和客家人。

---

1 （民国）《广西通志稿·社会编》，第59页。
2 广西统计局编：《柳城概况》，民国三十二年，第13页。
3 （民国）《柳江县志》卷二《民族》，第91页。
4 曹树基：《中国人口史》（第五卷清时期），上海：复旦大学出版社，2001年，第209页。
5 参阅黄露茵：《清至民国时期柳江流域经济开发研究》，广西师范大学硕士学位论文，2016年，第17—19页。

1. 桂柳人

桂柳人主要分布在桂东北、桂北、桂中、桂西北地区。[1]今人口约700万，约占广西汉族人口的24%，因以桂柳官话为口语，故称"桂柳人"。那么，广西汉民族族群的这个"后起之秀"究竟是怎么形成的呢？

据《汉民族史记》第三卷的研究，桂柳人缘起于明代。明代是广西社会历史发展一个重要的转型时期。在这个时期广西各族人民既受明王朝各级官府横征暴敛，又受土司的残酷统治。在这种双重压迫和剥削下，严重地破坏了社会生产力，使各族人民无法生活下去，从而激起了各族人民的顽强反抗，其中最著名的就是大藤峡的瑶族和壮族的大起义。

大藤峡处于广西武宣和桂平之间浔江上游的黔江上。大藤峡地区山峦迭起，地势险峻，包括今武宣、象州、蒙山、桂平、平南、藤县、贵港、荔浦等县市方圆六百多里的山区。这里居住着瑶族、壮族和汉族。明朝建立后，采取"以夷治夷"的政策，在推行土司制度的同时，又建立了卫所和进行屯田。而官府、土官、豪强和卫所大量侵夺壮、瑶人民的耕地、牛马，并掠夺人口，滥杀无辜，逼得瑶民无法生存。因此，从洪武八年（1375年）起，就爆发了瑶民的反抗斗争。而大藤峡瑶民的起义，从一开始就得到了府江、古田、八寨等地区壮、汉及其他少数民族起义的呼应和配合，在基本上与明王朝相始终的270多年间，广西各族人民的起义不绝于书。

在以平乐为中心的府江地区[2]，洪武八年（1375年），明王朝平乐府灵亭山东北麓谷塘村汉族屯军在陈华四率领下，联合瑶族义军首领李九起义，开仓分粮，劫富济贫，转战于富川、荔浦、平乐等地瑶山。洪武二十二年（1389年），富川逃吏首赐，又联合瑶族盘大孝，在灵亭山起义，在反抗明军的征

---

1 参阅周长山等主编，钱宗范等著：《广西通史》第六卷，桂林：广西师范大学出版社，2019年，第2845—2846页。
2 府江地区指以平乐为中心的府江（又称抚河）流域，包括今阳朔、荔浦、平乐、蒙山、昭平、恭城、富川县等县（自治县）。

剿中不断取得胜利，连"征讨"指挥官耿良也投降了义军。[1]洪武三十一年（1398年），荔浦甘棠寨编民在周文昌领导下起义，他们攻县城，杀贪官，转战于荔浦和平乐一带，坚持了十几年，后来参加义军的汉族编民全部被杀。[2]正统九年（1444年），荔浦莫公乔率众起义，义军开入灵亭山区，和当地瑶、汉人民共同坚持斗争。[3]景泰元年（1450年），富宁山瑶族盘姓子联合冷水渚源瑶族廖八子，以及江华、永明的汉族农民王茂、何音保等，率众千人起义，盘姓子自称"胜道君王"，出击于今广西、广东、湖南三省、区交界地区，声势浩大，坚持了几十年。天顺八年（1464年）荔浦爆发了规模较大的起义，拥军数万。攻入湖南，与大藤峡瑶族义军挥戈南下形成"两虎咆哮"[4]之势。后虽被韩雍残酷镇压，但弘治十二年（1499年）荔浦义军再次兴起，在兴安、全州苗族义军的配合下，长驱直入湘南地区[5]，并在府江根据地坚持斗争到嘉靖年间。隆庆三年（1569年）韦公海在荔浦中峒率五千余壮、瑶人民起义。隆庆五年（1571年），义军在杨公满等领导下攻占了荔浦的坊郭，平乐的乐山、峰门、南源等卫所，杀了一批暴吏，坚持斗争4年。

在永福的古田地区[6]，弘治三年（1490年）古田毛峒瑶族梁辰塈在古河的北坡塘起义，壮族韦永盛在古河中岭十三村起义，史称"东瑶北壮"。这壮、瑶起义的星星之火，迅速燃成燎原之势，他们公推韦朝辉和覃万贤为领袖联合起义，多次打败官军的征剿，使古田成为壮族起义军的天下。[7]正德七年（1512年），义军建立农民政权，韦朝辉称"冲天将"。这次起义一直坚持到正德十年才被镇压下去。但是这燎原之火并没有被完全扑灭，韦朝辉的儿子韦银豹于正德十三年（1518年）在古田登云山"韦银豹岩"又举起义旗，自

---

1 《富川县志》卷十二。
2 《荔浦县志》卷二。
3 《明英宗实录》卷五七。
4 田汝成：《田叔禾集》卷五。
5 《明孝宗实录》卷一五六。
6 古田地区指今永福县及临村、融安、鹿寨等县的部分地区。
7 参阅《永宁州志》卷二。

封为王，并多次奇袭桂林，到隆庆元年（1567年）年时已完全控制了永福至雒容（今毭寨的一部分）一线，孤立了桂林，东与府江义军呼应，南与八寨义军声援。这次起义坚持了50余年，直到隆庆五年（1571年）才被最后镇压下去。

在忻城、上林一带的八寨地区[1]，成化元年（1465年），八寨义军再起，成化六年（1470年），忻城皂岭黄公刚起义，并联合壮族童韦公等义军共同作战；弘治四年（1491年），黄公刚的余部在壮族韦旋的率领下，攻下上林，直下宾州。八寨各族人民起义的浪潮到正德至嘉靖中（1506—1528年）发展得更快，还建立了自己的政权，最后虽然被王守仁镇压了，但在相当长一段时间里，八寨地区仍有义军，各寨有义军千人。平时分散活动，战时集中抗敌，故民间有"不约而同，不谋而合，名虽八寨，实则一寨"的说法，反映了各族人民共同反对封建压迫和剥削的斗争精神。

从上可见，有明一代，广西各族人民始终没有停止过反抗明王朝统治的斗争。在这样一种态势下，与广西各族人民的反抗斗争相对的就是明王朝政府不断派军队入桂屯兵驻守，围剿镇压。正如正统八年（1443年）八月庚戌广西总兵官安远侯柳溥言："广西所属浔、梧、柳、庆等府地方，瑶僮夷人，叛服不时。"[2]

《明实录》中关于明代卫所驻军入桂的记载甚多，与桂柳人的形成有直接关系的桂北、桂中，以及桂西北的桂林、柳州、庆远、南丹等地大多是明朝卫所驻军之地，《明史·兵制》记载，洪武二十六年（1393年）定天下卫所之时，广西都司就有6卫1所，全部兵力有3.5万人，合家属已有十万余人。

据统计明代后期在广西的卫所已有8卫20余所，并且一直实行"许携家属"[3]。明王朝的卫所驻军在桂北、桂中、桂西北基本上分布在州府县所在地，

---

1 八寨即指思吉、围安、古卯、古蓬、古钵、都者、罗墨、剥丁八寨，后又加龙哈、龙咳，合为十寨。八寨地区指今忻城、上林一带。

2 《明实录·明英宗实录》卷一〇七。

3 《明实录·明宪宗实录》卷九七。

即今桂林、柳州及其县城所在地。这就是今天桂柳人大多聚居在镇的历史根源之所在。与此同时，桂林和柳州一直是卫所驻军的中心。正统九年（1444年）三月己亥，广西柳州知府曹衡曾奏："比年镇守总兵等官，皆屯兵桂林府，去柳州府遥远。蛮贼出没，卒难援救。每年九月至次年三月，天气清和，宜于柳州府操备。四月至八月，天气炎瘴，回桂林府驻扎为便。"上从之。[1]

这种分布态势奠定了桂柳人形成的基础。

明代，在卫所驻军入桂的同时，还有屯田入桂之汉族移民。对此，《明实录》中也有一些记载：

> 洪武五年（1372年）正月壬子诏"今后犯罪当谪两广充军者，俱发临濠屯田"[2]。
>
> 洪武九年（1376年）三月癸未广西贺州屯军陈华四等作乱，桂林卫指挥姜旺率兵击斩之，俘其众千余人。[3]
>
> 洪武二十五年（1392年）九月甲辰置广西迁江县屯田千户所。[4]
>
> 洪武二十九年（1396年）四月乙丑广西布政使司言："新设南丹、奉议、庆远三卫及富川千户所，岁用军饷二十余万石，有司所征不足以给。"上命，俱屯田。既而奉议卫奏："本卫地控蛮峒，若俱出屯种，设有缓急，卒难调用，宜以三分守城，七分屯田为便。"上不许。[5]
>
> 洪武二十九年（1396年）七月己巳遣中使至桂林等府，市牛给南丹、奉议等卫屯田军士。[6]
>
> 洪熙元年（1425年）二月甲子广西总兵官镇远侯顾兴（祖）奏："臣奉命率广西、湖广、贵州（兵），剿捕蛮寇。势已平，还军驻桂林。今农

---

1 《明实录·明英宗实录》卷一一四。
2 《明实录·明太祖实录》卷七一。
3 《明实录·明太祖实录》卷一〇五。
4 《明实录·明太祖实录》卷二二一。
5 《明实录·明太祖实录》卷二四〇。
6 《明实录·明太祖实录》卷二四六。

事方兴,请止留贵州兵二千、湖广兵一千守备,余遣归屯种。"从之。[1]

宣德十年(1435年)二月丙午广西都指挥佥事田真言:"洪武间,各卫军事屯田十分之七。近年征差逃故者多,遂将余丁老幼足之;且余丁递年供应正军,复令屯田,实为重困。乞将老幼如例屯田,余丁优免。"事下行在户部复奏。从之。[2]

这样,广西社会的发展在明代出现了广西历史上从来没有过的政治军事形势,即一方面是明王朝的政治统治和军事镇压,另一方面是广西壮、瑶、汉等各族人民的反抗斗争,就是在这样的历史转型之中,以入桂卫所驻军为主体,操西南官话的这批汉族移民与明以前入桂的平话人讲完全不同的汉语方言,与平话界限分明,自然而然地形成了一个不同于平话人的汉族新族群,壮族称之为"军人"[pon2kun1],而他们所讲的西南官话则被称为"军话"[va6kun1],这就一语道出了桂柳人的来源与形成。

而由于操西南官话的桂柳人在有明一代处于掌握军政大权的地位,这就使得平话的"官话"地位遂被西南官话所取代,就是至今在桂西北一带还存在政府干部办公讲桂柳话,做生意的则讲白话,农民讲壮话的语言现象。

正如前述在明代的卫所驻军中,桂林和柳州是卫所驻军的两个中心,各自所受周围族群的影响不同,而造成了桂林话与柳州话、桂林人与柳州人之间的一些差异,但桂林话和柳州话基本一致,人们俗称之为"桂柳话"。而这一从明代开始形成的汉族族群,到清代沉淀成为"桂柳人"了。[3]

2. 平话人

平话人也是广西汉族中重要的一支,主要集居在南宁、融水、融安、柳城、柳江、三江、鹿寨宾阳、横县、贵港、马山、宁明、桂林、灵川、罗城、

---

[1] 《明实录·明仁宗实录》卷七。
[2] 《明实录·明英宗实录》卷十二。
[3] 参阅徐杰舜主编:《汉民族史记》,北京:中国社会科学出版社,2019年,第619—624页。

永福、龙胜、钟山、贺州、恭城等地。现今总人口300万左右，约占广西汉人口总数的12%。[1]

据《汉民族史记》第三卷《平话人》研究：从历史上看平话人入桂的历史比广府人、桂柳人都要早得多，大约从秦汉汉族入桂起，直到宋代，广西汉族几乎都是平话人，尚无广府话人，也无桂柳人，更无客家人。

平话人也是北方汉族移民与广西土著族群交往、交流、交融形成的一个汉族族群。北方汉族入桂与广府人、客家人一样，也可从秦汉溯起。

平话人的形成，是从桂北平话人的形成开始的。

汉族入桂自秦始皇经略岭南始。始皇二十八年（公元前219年）秋冬，秦始皇派尉屠睢率50万秦军征岭南，兵分五路，其中两支进入广西：一支通过谭城（今湖南靖县一带）之外五岭中的越城岭和萌渚岭之间的谷道，即湘桂走廊，进入今天广西的兴安、桂林一带，控制了漓江通道；另一支过九嶷山（今湖南宁远县南）古道，进入今天广西的钟山、贺州一带。进入广西境内的秦军"三年不解甲"[2]，并开凿灵渠，在灵渠和漓江汇合的地方，即今兴安县溶江镇修建城堡，派兵驻屯，后人称之为秦城和严关[3]。此为汉族入桂之始。

秦始皇略取岭南之后，于公元前214年置桂林、南海、象郡，其中桂林郡治在今贵港市，并发动了一些曾经逃亡的罪犯、穷苦入赘于女家的男子，以及做买卖的生意人戍五岭，号称"以谪徙民五十万人"，"以越杂处"[4]。其实，50万是虚，5万为实，因《太平御览》卷五四引《南康记》曰："秦略定扬越，谪戍五万，南守五岭。"从赵佗求女3万来看，5万数较为可靠。与此同时，秦还徙中原人民实岭南，《汉书·高帝纪》记载："前时秦徙中县之民南方三郡，使与百粤杂处。"

---

[1] 参阅周长山等主编，钱宗范等著：《广西通史》第六卷，桂林：广西师范大学出版社，2019年，第2849页。
[2] 《淮南子·人间训》。
[3] 《岭外代答·古迹门·秦城》，《读史方舆纪要·广西一》。
[4] 《资治通鉴》卷七；《广东新语·人语》。并参阅《史记·秦始皇本纪》。

秦汉交替，赵佗据三郡自立为南越王，并封宗族赵兴为苍梧王[1]。贵港市罗泊湾二号汉墓出土一方"夫人"玉印、一枚"家啬夫人印"封泥，[2]贺州金钟汉墓出土一方"左夫人"玉印。[3]按南越用汉制之例，这两座汉墓主人的丈夫应是侯王。[4]可见今贺州、梧州及贵港一带，均已有汉族人迁入居住。及至汉武帝时，乘南越内讧，于元鼎五年（公元前112年）秋，以卫尉路博德为伏波将军，五路大军，将士10万，平了南越，以其地置南海、苍梧、合浦、郁林、日南、九真、交趾、儋耳、珠崖九郡。其中苍梧、郁林、合浦为今广西属地，而苍梧（今梧州）则为岭南的首府。随着南越的平定，汉族入桂者日多，在汉武帝平南越前，为加强防御力量，即派人入桂，在桂林郡北80里以秦城西南就曾加筑军事据点，史称"汉城"[5]。平南越后，"为充实岭南，西汉颇徙中国罪人，使杂居其间"[6]。据《汉书·地理志》统计，当时苍梧郡有146161人，牂牁郡有435681人，扣除外省人口，估计当时广西境内有30万~40万人。由于当时参加户籍登记的多为汉族，少数民族土著族群，尤其是住在深山僻野的少数民族土著族群很少参加户籍登记，故汉武帝时居住在广西境内的汉族人当在20万~30万人之间。

作为汉代汉族入桂浪潮的余波，是东汉初年伏波将军马援平交趾之乱后汉族向桂东迁入。建武十六年（公元40年），雒将女征侧与其妹征贰自立为王，寇掠岭外六十余城。公元41年，光武帝以马援为伏波将军，"发长沙、桂阳、零陵、苍梧兵万余人讨之"[7]。二征之乱平定后马援率军班师时，留下将士黄、材、简、梁、刘、陆、韦等七个姓氏戍边。后来俗称"马留人"。

东汉末年，黄巾起义，群雄割据，中原大乱，而地处偏僻边陲的岭南，

---

1 参阅《史记·建元以来侯者年表》。
2 广西壮族自治区文物工作队：《广西贵县罗泊湾二号汉墓》，《考古》1982年第4期。
3 广西壮族自治区文物工作队：《广西贺县金钟一号汉墓》，《考古》1986年第3期。
4 余天炽等：《古南越国史》，南宁：广西人民出版社，1988年，第63—64页。
5 《读史方舆纪要》卷一〇六。
6 《后汉书·南蛮西南夷列传》文见《三国志·吴书·士燮传》。
7 《后汉书·南蛮西南夷列传》。

由于少受战祸的波及，社会秩序相对比较安全，北方汉族纷纷移居岭南，史称"吏民流入交州者甚众"。[1]

《三国志·吴书·士燮传》记载：苍梧广信人士燮，"其先本鲁国汶阳人，至王莽之乱，避地交州。六世至燮父赐，桓帝时为日南太守……体器宽厚，谦虚下士，中国士人往依避难者以百数"。汉族大量南迁入桂的情况，我们从郡县的不断增设上可窥见一斑。公元318年，晋元帝在原郁林郡内，置晋兴郡，郡治在晋兴县（今南宁市）。公元361年，晋穆帝又在原苍梧郡内增设长安县；在郁林郡内增设领方（今宾阳南）、中胄（今武宣）、新林（今忻城红水河两岸）、绥宁（今宾阳东）等新县；在合浦郡内增设荡昌县（今容县）。

这样，在晋代，今广西境内除北部和西部有一部分地区仍属益州的郡和宁州的兴古郡外，其他行政建制，与三国孙吴设8郡30县比，郡增至10个，县增至40个。南朝梁、陈时，郡则增至32个。隋朝调整郡县，在今广西境内设4个完整的郡，加上跨越郡境的共设69个县。[2] 所有这些郡县的陆续设置，一方面是为了加强对不断迁入广西汉族人民的管理，另一方面也是为了安排迁入广西士族的仕途。所以，从三国孙吴，经晋到隋进行户籍登记时，广西已有人口95万左右了，与秦汉时相比，汉族人口增加了两倍。

唐代入桂汉族更是呈增长之势，首先是大批北方军人为防御南诏进入岭南。咸通四年（863年）三月，新任岭南西道（治邕州，今南宁）节度使康承训率荆、襄、洪、鄂四道兵1万人赴镇[3]。七月，复置安南都护府于行交州（约在今越南北部，确地不详），发山东兵1万人戍之，各道援兵源源不断进入广西。[4] 驻扎在岭南西道的兵力，最多时达到近4万人[5]，这些驻守广西的军人可能部分留居。这一点从五代时被南汉刘隐辟为幕府的北方人王定保，就是在唐

1　《资治通鉴》卷八六。
2　黄体荣：《广西历史地理》，南宁：广西民族出版社，1985年，第68页。
3　《资治通鉴》卷二五〇，咸通四年三月。
4　《资治通鉴》卷二五〇，懿宗咸通四年七月。
5　《全唐文》卷八九，第406页。

末"属南蛮骚动,诸道征兵"时前往广西任邕管巡官,因北方乱留居岭南得到佐证。[1]

唐末五代时,刘隐义子割据岭南,后建立南汉国,保境安民,礼贤好士,吸引了许多北方士人,迁入广西的北方士人大有人在,五代人齐己《送错公、栖公南游》诗云:"洪偃汤休道不殊,高帆共载兴何俱。北京丧乱离丹凤,南国烟花入鹧鸪。明月团圆临桂水,白云重叠起苍梧。威仪本是朝天士,暂向辽荒住得无?"错公、栖公原是居住在都城的士人,南迁桂林一带避乱。

综观有唐一代,由于入桂汉族的不断增多,大唐帝国在广西东部地区先后设置了258个县,几乎把广西三分之二的地区纳入了中央王朝直接统治的范围。但是,更重要的是自秦汉汉族入桂以来,及至唐代,从动态的情况来看,入桂汉族的数量是逐步增加,在相当一个时期内,他们都是处于少数民族土著族群的汪洋大海之中,所以这些入桂汉族入乡随俗,应该有不少被土著化。笔者查阅了大部分广西县志,发现这些县志中记载当地汉族自秦汉以来迁入的极少,仅有乾隆《横州志》提及"秦徙中州处居西瓯,迨汉开学于郁林"[2];民国《隆安县志》亦云:"县属除少数土著外,纯为汉族,皆来自他省,尤以山东为多数,邑内姓氏诸先祖,多自汉至明流隅广西,渐次迁居隆安。"[3]民国《宜北县志》的记载稍为具体。其云:

> 邑境……乃苗瑶壮三族混居,自汉迄清,汉人自外省迁入。以由山东而来为多,湖南次之,因久相渐染,均归同化,近惟有治安乡达科村仙桃洞赵姓数户苗族后裔而已,其余全系汉族。莫姓原籍山东济南府,于汉朝迁来,初到此地之始祖名莫登州……现有一千十户;卢姓原籍山东,汉朝迁来,共九百八十六户,始祖卢明道……覃姓原籍山东,汉朝迁来,共七百二十六户;韦姓原籍山东,汉朝迁来,共九百六十户;蒙

---

1 《新五代史·南汉刘隐世家》;《唐摭言》卷三《散序》。
2 乾隆《横州志》卷二,《气通志·风俗》。
3 民国《隆安县志》卷三,《地理考·社会》。

姓原籍山东，汉朝迁来，共七百三十二户……[1]

而绝大多数县志在记载汉族入桂的时间多言宋代，对此本文在后面将详述。这就叫人不得不考虑一个问题，如果仅从这些记载上去看，自秦汉至隋唐，入桂的汉族真是寥寥无几，但事实上又不完全如此，那么入桂的汉族到哪里去了呢？

另一方面，在广西族群认同上又存在着一个奇特的现象，那就是壮族韦氏族谱记载说他们的始祖是西汉的韩信，为此有人据旧《凤山县志》和东兰县韦氏土司族谱，撰写了《从韩信的后代说起》一文，其云：

> 据旧《凤山县志》和东兰县韦氏土司族谱的记载，桂西南［北］一带的韦姓是韩信的后裔。韩信本是秦末淮阴人。他辅助刘邦灭秦亡楚，统一中原，立下高功，被封为楚王。当时有个阳夏侯陈豨谋反，韩信在长安，意欲响应，后被吕后发觉而受斩，并被夷灭三族。他的侄子韩天贞，当时任太保，与太师谭三耀、太傅谟伟烈结为兄弟。为避刘、吕之祸，三人［结］伴一起逃入山东避难，邑名京兆。后又逃来西南边疆，改名换姓，隐匿躲命。韩天贞改姓韦，名天贡；谭三耀改为覃怀满；谟伟烈改为莫天辉。最后到广西定居。初住宾州，复迁都街，耕种为生。不久，木兰峒卫作文、卫作武兄弟二人争权作乱，民不聊生。韦天贡的长子韦玉龙，奉令统兵五千，平定卫乱。覃怀满、莫天辉的儿子也随征有功，奉旨将功赎罪。韦玉龙受封为木兰土司；其弟玉凤为三寨土司。覃怀满的长子玉书和莫天辉的长子玉能也分别受封为三旺分防土司和南丹土司。从此子孙繁衍，世代相承，经汉、晋、隋、唐，至宋仁宗皇祐四年，南王侬智高起兵反宋，韩信的十八代子孙韦景岱随枢密副使狄青平乱有功，庆远府经略题授为木兰哨安抚司，管辖平林、都铭、三旺内

---

[1] 民国《宜北县志》第二编《社会·民族姓氏》，宜北今属环江。

外十二哨地方。木兰哨后改为东兰州，这就是东兰州的由来。到清雍正八年，东兰州改土归流，凤山仍设土分州，分管外六哨，民国七年始废。末代土官韦述勋，乃是东兰州第一任土官韦钱宝的第二十三世，第三十二任土官。[1]

此为壮族韦姓"汉裔"说。无独有偶，壮族另两个大姓，即莫氏、覃氏的族谱中也有类似的记载。而据1951年中央访问团（中南区）第一分团联络组编的《广西少数民族历史资料提要》所记，广西"土人"十大著姓：黄、莫、韦、覃、农、蒙、蓝、赵、罗、梁的族谱传说也往往追溯到数百上千年以前来自汉族的老祖宗。[2]推敲起来，此种壮族汉裔说破绽百出，矛盾重重，不足为信，龚永辉早在1989年撰写了《壮族韦姓"汉裔"考》《"土话汉人"与"汉裔"观念》[3]两文作了分析和探讨。现在的问题是，笔者认为透过这种"壮族汉裔"和"土话汉人"的现象，是不是折射出了自秦汉至隋唐入桂汉族，在与少数民族的交往、交流和交融中互化了呢？《宜北县志》云："自汉迄清，汉人自外省迁入，以由山东而来为多，湖南次之，因久渐相染，均归同化。"但是，如果入桂汉族或屯田，或留戍，或移民实边成批量地进入，情况就会不同，即他们虽然可能与土著族群发生互动，如柳城平话人中被称为"百姓人"的入桂汉族，"闻其先多迁自湖南，散居于县境北部，古砦、洛崖、大埔等区，性颇诚朴，较壮族勤勉努力，然以居留年代已久，其风俗习尚一部分渐为壮族同化"[4]。所以自秦汉至隋唐入桂的汉族必有相当一部分已交融于土著族群而土著化了。与此同时，自秦汉至隋唐没有土著化的入桂汉族也就开始成为桂北平话人。

---

1 韦纪科：《从韩信的后代说起——关于凤山民族族源的探讨》，《广西地方志通讯》1985年第6期。
2 龚永辉：《"土话汉人"与"汉裔"观念》，《壮族论稿》，南宁：广西人民出版社，1989年。
3 龚永辉：《壮族韦姓"汉裔"考》、《"土话汉人"与"汉裔"观念》，《壮族论稿》，南宁：广西人民出版社，1989年。
4 民国《柳城县志》卷四，《民族》。

正因为桂北平话人是成批量地迁入广西的，才有可能在某一个地方形成与土著族群文化相抗衡的社会文化力量，所以他们能顽强地保留汉文化。但是，由于在自秦汉至隋唐约一千年的历史上入桂的汉族有时代先后之不同，又有迁出地之不同，各自带入广西的语言和文化都具有时代性，沉淀下来造成了桂北平话人的差异。所以在桂北平话人形成的过程中就出现了"族群岛"式的分布状态，都操桂北平话，但相互之间又不能通话。所以桂林郊区、临桂和灵川的桂北平话人，融水、融安、罗城、宜州被称为"百姓人"的桂北平话人，三江被称为"六甲人"的桂北平话人之间均不能通话，且风俗文化各异。这表明桂北平话人没有明显的形成过程，他们的形成是自秦汉至隋唐入桂汉族历史沉淀的结果。

桂北平话人的形成是历史沉淀的结果，桂南平话人的形成却是军事移民的结果。

宋皇祐四年（1052年）壮族首领侬智高在邕州起兵反宋，震动了宋王朝，遂于皇祐五年派枢密院副使狄青率军入桂镇压。侬智高的起义被镇压后，宋王朝留下了部分军队镇守邕州，《大明一统志》卷八五引元代方志说邕州："宋狄青平侬贼后，留兵千五百人镇守，皆襄汉子弟。至今邑人皆其种类，故语言类襄汉。"这就是桂南平话人形成之始。对此，广西民族学院日本留学生松本光太郎在《汉族平话（蔗园）人考》中有专门的考证，现将有关部分摘抄如下：

> 南宁市心墟乡下雷村的雷姓：据该村的老人说，宋代，在广西发生了侬智高的叛乱，狄青平定其叛乱之际，祖辈作为兵士来到了南宁。这个村讲平话的人全都是那时来的。口语有点变化了，变成了"半白半壮"（一半是广东语，一半是壮语），可仍然讲平话（"平话"是北方语的意思）。平定侬智高以后，为了控制土著人，而在此地留了下来。
>
> 邕宁县五塘镇沙平村的滕姓：据该村老人说，他们的祖先是山东白马县人，名为滕甫，是北宋时期移居到现在的邕宁县五塘镇沙平村坛浊

坡来的。滕甫是宋朝翰林院编修户部尚书,作为督粮官跟随狄青镇压侬智高。由于以前跟王安石的关系不好,故决定住于广西,在蒲庙村莫村住了十余年后,便迁来到坛泄坡。

邕宁县浦庙镇那圆村的莫姓:没有族谱,但传说是从山东省白马县来的。据说原先根本不愿从山东来,是按狄青的命令被反手缚着、强迫带来的,这就是他们现在还把手背在后面步行的缘故。

田东县:据县干部说,黄姓"蔗园人"是宋代皇祐元年从山东白马巷来的。他们从大新县的黄姓干部那里听说,他去山东省看的时候,还有"白马巷"这个地名,如今还讲"蔗园话"。此外,据别的干部说,"蔗园人"是从广东来的。

在《邕宁县志》(社会一·语言)里有如下的记载:

又县中衣冠之族。其北来者多在狄武襄平南一役。故老所传。其先皆青兖间人。故平话为齐鲁语,想或当然。然杞宋无征,自难断定,惟流传久远. 非复庄岳元音矣。但故训雅声,往往而在。按诸隋唐韵书,多能吻合,如覃、谭各自为声,而官皆读若坛。[1]

在此说的"青兖"指现在的山东省及辽宁省和河北省的一部分,"齐鲁"指山东省,"杞宋"指河南省,"庄岳"指"齐",即山东北部、河北东南部的"街里"。所谓"各自为声"是指覃和谭分别读不同声音的意思。

另外,在《邕宁县志》"社会一·民族"里还有如下记载:

一、汉族。汉族籍贯,自赵宋后,来自中州,各省皆有,尤以山东青州府白马苑为多(马或作府)。相传宋皇祐间,随狄武襄征侬智高,事平后,因留邕勿去。言人人同。考皇祐至今八百余年。再考各姓族谱、各姓祖祠碑记,自始祖以至现在均二十代以至二十四五代而止,是否随

---

[1] (日)松本光太郎:《汉族平话(蔗园)人考》,《广西民族学院学报》1997年第1期。

狄青来,未敢断定。大约先有一部分来,其后互相招引,如中国人之赴南洋群岛者然,是未可知。然即古人三十年一世而论,其来自宋朝无疑。[1]

此后,宋熙宁年间(1068—1077年),交趾李朝派兵攻占邕州,宋朝任命陆逵为招讨使,率领10万大军南征,恢复邕州后,又留下一批军队戍守,其中又有一部分将士落籍南宁。

1996年出版的《友爱村志》[2]对此也披露了不少族谱材料。

解元坡遂昌户黄氏族谱 "祖籍山东青州府寿光县,世居白马驿,自宋皇祐年间来粤西邕州卜居,古城、祖墓尚在黄茅坡,至明初福清、福佑二公迁居横塘村……"

苦瓜村黄氏族谱 "始祖山东青州府白马县,自宋皇祐年间随军平南,明代从皂角村迁居苦瓜村,从北南迁的先祖黄案公,至今已传下22代。"

罗屋树罗氏族谱 "罗氏源远流长。祖根出自罗子国,子孙以国为姓。祖籍山东白马县,宋朝元祐七年(1092年)老祖南迁,明朝定居邕城之北罗屋树,传下后代至今已有25代,原族谱都有详细记载,由于日本鬼子入侵南宁,族谱藏在米缸中埋在房里,被日军抄出毁掉。以至宋朝以来到'广'字辈历代宗支无法记载,经多方搜集材料,以及族长辈罗曾柏、罗曾儒、罗曾霖、罗莲有、罗辛孙等回忆,和对马口六、罗屋树等地保存下来的祖坟石碑考证,证明罗屋树始祖是罗广成(兄)、罗广胜(弟)。据有关资料记载,'广'字辈是罗氏到邕城后的第16代,罗屋树罗氏传下的后代有25代。"(1996年5月重修)

有意义的是南宁友爱村的平话人在修志时,为了弄清自己的祖源,于

---

[1] 民国二十六年《邕宁县志》,"社会—民族"。
[2] 覃芝馨主编:《友爱村志》,南宁:广西人民出版社,1996年。

1995—1996年三次派人到山东、河南寻根访祖，终于弄清了桂南平话人的始源，正如广西方志学家唐志敬先生所说："广西几百万讲平话的汉族人民和部分地区的壮族人民的'根'之谜，终于揭开了。"[1]《友爱村志》考证，白马县不在今山东省，在今河南省滑县。[2]从历史和地理资料可以证实，友爱村六大姓氏族谱所记载的，其祖先于宋代随军来自山东白马县（或白马驿、白马冉），就是古代太行山以东的白马县，即今河南省滑县。

由于白马县的特殊地理位置，自古以来是交通要道和军事要地，历代朝廷都在这里建立兵营、招兵买马、屯兵戍守；其兵源有白马县人，也有北方各地人。有关资料记载：宋徽宗政和元年（1111年），屯禁军三千于滑州，以控制黄河渡口。狄青打侬智高，杨文广到广西任职都带走了大量禁军，白马县是军队自北向南调动的必经之路，禁军是北方兵，不管家在白马县或青州府以及北方其他地区，白马县是军队的集合地和出发地，所以给他们的印象特别深刻，时日旷久问起从那里来，只记得从白马县来，世代相传，正如今天居住中原和山东一带的群众，一问起祖先从哪里来，都不约而同地说：从山西洪洞大槐树下来。尽管祖籍住在不同村庄，但都经过洪洞大槐树下，这样说也没有错。中国民间有句带哲理性的话："宁卖田地，不卖祖宗。"他们记载宋朝来自太行山以东的白马县，的确是有根据的。

与此同时，广西与大理、安南西交界，侬智高的起义被镇压后，广西成了宋王朝在南方屯兵戍边的重点地区。据《岭外代答·沿边兵》所记，广西常年驻兵数，静江府（治今桂林市）5000人，邕州（治今南宁市）5000人，宜州（治今宜州市）2500人，钦州（治今钦州市）500人。宋朝驻军一般都带家属，如以平均1个军人有家属2人计，上述军人及家属当有4万人左右。这些军人与家属成集团式地分布在广西。在力量对比上显示出了优势，在与广西土著族群的互动中才不至于土著化，从而遂成为桂南平话人。

---

[1] 覃芝馨主编：《友爱村志》，南宁：广西人民出版社，1996年，第49页。
[2] 同上。

此外，广西是宋代流放谪官的主要地区之一，不少府州都有流官，仅高宗绍兴二十二年（1152年）十月一次安置的流官，流放地便有容州（治今容县）、钦州、宾州（治今宾阳县北）、柳州（治今柳州市）等四州。[1]这些流官有的能生还，有的则死在岭南，家属往往无力北返，留居当地。

在这种态势下，宋代入桂汉族所使用的语言遂成为广西流行和通用的"官话"。因而源于南宁亭子古称"平南村"的"平话"之称遂被自汉至隋唐及至宋代入桂汉族所认同，从而也有了桂北平话人和桂南平话人之间的认同，尽管各地平话人因入桂时间，迁出地区不同而在语言上，以及风俗习惯上有着种种差异，但宋代政治和军事上的举措，使得入桂汉族在广西扩大了影响，从而在与土著族群的互动中占据了优势，所以，宋代之时，平话人在广西是风光一时的！[2]

钱宗范等著的《广西通史》亦云："平话是秦汉至唐宋时期由中原来的汉人带来各地方言，经过长期发展形成的；形成平话的时代在宋代之前，在官话，白话形成之前，平话是广西居民语言交流的主要工具，被称桂柳官话和白话超过平话成为广西汉人的主要语言是明清时的事。以桂中的柳州为界，平话分桂北平话和桂南平话，两者互相听不懂。平话人中又分出一些小的分支，如罗城、融水一带的'百姓人'；宾阳、上林、横县一带的'客人'（不是客家人）；三江的'六甲人'；灵川、永福一带的'土人'或'土甥人'；左右江流域的'蔗园人'；等等。"[3]

3. 客家人

客家人在柳州人中虽然不多，却是不可忽视的一个汉族族群。据钱宗范

---

[1]《建炎以来系年要录》卷一七三，绍兴二十六年六月甲戌，2844页。

[2] 参阅徐杰舜主编：《汉民族史记》，北京：中国社会科学出版社，2019年，第591—608页。

[3] 周长山等主编，钱宗范等著：《广西通史》第六卷，桂林：广西师范大学出版社，2019年，第2849页。

等的《广西通史》第六卷的研究,"目前广西有客家人约500万[1],约占广西人口的八分之一,但在清代,广西客家人数要少得多,占广西人口的比例少于十分之一。广西客家人多系明清时从广东嘉应州、惠州府、潮州府和福建汀州府一带迁入,集居在靠近广东的桂东、桂南、桂中、桂东等地区,从桂东南到桂西北,客家人由多而少,成分布集居的形态"[2]。

说起客家人的形成,与唐安史之乱后中原汉族的移民运动有密切的关系。众所周知,赣闽粤边地区,是一个地域非常辽阔的地理空间,"春秋为吴越地。战国越灭,为楚地"[3]。魏晋南北朝之后,自唐初至宋末,赣闽粤交界区域以及其邻近的郴州、吉州、漳州、泉州、广州等地,土著少数民族的势力还很强大。其中唐中叶以前,汀、潮、循三州可以说基本上是土著少数民族的天下,汉人势力基本上尚未进入这一区域。如唐僖宗中和年间,"王仙芝寇掠江西,高安人钟传聚蛮獠,依山为堡"[4]。

而地处长江中游,交通便捷的江西,在唐中期"安史之乱"时,几乎没有受到战争的影响,基本上保持着安定的局面。于是便成为中原汉族移民的迁徙的首选之地。当时,除洪州之外,其他如饶、信、吉、江等州,都接纳了大量的中原汉族移民。吴松弟在《中国移民史》第3卷中,曾根据新、旧《唐书》《全唐文》《唐代墓志资料汇编》等文献资料,对"安史之乱"期间北方移民迁入南方的情况,进行了较为全面的统计:"安史之乱"期间,有文献可征的北方移民迁入南方者,共133例,其中有25例分布在江西,占全部移民样本数的19%,仅次于江南地区(35%)。[5]随着赣中和赣北移民人口的不断

---

[1] 广西客家人口数有二说:一说500万,另一说为350万。徐杰舜1990年在吴泽主编的《客家学研究》第二辑(上海人民出版社,1990年)中发表的《广西客家的源流、分布和风俗文化》一文持后一说。

[2] 周长山等主编,钱宗范等著:《广西通史》第六卷,桂林:广西师范大学出版社,2019年,第2848页。

[3] 《古今图书集成》方舆汇编职方典卷九一九《赣州府建置沿革考》。同书卷九二五《南安府建置沿革考》所载略同。

[4] 《资治通鉴》卷二五五。

[5] 吴松弟等:《中国移民史》第三卷,福州:福建人民出版社,1997年,第291页。

南迁，赣南地区的人口大幅度增长。据《太平寰宇记》，北宋太平兴国年间（976—984），赣南境内主客户合计85146户，[1]差不多是元和年间户数的3倍。如果以每户平均5口计算，总人口已超过420000人，比唐代天宝年间的最高峰值尚多出150000人。还有学者考察了江淮和江南、福建、岭南、川蜀若干州军在唐代元和年间及北宋太平兴国至端拱年间的户口数，在其统计的31州户口平均增长了117%，赣南则增长了224%，高出平均值107%，说明从唐后期至北宋初一百六七十年间，赣南的经济发展高于全国平均水平，人口比重也有了较大的提高。若作更具体一些分析，江南西路虔、洪、饶、吉、江、袁、信、抚八州的人口增长了93%，福、建、泉、漳、汀五州的人口增长了355%，而山南东道襄、邓、复、郢、唐、随、均、房八州的人口却下降至原来的41%。淮南道人口变化情况，因为《元和郡县志》淮南部分缺失而无法直接列表比较，但据学者研究，唐元和年间淮南道扬、和、楚、舒、庐、滁、寿七州的户口在38万至40万左右[2]，另据《太平寰宇记》，北宋太平兴国年间，与上述七州境域约略相当的扬、和、楚、舒、庐、滁、寿诸州及高邮、天长、建安诸军的户口总数为263422户，只及元和年间户数的66%左右。可见，自唐末至宋初，福建路人口增长最快，江南西道次之。[3]

"安史之乱"之后至唐末五代，又是一个战乱年代，先是黄巢起义，继为五代纷争，战事频仍，兵戈相攘，人民为避兵燹战乱，又掀起了中国历史上中原和江淮汉族大规模迁徙的浪潮。这时拥入江西地区的北方姓氏，已经大大增多。据赣南周建新的研究，有许多谱牒材料可证明，如《崇正同人系谱》云：吉安萧氏，"至三十世孙萧觉，仕唐，值世乱，举族出逃，分居湖广及江西泰和、庐陵等县"[4]。《兴宁吴氏族谱》云：临川、南丰吴氏，"吾祖宣公，随父任，居蜀阆州……吾祖夫妇有深远之虑，擎眷回籍，于后晋天福元年丙

---

1 （宋）乐史：《太平寰宇记》卷一〇八《江南西道六·虔州》。
2 周东平：《唐代淮南道区划人口考》，《中国唐史学会论文集》，西安：三秦出版社，1989年。
3 谢重光：《客家形成发展史纲》，广州：华南理工大学出版社，2001年，第46页。
4 赖际熙等：《崇正同人系谱》卷一。

申……合家渡江，徙今江西抚州府临川县石井，留二叔经公居此，又与父纶公、三叔绍公易居江西建昌府南丰县……。时后汉乾祐元年戊申岁九月"[1]。《宁都南门外孙氏族谱》云："始祖讳诇，乃唐中书舍人讳拙之子。唐僖宗中和三年，因黄巢之乱，充承宣使，引兵游击闽越江右间，以功封东平侯，嗣略至虔化县，民皆安堵，父老遮道请留，遂定居该县。"《宁都罗氏大成族谱》云："黄巢作乱，我祖仪贞公，致仕隐居，因家吉丰，长子景新，徙赣州府宁都州。"于是，赣南和闽西户口大盛，唐元和中（816—820）有26260户。北宋太宗淳化元年（990），从虔州析出南安军，两州军共领13县。至元丰年间（1078—1085），在籍户口（主、客），南安军35799户，虔州98130户，两州军共计133929户，是唐元和中的5倍多。闽西，唐元和中有2618户。北宋淳化五年（994），增设上杭、武平二县，共领4县。至元丰年间，共有主客81454户，是唐元和中的30多倍。赣南闽西两地元丰年间户数共计215383户。北宋末年，赣南人口继续增长。据崇宁元年（1102）的统计，虔州有272432户，南安军有37721户，两州军共记310159户（此时不见汀州的户口统计）。如果按每户5口计算，则此时赣南人口已经达到155万。如果加上接壤地汀州的人口，其数字当突破200万。[2]

与此同时，闽西南人口也有较大的增长。如汀州和漳州，唐元和时分别有2618户、1343户，到北宋太平兴国五年至端拱二年间，都增至23647户，增幅分别高达803%和1661%；这是汀、漳二州户口第一次大幅度增长。北宋太宗时期到神宗元丰时期，历时一百年左右，这两州的户口从23647户分别增至81454户和100469户，增幅达239%和325%，是为汀、漳二州户口的第二次大幅度增长。相对而言，在此时期，漳州户口增长速度比汀州更快些。从北宋末至南宋中叶的宁宗庆元时期，又历时一百年左右，汀州户数从81454户增至218570户，增幅为168%，净增137116户，增幅也相当可观。

---

[1] 《兴宁吴氏族谱》。
[2] 周建新等：《江西客家》，桂林：广西师范大学出版社，2007年，第49页。

另外，相对来说，粤东的北半部（即今以梅州市为中心的客家聚居区）开发较赣南、闽西为迟，尤其是属于宋、元梅州的境域，在唐代尚未设立州一级建制，只是潮州属下的程乡县，但自唐末至北宋元丰年间，循、梅二州的户口也以惊人的速度增长。循州在唐元和时的户数约2809户，但到宋太平兴国年间，相当于唐代循州境域的循、惠二州，主客户总数已达8339户，增长了1.9倍；至神宗元丰年间，循、惠二州主客户总数更高达108213户，约为太平兴国时的12.98倍，20多年间净增了99874户。梅州的户口，在唐代因为未独立成州，尚属；到了宋代，太平兴国至端拱二年之间有1577户，元丰初增至12372户，净增10795户，增幅高达684%。可见，大量移民的到来，也成就了循、梅二州早期开发史的第一个高潮。[1]

这样，自唐中叶至宋末，在赣闽粤边广袤山区，有过多次大量接受外来移民的阶段，按时间顺序分别是唐中后期（主要在安史之乱后）、唐末五代宋初、两宋承平时期、两宋之际、宋元之际。其中唐中后期主要是移民至赣南，宋元之际主要是移民至粤东，三个片区共同的移民高潮应是唐末五代宋初、两宋之际、北宋及南宋的承平时期。[2]北方汉族移民也已会聚到了赣闽粤边地区，为客家人的形成准备了条件。

客家人形成的序幕在唐宋拉开，正剧则在宋明演出。在此所言的"宋"是有区别的，唐宋之"宋"专指北宋，宋明之"宋"专指南宋。

赣闽粤边地区客家人形成的契机是北宋末靖康之乱以后的北方汉族人口的大规模南迁，清代中期的徐旭曾在《丰湖杂记》中说：

> 今日之客人，其先乃宋之中原衣冠旧族，忠义之后也。自徽、钦北狩，高宗南渡，故家世胄，先后由中州山左，越淮渡江从之，寄居苏、浙各地。迨元兵大举南下，宋帝辗转播迁，南来岭表，不但故家世

---

[1] 谢重光：《客家形成发展史纲》，广州：华南理工大学出版社，2001年，第50页。

[2] 谢重光：《客家形成发展史纲》，广州：华南理工大学出版社，2001年，第54页。

胄，即百姓亦多举族相随。有由赣而闽，沿海至粤者，有由湘逾岭至粤者。……天不祚宋，崖门蹈海，国运遂终，其随帝南来历万死而一生之遗民，固犹到处皆是也。……西起大庚，东至闽汀，纵横蜿蜒，山之南，山之北，皆属之。……所居既定，各就其地，各治其事，披荆斩棘，筑室垦田，种之植之，耕之获之，兴利除害，休养生息。曾几何时，遂别成一种风气矣。粤之土人，称该地之人为客，该地之人，也自称为客人。[1]

正是鉴于南宋初年江西中北部一带人口严重耗减的情况，北宋崇宁年间，江西6州4军有171万余户，[2] 扣除赣南境内虔州和南安军的31万户，尚有140万户。以每户5口计，中北部的人口规模超过700万。按耗减一半计算，损失的人口在350万以上。假定在耗减的350多万人口中，有一半死于兵荒马乱或被金人掳去，其余的170多万人口，应该逃亡到周边地区。地处十万大山之中的赣南和闽西，距离赣中北一带不远，因此，应该是他们逃生的理想之地。于是，王东推测：假定在这170多万的逃亡人口中，有三分之一迁入赣南和闽西，其总体规模就已超过50万。

同样，闽西这一时期的人口增长，其主要动力也是来自赣中和赣北的移民。江西与福建在地缘上互为毗邻，虽有武夷山的阻隔，但相邻的隘口甚多。赣东北及赣东一带的移民，沿武夷山南下，进入闽西之后，主要分布在武夷山南段东侧的宁化、清流、长汀、武平和上杭一线。据民国《上杭县志》的调查，该县的丁氏、包氏、周氏、姜氏和温氏等大姓，都是在南宋时期由江西迁入的。[3]

南宋初年江西中北部一带移民向赣南和闽西的集中迁移，对客家人的形

---

[1] （清）徐旭曾：《丰湖杂记》，转引自刘佐泉《客家史料撷英》，台湾"中央大学"客家研究中心编：《客家文化研究通讯》2001年第4期，第126页。转引自王东：《那方山水那方人：客家源流新说》，上海：华东师范大学出版社，2007年，第167页。

[2] 《宋史·地理四》。

[3] 民国《上杭县志》卷八《氏族》。

成而言，具有非同寻常的意义。因为大量移民的进入，不仅壮大了赣南和闽西境内的人口规模，而且保证了汉族移民人口对苗瑶语族族群人口的绝对优势，从而巩固了汉族移民的地位。到了南宋中期，赣南和闽西的总户数已超过50万，以每户5口计，总人口已超过250万。无论是就总体的人口规模，还是就人口分布的密度来看，赣南和闽西都已彻底地改变了北宋时期"地广人稀"的局面。人口的快速发展不仅促进了赣南和闽西山区的进一步开发，而且有力地推动了区域间的经济联系。此后，迫于内部日益膨胀的人口压力，赣南和闽西遂开始了向粤东北地区转移人口的过程。

这样，在宋末元初，在汀、赣人口大规模迁徙的过程中，粤东北地区所接纳的逃亡人口却最为集中，对客家人的最后形成产生了重要的影响。光绪《嘉应州志》记载："元世祖至元十四年（南宋景炎二年，1277年），文信国引兵出江西，沿途召集义兵，所至响应，相传梅民之从者极众。至兵败后，所遗余子只杨、古、卜三姓，地为之墟。闽之邻粤者相率迁移来梅，大约以宁化为最多。所有戚友询其先世，皆宁化石壁乡人。"[1]除汀州的移民之外，"其间亦有由赣州来者"。[2]吴松弟在《中国移民史》中曾对广东209个客家氏族的家谱进行过统计分析：在这209个客家氏族中，称南宋末迁入的有17族，称宋元之际迁入的有7族，称元代迁入的有38族，三者合计共62族，占已知迁入时间的134族中的46.3%。在宋末和元代迁入的62个氏族中，28族迁自汀州的宁化，12族迁自汀州的其他县，两者合计占迁入族总数的65%；3族迁自赣州，1族来自北方，另有18族迁自南方的其他地区。由此可知，"今（广东）客家人的祖先主要是在宋元之际和元代这八九十年中迁入广东，正是这些氏族对广东客家的形成和发展产生重大影响"[3]。这些家族在迁入广东以后，主要分布在梅州和循州一带，也就是今天的梅县（17族）及其周围的兴宁、五华、大埔、蕉岭、平远等县，共42族，占已知迁入地的55族中的76.40%。

---

[1] 清光绪《嘉应州志》卷三二《丛谈》。
[2] 清光绪《嘉应州志》卷七《方言》。
[3] 吴松弟等：《中国移民史》，第四卷，福州，福建人民出版社，1997年，第188页。

"广东的客家人以这些县为主要生活地区,并不断以后来新从汀、赣等地迁来的客家人为补充,逐步向其他地区发展。"[1]因此,有学者认为:南宋以降汀、赣人口向粤东北一带的迁移,是区域社会形成和发展过程中的一个具有标志性意义的事件。汀、赣人口在短时期内的大规模迁入,从根本上改变了梅州和循州一带的居民格局,同时也改变了当地的语言和文化传统。经过这次人口重建,梅州和循州一带的语言,与赣南和闽西地区的语言越来越近。[2]可见,宋元之际,客家话就是在这个具有内在一致性或同质性的社会文化单元之中开始孕育了。

此后,在元末明初天灾和人祸并至的动乱年代,明初的洪武大移民中迁入赣、汀的北方汉族移民不断增加,使得这一区域本来就比较恶劣的自然环境和生产条件难以承载,于是赣、汀二州操客家话的人就向毗邻的人口较稀少,而土地又较多的粤东、粤北迁徙。明中叶成化年间,梅州已是"流移错杂,盖客户愈盛"[3],由此可见,赣、汀二州操客家语的人在明代大量迁入粤北、粤东,并在梅州形成了一个聚居区。

明代中叶,赣闽粤边地区大多已得到开发,人稠地狭的矛盾开始突出,相对过剩的人口不得不向山区迁移,于是今福建永定、平和二县境,今广东平远、和平县境,以及赣南甚至赣中的山区,即大帽山和九连山的大山区,都会聚了大量流民,辛勤地披荆斩棘,"砍山耕活"[4]。这些流民当时被称为"新民",其成分比较复杂,有客家人,也有畲族,在赣南比较普遍。如上犹等县"横水、左溪、长流、桶冈、关田、鸡湖等处贼巢,共计八十余处,界乎三县(南康、大余、上犹)之中,东西南北相去三百余里,号令不及,人迹罕到。其初輋贼原系广东流来,先年奉巡抚都御史金泽令安插于此,不过砍山耕活,

---

1 吴松弟等:《中国移民史》,第四卷,福州,福建人民出版社,1997年,第190页。
2 王东:《那方山水那方人:客家源流新说》,上海:华东师范大学出版社,2007年,第194页。
3 光绪《嘉应州志》卷八《礼俗》。
4 《王文成公全书》卷一〇《立崇义县治疏》。

年深日久，生长日蕃，羽翼渐多"[1]。石城"邑山谷绵旷，类邻境畲民杂佃其间"[2]。这些"輋贼""輋民""山民""山野子"等，是"抚民""新民"中的畲族部分，他们在赣南各地的"新民"中占了相当大的比重，这是一方面。

另一方面，"新民"的另一部分是赣闽粤边地区内部迁移的汉人，如史云："照得安仁余干各有梗化顽民数千余家，近住东乡，逃避山泽，沮逆王化，已将数年。"[3] 又如英德县"明初地少居人，至成化间多有自闽及江右来入籍者，习尚一本故乡，与粤俗差异"[4]。再如"曲江土著民籍，多来自赣闽。远在明代，近在国初，殆十而八九。虽侯、张、刘、余诸望族子孙散处每村落，鲜及二百户。其余以客族为土著者，亦少大村落焉"[5]。还如南雄府万历年间"客浮于主，至有强壮盈室而不入版图者矣"[6]。这样，包括畲民和汉人在内的新民的出现，反映了北方汉族移民与百越及苗瑶语族族群在赣闽粤边地区长期接触、交往、交流、交融的情况。谢重光对畲汉的融合有一个正确的评价，他说："对于新民中的畲民来说，这无疑是加速其汉化的催化剂，对于新民中的汉人——他们可能本来已是客家人——来说，则使他们在新居地有了生业，有了与土著同样的法律地位，从此安分守己，与入居的畲民融而为一，一起成了新居地的新客家人。……原来是畲族基本住地的赣闽粤交界地区，如今几乎清一色是客家人的住区，只能找到少数畲族聚居小区，有人把这完全归于畲族的外迁，我们认为更重要的因素应是畲民大部分转化为客家人了。"[7]

就是在赣、汀汉畲融合之后，以新民人的族群身份大量进入粤东、粤北的这种形势下，势不可免地要与粤南的汉民发生冲突。据陈支平先生研究，

---

1 《王文成公全书》卷一〇《立崇义县治疏》。
2 《宁都直隶州志》卷三一，"艺文"三，熊懋官《尹邑侯去思碑》，道光四年刊本。
3 《明经世文编》卷一三二《王文成公文集三·巡抚江西牌行抚州府晓谕安仁余干顽民》。
4 清光绪二年重修的《韶州府志》卷十引《英德县志》。
5 梁朝俊等编纂的《曲江乡土志》"历史门"。
6 万历十四年知府周保奏议，见乾隆《保昌县志》卷四"田赋"。
7 谢重光:《客家形成发展史纲》，广州：华南理工大学出版社，2001年，第258页。

"16、17世纪之交，粤东的居民向西南迁移，进入广东南部的海丰、归善地区，继而博罗及广州府北部，于是，当地居民与移民的摩擦冲突不断出现，并且爆发了许多次大规模的械斗冲突。随着这种冲突的出现，原先广东南部的当地居民，蔑称外来移民为'客民'。也正是大约在这个期间，'客家'这一名词开始出现，并逐渐在地方和政府的文献中引用"[1]。

由此可见，"客家"名称是明中叶出现的，开始是作为他称而出现的，但是随着官方的使用，加上在族群冲突中族群自我意识的强化，"客家"之称遂得到了其自身的认同而演化成了自称。这时，也只有在这时，由于"客家"名称的出现，才标志着客家人的最后形成。

广西壮族自治区有350多万客家人，占全国客家人总数的7.6%。客家人在广西境内较为集中分布的有：（1）陆川、博白、浦北南部与合浦东部的一片。（2）防城、钦州与灵山断续相连的一片。（3）以贵港为中心，沿铁路东南至玉林北、西北到黎塘、宾阳、上林形成的一片。（4）贺州、钟山、昭平相连接的一片。此外以小片存在的还有来宾、桂平、平南、象州、蒙山、荔浦、阳朔和柳州市及其附近。[2]

客家人入桂入柳，主要从宋代始。在北宋至南宋的300多年间，客家人向广西迁徙的情况日渐增多，在宋代，广西已经有主户和客户的区分，当时的桂州，主户有16700户，客户有7760户。客户大多是从山东、河南、江西、湖南及广东各省迁来，除了在桂东、桂南落户，少数客家人已深入桂北和桂西南的山区定居。融县（今分设融安、融水两县）两宋时期有陈、李、龙、余、莫、胡、路等姓从湖南、广东各地迁入定居，其中不少是客家人。

明代各地进入广西的移民渐多，其中包含了为数不少的客家人，以融县为例，石姓系江西南昌人石崑湖于明嘉靖年间以军功任三楚督道，最后迁至融县石浪村。清代实行"改土归流"，康熙到乾隆100多年间形成客家人入桂的新高潮。咸丰、同治年间广东肇庆府发生"土客械斗"，10万计的客家人

---

[1] 陈支平：《客家源流新论》，南宁：广西教育出版社，1997年，第135页。
[2] 韦炜：《融水县怀宝镇客家话研究》，广西师范大学硕士学位论文，2015年，第1页。

被遣送或逃到广西，形成客家人入桂的又一个高潮。所属融县的客家人，在清代迁入的有李、周、罗、黎、廖、张诸姓，大多是从湖南和广东迁入；刘姓各系，分别来自广东、江西、福建三省；钟、欧两姓，来自福建、广东和湖南。目前，融水总人口39.28万，辖21个乡镇，其中11个乡镇有客家人分布，分别是：融水镇、四荣乡、和睦镇、良寨乡、香粉乡、拱洞乡、永乐乡、三防镇、大年乡、怀宝镇、大浪乡。融水县客家人主要来自广东梅县，在清朝末期由广东梅县迁入罗城县，操客家话人口0.75万，占总人口的1.92%。[1]而与广西大多数地区从广东迁入的客家人不同，林姓族谱记载：融安县大将镇的客家人是从湖南浏阳迁入的，距今约200年，他们至今仍说自己讲的是江西话；这支客家人的迁徙路线大致是：中原—江西—湖南浏阳—融安大将。[2]

对于客家人在柳州的状况，据刘村汉的《广西客家话的使用人口及其分布》统计，客家话的使用人口及其分布情况如表2所示。

表2 柳州客家话的使用人口及其分布

市县	2000年总人口（万）	区乡镇总数	有客家人的乡	客家话所在的乡镇	客家人口数	占总人口的百分比
柳州	183.26	10	10	石碑坪、太阳村、沙塘、洛埠、羊角山、西鹅、白露、柳东、长塘、黄村	3.9148	2.14%
柳江	44.878	13	11	拉堡、进德、穿山、里雍、白沙、里高、百朋、土博、成团、流山、洛满	4.8397	10.78%

---

1 参阅韦炜：《融水县怀宝镇客家话研究》，广西师范大学硕士学位论文，2015年，第4页。
2 杨针：《融安县大将镇客家话研究》，广西师范大学硕士学位论文，2015年，第6页。

（续表）

市县	2000年总人口（万）	区乡镇总数	有客家人的乡	客家话所在的乡镇	客家人口数	占总人口的百分比
柳城	31.9	14	12	大埔、凤山、沙浦、洛崖、吉兆、寨隆、西安、龙头、东泉、古砦、太平、社冲	9.0024	28.22%
鹿寨	36.984	12	12	黄冕、拉沟、四排、寨沙、龙江、城关、鹿寨、中渡、平山、雒容、江口、导江	6.5962	17.84%
融安	26.348	14	5	浮石、雅瑶、大将、大巷、潭头	0.5	1.9%
融水	39.281	21	11	融水、四荣、和睦、良寨、香粉、拱洞、永乐、三防、大年、怀宝、大浪	0.753	1.92%
三江	28.119	16	7	古宜、周坪、斗江、高基、老堡、林溪、和平	3.434	12.21%

资料来源：韦炜：《融水县怀宝镇客家话研究》，广西师范大学硕士学位论文，2015年，第3页。另可参阅钟文典：《广西客家》2版，桂林：广西师范大学出版社，2011年，第62—64页；徐杰舜：《广西客家的源流、分布和风俗文化》，吴泽主编：《客家学研究》第二辑，上海：上海人民出版社，1990年，第47页。

（三）僮、侗、苗、瑶、仫佬：世居民族在柳州的定格

清代柳州的三交史分两条路线图演进，一条如上所述是汉族入柳的族群沉淀，另一条就是壮、侗、苗、瑶、毛南、仫佬等世居民族在柳州的定格。

1.僮族的定格

明代僮族已经崛起，但是当时有关僮族的他称和自称非常复杂，文献中的记载也颇不一致。归纳起来，僮人固然是指壮族，而依人、沙人、俍人、

伫人、土人、土僚等也基本上属于壮族，反映了壮族在不同的地理环境、不同区域中形成了不同的族群，这些族群的分布范围广狭不一，有的居住于较为广阔的地域，有的则仅聚居于一处峒场。总之，僮人、俍人、土人、依人是分布范围较广的壮族支系，而且分布的地域相对独立。从清中后期至民国时期，随着桂西地区改土归流的逐渐完成，不同土司、不同区域间的封闭隔离状态被打破，壮族各族群认同于僮的趋势也日益明晰化，如雍正年间罗城县平西、布政、高悬里的居民被称为"俍种"，到嘉庆年间已被称为"僮人"。[1]为什么会定格于"僮"？这与"僮"出现时间较早、文献中记载较多以及分布地域较广有关。[2]

清代僮族的定格在柳州十分突出，柳州府属各州县均有僮人分布，文献记载不胜枚举，乾隆《柳州府志》记载，马平县僮为土著，"去城十里外则有僮"；柳城县除了上油洞诸巢有少数依、瑶、水、伫，"余尽僮也"；融县"瑶、僮甚多，有僮村、瑶村，或分地而居，或彼此相错"；雒容县"僮七瑶三"；象州"僮、瑶参半"；来宾县"郭外十数里则皆僮"；怀远、罗城境内也有不少僮人。[3]乾隆《马平县志》卷2《地舆·风俗》载："出城十里外则皆獞类，其俗架板巢居，下顿牛畜，语言、服食、婚姻、丧祭之事，与汉民迥异。"嘉庆《广西通志》卷278《诸蛮一·僮》则称，罗城县平西、布政、高悬里"咸僮人"。融县水冷峒是僮人聚居地，植被茂密，多猿猱，僮人"结庐其中，号麻栏。男女群处，子娶妇，始别栏焉"[4]。融县的僮村与瑶村"分地而居，或彼此相错，习俗大略相似"。怀远县的僮人"男女皆斑衣，长仅至脐，裙不过膝。好楼居，甑爨俱在楼上。北呆等村皆是"[5]。

郑维宽的研究表明，"僮"定格成为今天壮族的族称经历了较长时间的

---

1 雍正《广西通志》卷九三《诸蛮·蛮疆分录》；嘉庆《广西通志》卷278《诸蛮一·僮》。
2 参阅郑维宽《广西历史民族地理》，桂林：广西师范大学出版社，2018年，第277页。
3 乾隆《柳州府志》卷三〇，《瑶僮》，香港：京华出版社，2003年，第461—473页。
4 （清）傅恒：《皇清职贡图》卷四。
5 道光《龙胜厅志》之《风俗·僮》。

演变过程，南宋时期出现的"撞军""撞丁"应是最早的直接来源，但此时的"撞军""撞丁"是指有编伍组织的军队，来源于桂西北宜州（庆远府）溪峒的丁壮。[1]"撞"被用于指称一个特定的人们共同体"撞人"，则发生在元代。《元史·刘国杰传》记载至元二十九年（1292年）刘国杰率军征讨黄胜许，"尽取贼巢地为屯田，募庆远诸撞人耕之，以为两江蔽障"。元统二年（1334年），虞集在《广西都元帅章公平瑶记》中写道："桂林之所统，逾绝高险，外薄海岛，幅员数千里。山川郁结，瘴疠时起，朝廷宽其徭役，简其法令，吏乎其地者，秩优而俸厚，盖所以哀其远而安其生者也而其俗之难制，则固有之。若所谓曰生瑶，曰熟瑶，曰撞人，曰款人之目，皆强犷之标也。曰溪，曰洞，曰源，曰寨，曰团，曰隘之属，皆负固自保，因以肆暴之也。"[2]可见"撞人"已成为一定地域族群的称谓。到了明代，许多历史文献把"撞"改写成"獞"，虽然带有对僮人歧视的色彩，但"僮"作为今天壮民族共同体的族称逐渐稳定下来，而且使用范围不断扩大。范宏贵、唐兆民指出，明代"僮"的族称主要使用于桂北、桂东和桂中的30多个县，在桂西右江地区偶尔使用"僮"称，且多是瑶僮连用，左江地区则尚未使用。总体上看，明代桂西左、右江地区的土著族群主要使用僚、土、俍、侬等称谓。直到清代，桂西左、右江地区对"僮"称的使用才日益增多。[3]因此可以说，清代是"僮"称成为今天壮族普遍称谓的定格时期。[4]

2.侗族的定格

清代桂北特别是柳州府属融县和怀远县分布着较多的侗人，乾隆《柳州

---

[1] 范宏贵、唐兆民认为，撞军、撞丁、撞人应是㽀军、㽀丁、㽀人的别写。"㽀"是桂西北壮族聚居区的一种特殊乡里区，正如《古今图书集成·方舆汇编·职方典》卷一四一五《庆远府部·风俗考》载："今河池每里必分三㽀、五㽀不等，犹北方州县每里必分十甲，南方州县必分几都几图也。"此说甚是。（参见范宏贵、唐兆民：《壮族族称的缘起和演变》，《民族研究》1980年第5期。）

[2]（元）虞集：《道园学古录》卷三八《记》。

[3] 范宏贵、唐兆民：《壮族族称的缘起和演变》，《民族研究》1980年第5期。

[4] 郑维宽：《广西历史民族地理》，桂林：广西师范大学出版社，2018年，第288页。

府志》载："侗人居溪峒中，又谓峒人。"[1]可见清代柳州府境内的"峒人"已定格成为侗族的一个特定称谓。

根据侗族人的族谱，早在五代北宋时期，柳州就已是侗人的主要居住地。比如清代沅州府芷江县《吴氏家谱·广西记古今》载，五代宋初，吴氏的始祖姚君赞、吴世万、谢天飞、龙地胜四人，"居寓广西柳州府阳乌拾万田地方，落乡人氏，四人打猎"，于宋太祖建隆元年（960年）"齐搬家眷男女，来到本溪岑望坡"。很显然，清代湘西芷江县的吴氏家族是在北宋初年从广西柳州北迁落籍的。从侗族古歌及族谱、碑刻等文献看，柳江、融江曾是侗族先民古越人或僚人从粤西、桂东南迁往湘黔桂交界地区的重要通道，而且这一迁徙过程主要发生在唐宋时期。道光十八年（1838年）榕江县口寨圣母祠前的《万古垂名》碑记载："此村鸡卦神坛也，始祖由浙右之粤，移徙雷州星县，沿河而上，寄迹于斯。自车（寨）、（章）鲁、月（寨）、墨（寨）等处，共十二姓，越元明清，固不知来自何年。"[2]此处之河，即指柳江、融江，从时间上看应是迁于唐宋时期。

在柳州"三交"史的演进中，有一个特别有意义的现象，那就是在侗族的款词、古歌、家谱记载中，有大量的反映侗族迁徙的历史记载，证明侗族不是世代不变地居于广西的土著民族。如古歌《侗族的祖先哪里来》中唱道："我们侗族的祖先，落在什么地方？就在梧州那里，就在浔江河旁，从那胆村一带走出，来自名叫胆的村庄。"[3]有关广西侗族的社会历史调查，也证明了融水县寨怀乡的侗族是清初时从湖南迁过来的。[4]龙胜县平等乡，"陈氏：其远祖由贵州黎平迁到湖南通道县，再迁至平等。吴氏：原居在浙江，后迁到三江县，由三江再到平等。杨氏：由浙江到湖南郴州，再由郴州到平等。罗

---

1 乾隆《柳州府志》卷三〇，《瑶僮》，香港：京华出版社，2003年，第458页。
2 冼光位主编：《侗族通览》，南宁：广西人民出版社，1995年，第65页。
3 杨国仁、关定国：《侗族祖先哪里来》，贵阳：贵州人民出版社，1981年，第31页。
4 《中国少数民族社会历史调查资料丛刊》广西壮族自治区编辑组：《广西侗族社会历史调查》，南宁：广西民族出版社，1987年，第184页。

氏：原籍浙江，迁到三江，再到平等。三江县程阳乡杨氏：一支来自湖南绥宁县，另一支来自衡阳，来的时间已有五百年以上。吴氏：一支来自湖南园口镇，新中国成立前两地侗族还时有来往；另一支来自福建，具体时间地点不详。石氏：据说来自贵州，已有五六代人"。今天的侗族有很多大姓是明清时期从外省迁入的，多数为汉人，他们与当地侗人通婚融合同化，成为侗族的一员，如"最早来（三江县）林溪开山劈岭、成村立寨者为侗族的吴、杨二姓，他们原系汉人，明朝前从江西迁入湖南，逐渐变成侗人"，[1]而"（融水）洞安的侗族一般都说他们原是汉族，因明末清初逃荒或逃避清统治阶级的民族压迫从湖南或河南迁来的，被这里的侗族所同化"。"原来洞安已有潘姓居住，他们是这里最先的侗族。唐姓的汉人来到这里后，潘姓自愿迁到培地去，后来唐姓的汉人又把潘姓请回来，结拜成兄弟，跟他们通婚，这样汉族唐姓就逐渐与侗族的潘姓同化，成为侗族的一员了。"[2]这些调查资料，结合侗族的文书、歌词、碑刻、家谱的记载，说明广西的侗族到了清代已经形成今天的定居格局。[3]

这就是说，不论是柳州所处湘黔桂交界地区的地理区位，还是作为侗人先民自南而北迁徙的通道，都注定了其会成为侗人定格的一个重要分布区。[4]

3.苗族的定格

苗族在柳州的定格与明清时苗人从贵州迁入有直接的关系。

明清时期贵州的苗民迁入广西后，主要分布于桂北山区和桂西山区，包括桂林府和柳州府的北部、庆远府西北部、泗城府和镇安府属小镇安厅，其

---

[1] 《中国少数民族社会历史调查资料丛刊》广西壮族自治区编辑组：《广西侗族社会历史调查》，南宁：广西民族出版社，1987年，第126页。

[2] 《中国少数民族社会历史调查资料丛刊》广西壮族自治区编辑组：《广西侗族社会历史调查》，南宁：广西民族出版社，1987年，第185页。

[3] 参阅周长山等主编，钱宗范等著：《广西通史》第六卷，桂林：广西师范大学出版社，2019年，第2871—2872页。

[4] 参阅郑维宽：《广西历史民族地理》，桂林：广西师范大学出版社，2018年，第298页。

中又以柳州府北部和泗城府为多。

据《广西通史》第六卷的研究，今天广西境内的苗族是秦汉以后陆续从湖南一带迁入的，如融水县苗族人口最多，融水苗族的根基在湖南。他们在迁入融水的跋涉过程中，先进入贵州，在黔东南的古州一带生息繁衍，随着人口增长向西南迁移，约在宋代时进入广西，入居于融水的大年、杆洞、拱洞、红水、洞头、安太、白云等地，以贾、龙、滚三姓为主姓，杨、王、潘、石等姓亦由这条线路迁入；融水苗族的另一部是明清之际从贵州的雷山、凯里一带进入融水安太的元宝、培秀等村，再扩大到四荣、香粉、中寨、安陲等乡，以梁姓为主，包括杜、马、蒙、云、董等姓。融水滚贝、杆洞、洞头、拱洞等乡，韦姓苗族较多，从其民俗和传说看，其祖先可能是桂西壮族，宋元明清四代相继进入融水，因受苗族的影响而被同化。滚贝、杆洞等乡之非韦姓苗族则从贵州迁入。所以广西苗族人口最多的融水县的苗族，到了清代，其定居格局已形成。

广西苗族主要分布在融水、隆林、三江、龙胜四个县，在资源、西林、融安、南丹、都安、环江等县也有散居，与汉、壮、瑶、侗、毛南、水等民族常交错杂居，成散中有聚，小聚居、大分散的分布形式，以及多居于高寒山区的居住特点。这些分布和居住特点，到清代已形成格局。总之，广西苗族历史悠久，经长途辗转迁入广西的北部和中部，到了清代中后期，已定格形成今天的分布格局。[1]

具体到柳州府境内的怀远县、融县、罗城县都有苗人分布，该处的苗民多属于花苗。据雍正五年（1727年）云贵总督鄂尔泰奏云："花苗一种，介在楚、黔，兼连西粤。……有归欧、鬼迭、九厥、交椅、几马等寨，俱花苗种类。其头目率领群苗，册开户口花名同诣行营，愿求内附。……交椅、几马二寨系广西怀远县所属干冲地方界内，应归怀远县管辖。"[2] 交椅、几马二寨

---

1 参阅周长山等主编，钱宗范等著：《广西通史》第六卷，桂林：广西师范大学出版社，2019年，第2867页。
2 《清世宗实录》卷六一，雍正五年九月十六日。

花苗在怀远境内垦田种地，过着定居的生活，并向官府缴纳赋税。据雍正六年（1728年）广西巡抚金铁疏称："苗地交椅、几马二寨，系黔、楚、粤三省极边之地，无所专隶。兹据该苗向化输诚，情愿归隶广西怀远县管辖。但二寨田亩半系新垦，非膏腴可比，应照怀邑下则起科。其二寨人丁，亦应照康熙五十二年续生人丁、永不加赋之例，免其编征丁银。"[1] 另傅恒《皇清职贡图》卷四载："怀远县之武洛、猛冈等处，苗人寨焉。产桐、茶树，收其子为油，以资生计，贫者或以采薪为业。妇人勤于纺织。俗贵盐，非宾至，不轻用。有曲直不相服者，聚众辩论，谓之款坪，不直者罚酒肉饷众。以芦管为笙，每立春前一日入城吹之，先官署，次绅士家，且歌且舞，其辞皆时和年丰、官清民乐之意。男女服饰均与龙胜苗人相同。"清代怀远县境内的苗民在饮食习俗方面已经与侗人、伶人趋同，应是长期与侗人、伶人杂居相处以及相同地理环境对各族群生活习俗共同塑造的结果。清《怀远县志》载："怀远苗男女服以青布，绣花极工巧，俗谓花衣苗。饮食与侗、伶同，在大营峒、梅寨、十塘诸村。"[2] 由上可知，清中前期定格于怀远县境内的苗民，主要居住于交椅、几马、武洛、猛冈、大营峒、梅寨、十塘等村寨。[3]

细考之，定格于融县的苗人与定格于怀远县苗人属于不同分支，怀远苗人属于花苗，而融县苗人则以青苗为主。而且融县苗人与瑶人杂居，因此在语言上"与瑶同"。清《融县志》载："融县苗青布缠头，耳项各悬银圈，衣裤俱青色，短小紧窄。语言与瑶同。以糯米作饭，手团食之。以芭蕉叶烧灰，渍水令酸为肴。性淳良，畏见官长。"[4]

定格于罗城县境内的苗人也与瑶人杂居，"好吹笙，男子髻插三雉尾，耳环手镯，短衣绣缘。苗妇椎髻长簪，著镶锦敝衣，胸露花兜，裳则纯锦，以示靓丽，能织番锦。又善音，操楚歌，挂钗留客，能为鹦鹉舞。娶妇生女，

---

[1] 《清世宗实录》卷七五，雍正六年十一月十四日。
[2] 道光《龙胜厅志》之《风俗》引（清）《怀远县志》。
[3] 参阅郑维宽：《广西历史民族地理》，桂林：广西师范大学出版社，2018年，第302页。
[4] 道光《龙胜厅志》之《风俗》引（清）《融县志》。

则送归母家,谓之一女来一女往。食则以手抟饭,和以鱼鲊,为上食。交易以木刻记之。宋时始置县,治犹顽梗。今则奉法,与齐民同,村落亦有塾舍书声"。[1]与明代相比,虽然桂北苗人基本上保持着原有的风俗习惯,但定格后,清王朝对其控制和教化显然更深入了,表现为相当数量的苗人垦田纳赋,奉法为民,而且读书受教。

清人许朝在《夷歌六首》中描述柳州府境内苗人定格后的生计,歌词曰:

深山苗族半居楼,楼上群峰翠欲浮;
桐子更兼茶子利,一年生计在山头。
穷林深箐水涓涓,劈竹分流灌溉便;
莫道蠢苗无巧思,南山泉养北山田。
苗村素业只耕锄,近日村村设号书;
识得圣贤经传意,好令异服化襟裙。[2]

总之,定格后,从桂北苗民分布的地形看,九万大山—大苗山地区,无疑是桂北苗人分布的中心区,而怀远县又是苗民最集中的地方。[3]

4. 仫佬族的定格

仫佬的定格是清代柳州三交史演进的一个样本。

一方面仫佬族的起源中有土著族群的成分。"仫佬"之名最初见于明人李宗昉《黔记》中的"木佬苗",书中所论该族的习俗近于今天的仫佬族,可见"木佬"应为仫佬族中的土著成分,而与苗族混居。此后,清康熙年间编成的《古今图书集成》第一七二册《庆远府部》下云:"天河县邑仙四乡,县东八里,咸伶种名曰姆佬。"《新天河县志》云:"伶人又名僚,俗名姆佬。"清

---

[1] (清)傅恒:《皇清职贡图》卷四。
[2] 乾隆《马平县志》卷十《艺文》。
[3] 参阅郑维宽:《广西历史民族地理》,桂林:广西师范大学出版社,2018年,第302—303页。

嘉庆《广西通志》载"罗城县东一、西一、西七、西九、东五、平东、上里，皆伶所居"。由此可见明清时史料所记之木佬、僚、伶等族名，实即仫佬族族源中的土著民族成分，这几种称呼实指同一土著族。因此，古代僚人、伶人、姆佬是今天仫佬族的土著民族的先祖。当然，僚、伶等族也可能是今天侗、苗等族的祖先，但这和认为僚、伶是仫佬族的土著祖先并不矛盾，古代族群的分分合合，合合分分本是正常的族群运动。

另一方面，仫佬族又是明清时期外来汉人与当地土著族群交往、交流、交融而形成的一个新民族的典型。据考："现居罗城境内的仫佬族各大姓的墓碑、宗支簿、祠堂碑文等记载，以及所有老人们的口述，说他们的祖先不是当地的土著，而是从山东、河南、湖南、广东、福建等省迁来的，而且他们的祖先原来并不是讲仫佬话的，迁居罗城之后，与原住当地的苗人（一说是侗人）结了婚，其子女的语言都跟从母亲，以后子孙世代相沿都如此。人们称这种话为仫佬话，称讲仫佬话的人为仫佬人。"[1] 众所周知，明清之际，由于战乱，西南地区开发以及中原、沿海地区人多地少等原因，大量汉人从中原、苏浙、湖广等地迁入广西及柳州。仫佬族就是在明清时期民族大迁徙时形成的。

广西仫佬族人多集居于当时属于柳州府的罗城县，该县仫佬族有罗、银、吴、谢、梁、潘、周等姓，以罗、银、吴、谢四姓人口最多。仫佬族多聚族而居，族内分"冬"，保存了汉族设宗祠、修谱牒的习俗。如：

章罗罗氏宗祠《鼎建祠碑》说："吾姓为楚中望族，而罗玉祖于元朝年间来游西粤，见此地山水清奇，民风朴茂，遂于凤凰山下家焉。"罗氏分支于天河小稔村的祖坟墓碑说："始祖本豫章江西省吉安府吉水县大塘村，先代迁来粤西天河小稔村顶腾高户籍"。[2]

银姓宗祠碑文云："考我世系出自中州，洪武间始迁融水……尝闻父者流

---

[1]《中国少数民族社会历史调查资料丛刊》广西壮族自治区编辑组编：《广西仫佬族社会历史调查》，南宁：广西民族出版社，1985年，第93页。

[2] 广西省民族事务委员会编：《罗城仫佬人情况调查》，1953年。

传，并见旧册所载，皆曰原籍则自河南开封府（系江苏之误）无锡县人氏。"[1]

吴姓祖先牌位及灵碑称："先祖原籍楚长沙，在明朝年间，弥祖迁移粤西柳郡罗邑"，"始祖原籍湖南长沙府玉明县，在明清两朝，迁居粤西柳州府罗邑西乡七里安居"，"吾祖吴德忠于明朝成化六年癸酉岁春迁居至粤西柳州府罗城县西乡大梧村安居"。[2]

谢氏祖先祠碑记载："窃闻祖父传云：远祖颜政于明朝自闽中播越此都。"[3]

东门乡梁姓墓碑后文称："自古志籍，原系东粤广州南海县，厥后分支西粤庆远府宜山县，至于明朝洪武二年始立罗邑。"[4]

潘姓先祖总墓碑云："自吾潘姓始祖，系河南开封府荥阳县人氏……历至元之中时，庆远之祖讳三帝公，则落业于河邑（按即天河县）阿练里板册村。"[5]

从上可见，广西仫佬族的族源中的重要一部分是元明清时期从湖南、河南、江西、广东、福建等地迁来的汉族，他们定居广西，与当地土著族群通婚之后，其子孙后代继续沿用汉族姓氏，保留了汉族的文化传统，如普遍建祠堂，修家谱，习用汉族的婚葬节俗，讲汉语等；但也承继了土著族群的一些传统，如衣饰、习俗和语言等，渐渐定格形成"姆佬""木佬"，发展为今天的仫佬族。[6]现在柳州市所属的柳城县还有一个全国唯一的仫佬族民族乡——古砦仫佬族乡。

---

1 广西省民族事务委员会编：《罗城仫佬人情况调查》，1953年。
2 《中国少数民族社会历史调查资料丛刊》广西壮族自治区编辑组编：《广西仫佬族毛南族社会历史调查》，南宁：广西人民出版社，1987年，第190页。
3 同上。
4 《中国少数民族社会历史调查资料丛刊》广西壮族自治区编辑组编：《广西仫佬族社会历史调查》，南宁：广西人民出版社，1985年，第107页。
5 《中国少数民族社会历史调查资料丛刊》广西壮族自治区编辑组编：《广西仫佬族社会历史调查》，南宁：广西人民出版社，1985年，第105页。
6 参阅周长山等主编，钱宗范等著：《广西通史》第六卷，桂林：广西师范大学出版社，2019年，第2877—2879页。

5.回族的定格

回族也是广西12个世居民族之一。据2005年统计,广西回族人口3.32万人,占全区人口约0.072%,为全区少数民族人口的0.18%。广西回族人口不多,60%居于桂林、柳州、南宁三个中心城市,其余分布于鹿寨、百色、阳朔、临桂、灵川、平乐等县的农村,回民多住城镇或交通方便的郊区,少数虽住农村但也在距城镇不远的交通方便之处,大杂居小聚居。

宋代广西就有回民居住,元明清时期不少回民从湖南、河北、山东、广东、云南等省迁来。及至清代,回族在广西的定居格局已基本形成。元代回民遍及广西州县一级,如《柳州府志》记载:"柳州路……元制以蒙古人为达鲁花赤,以临郡县,谓之郡督县监,其知州、知县以汉人为之,而权力掌于达鲁花赤。其同知则以回回人为之。"[1] 可见当时回民在广西各级政府中任职较普遍。到了清代,回族入迁广西发展到高潮。改土归流后,广西政令统一,中原人口包括回民大量入迁广西,而柳州的回族则来自桂林、临桂等地。使柳州定格成了仅次于桂林的广西回民第二大聚居地。[2]

(四)在一起:柳州各族人民的革命斗争促"三交"

柳州与广西一样,自乾、嘉以后,社会危机日益凸显,道光年间是广西最为动荡的时期,广大人民面临饥饿与死亡的威胁。据不完全统计,从道光元年(1821年)到三十年(1850年),广西受灾有21县之广,灾情遍及全省各地,农村到处出现"饿殍载道"的悲惨景象。众所周知,1851年兴起太平天国运动前后,清朝统治者和广西地主豪绅陷入一片惊恐之中。道光三十年(1850年),"广西南宁、柳州、浔州、梧州、思恩等府举人李宜用、生员何可元、绅士莫子升等,以逆匪蝟起,到处攻劫",到"都察院呈控匪乱情形",

---

[1] 《柳州府志》卷二〇《秩官》,香港:京华出版社,2003年,第251页。
[2] 参阅周长山等主编,钱宗范等著:《广西通史》第六卷,桂林:广西师范大学出版社,2019年,第2900页。

要求"及早剿除"。[1]

但有压迫就有人民反抗，其表现就是广西会党的活动十分活跃。嘉庆年间，反清的秘密组织天地会就开始在广西开展活动。他们通过拜会结盟的形式，把陷入水深火热中的劳苦大众组织起来，进行反抗斗争。清廷虽"密访确查"和严加镇压，但直到道光三十年（1850年）年秋，"南宁、柳州、左右江以及桂林漓江一带"，都有天地会武装活动，"贼皆用红布裹头，所竖旗帜，上有'替天行道，反清复明'字样，枪炮、器械、马匹俱全……官员被戕，居民先后被劫者数万余家"，[2] 说明以会党为中心不断高涨的广西各族人民的斗争，给清朝统治者和广西地主豪绅以沉重的打击。广西会党的起义，揭开了席卷全国的太平天国运动的序幕。[3]

在这个伟大的农民运动的高潮年代，农民起义的大成军书写了柳州历史上最辉煌的一页。但可惜的是大成军的事迹不仅在百度上查不到，连2019年出版的十卷本《广西通史》中也无记载。好在《柳州史话》有记：

1857至1858年，柳州曾为大成军所占据，大成军改柳州府为龙城府，卓越的农民领袖李文茂设平靖王府于此，这是柳州历史上光辉的一页。

大成军几乎控制了大半个广西。

大成军首领陈开，广东佛山人，出身于贫苦的家庭，他曾替人打过工，做过水手，是天地会的一个首领。李文茂，广东鹤山人，是当时粤剧界的著名艺人，天地会中有名的拳师。

大成军反清起义的火把最先从广东佛山镇燃起。1854年7月（咸丰四年六月），陈开在佛山镇率众起义，占领佛山，攻破德庆州。起义军以红巾为识，因而又有红兵起义之称。陈开起义后，李文茂也在广州北郊佛岭揭起义

---

[1] 民国二十六年《邕宁县志》第三四，转引自《太平天国革命时期广西农民起义资料》上册，北京：中华书局，1978年，第43页。

[2] 民国二十六年《邕宁县志》第三四，转引自《太平天国革命时期广西农民起义资料》上册，北京：中华书局，1978年，第42页。

[3] 参阅周长山等主编，钱宗范等著：《广西通史》第六卷，桂林：广西师范大学出版社，2019年，第2577、2578、2580页；蒋玲：《清末广西两次会党大起义的比较研究》，《学术研究》1997年第3期。

旗。陈、李两支义军合并一起，革命形势迅猛发展，不到十天的时间，起义军就打下了"西至梧州，北至韶州，东至惠、潮，南至高、廉"的十几个州县。接着，起义军围攻广州达半年之久，有力地打击了广东的反动势力。当时，两广总督叶名琛由于得到外国侵略者和当地反动团练的支持，集中了反革命力量，向义军进行反扑，使起义军一时遭到了挫折。起义军在不得已的情况下，由广东转入当时革命高涨的广西地区。陈开、李文茂在向广西进军途中，会合广西天地会梁培友、伍百吉等起义队伍，组成浩浩荡荡的革命大军。1855年5月，陈开、李文茂率战船千余只，溯西江扬帆而上，攻梧州，克藤县，过平南，直趋浔州城下。经过将近四个月的围攻，于9月17日陈开攻下了浔州府城，知府刘体舒、桂平知县李庆福等文武官员数十人被俘杀。起义军占领浔州不久，陈开宣告"大成国"建立，改浔州府城为秀京，以府署为王府，建号"洪德"，同时改浔州为秀州，桂平县为秀水县，平南县为武城县，贵县为环城县。1856年冬，陈开改称平浔王（先叫镇南王），封李文茂为平靖王、梁培友为平东王、梁昌为定北王、区润为平西王。大成国在秀京修筑城墙，建立官制，安定社会秩序，铸造"洪德通宝"钱，并于各地开局，征粮收税。与此同时，陈开还招纳覃亚见、谢亚仁、姚新昌、黄肥七、陈成焕、郑水通等天地会义军，声威大振。

经过立国定都，封王建制，整军安民后，陈开、李文茂决定由诸王带兵，分路出击广西各地，以扩大革命势力。咸丰六年（1856年）农历四月，李文茂挥军由黔江而上，攻克象州，然后溯江而上，直指柳州。为了攻取柳州城，李文茂事先联络活跃在荔浦一带天地会张高友，约高友领兵西进，占据柳州北面的鹿寨、永福，以牵制清军对柳州的增援。广西巡抚劳崇光得知李文茂准备进攻柳州后，便急调用右江道孙蒙、游击韩凤等，南北夹击张高友，另调右江道张凯嵩领兵扎营二都，浔州知府张鹏万、副将明顺由石龙驰回柳。由于清军布置较严，李文茂第一次没有拿下柳州。

同年10月，李文茂再次亲率数万大军，沿柳江水陆并进。当大成军先锋部队抵达云头岭时，清提督惠庆驻兵六塘，督军由南向北，令游击韩凤带兵出柳州南下，妄图夹击大成军的先锋部队。大成军知敌人阴谋，迅速占领云头岭制高点。经过激烈搏斗，韩凤惨败回城。清军见义军迫近柳州，便设伏在柳江南岸的红庙附近。英勇的大成军以锐不可当之势，直插城外的红庙，把清军杀得尸横满地。大成军取得云头岭和红庙大捷，为主力北上扫清了道路。

12月，柳州已被大成军团团围困。4日，大成军向东门发起猛攻，守城清军负隅顽抗，双方打得十分激烈。义军战士冒着敌人矢石，奋不顾身地奔临城下，用地雷将北门城墙炸开一个大缺口。城内文武官员闻声破胆，以为死在顷刻。守将韩凤负隅顽抗，拼命驱使清兵堵住缺口，暂保危城。城中官员因此而多苟延了几天性命，都以为是韩凤之功，把他奉若神明，说"非凤无可恃"。韩凤也以此更为骄肆，他"索民捐输军饷，不厌所欲，则虏子女"。柳州人民恨透了这个家伙。

1857年2月，柳州已被大成军围困达两个多月。此间，大成军采取困城打援的战略，一面消灭城外惠庆等援军，一面不断攻城，使得守城清军外无增援，"城中乏食，守陴者不能支"。15日，以逸待劳的大成军，发动猛烈的攻城战。疲困不堪的清兵被打得喊娘叫爹。那个自命不凡的韩凤，此时见势不妙，赶紧带领两百多名兵勇作挡箭，仓皇开城出逃，其他官兵为救一命，也蜂拥而出。这时，勇猛的大成军战士，奋起斩杀，除韩凤等少数几个脱险者外，大多死于城外壕中，尸横满坑。大成军乘胜冲进城内，俘杀右江道台孙蒙、柳州知府志曾等大小官员数十名。马平知县倪韶书畏罪投水自尽。柳州为大成军克服了。

在胜利的欢呼声中，李文茂进驻柳州，改柳州府为龙城府，改马平县为瑞龙县，设平靖王府于周家祠堂（今红星剧场）。王府门口高悬"平定三尺剑，靖乱一戎衣"的对联。相传开府之日，全城百姓聚集王府前祝贺，其时，鞭炮声、欢呼声，响彻龙城。为表谢意，文茂叫人于王府门口悬挂竹箩，内盛红绳串钱，每串四枚，任来者自取。王府设有丞相、都督、将军等官，分掌军政大事。

李文茂开府柳州后，一面整顿社会秩序，安抚百姓，禁止赌博、抽大烟以及打醮等不良现象。一面提倡发展生产，维护正当通商贸易。他在洪德三年（1857年）十月间发布的公告中写道：

  照得王师镇柳，连克府州县城。
  要救百姓水火，贪官财主杀清。
  大成国威运振，大齐共享太平。
  人人安居乐业，雄兵拱卫秀京。
  而今又克庆府，特令唱戏酬神。
  王恩与民同乐，街巷晚头通行。
  睇戏不准开赌，如违罪责非轻。
  盛典限行三日，打架滋事必惩。

李文茂不惜用两三个月的时间围攻柳州，其目的是想占据这军事要城，以发展革命势力，扩大革命根据地。因此，当他攻克柳州后，立即采取先西后北的战略方针，首先夺取柳州附近的柳城、罗城，然后联合天地会陈戊养攻下融县的长安镇，继而占领融水，改融县为玉融州。委陈安泰为知县，陈戊养为城守。李文茂在夺取柳州西北诸县后，于九月间克服庆远府城，以张标为都督，梁胜为知府，雷公长、黄池为元帅。这时，李文茂势力所及，正如清方所说："柳庆二府，蔓延殆遍。"

李文茂在控制柳庆地区后，马不停蹄地出师北上。12月，李文茂占领永福，兵至临桂。1858年，大成军进驻临桂苏桥附近，芒锋直指省城桂林。与此同时，陈开领兵由平乐沿漓江而上，进至平乐、阳朔交界的季鱼塘。陈李两军南西合围省城的大势，吓得驻守桂林的文武要员散魂落魄，城门紧闭，昼夜戒严。为保省城，清王朝令广西按察使蒋益澧亲统湘军驻防桂林西面的苏桥，以抗李文茂的西进，命广西都司陈友胜、守备张维德领兵南下大埠，阻遏陈开的北上。2月间，大成军与清军交战于苏桥，战事打得异常激烈，双方伤亡惨重。清军千总潘正万、龙光临，守备阳胜元，把总罗广元，均死于战场。大成军李文茂也不幸中弹受伤，退至永福鸡石湾。苏桥之战，在军事上成为大成军李文部的转折点。从此，李文茂由主动进攻转为被动退却。不久，李文茂由永福退至雒容，陈开也由阳朔返回梧州。6月，蒋益澧追至柳州东面洛垢，柳州形势吃紧，李文茂当机立断，决定于6月24日夜主动撤出龙城。而后，柳城、融县相继失守，9月，庆远也落入清军手中。其后，李文茂率部转战黔桂边界。1859年初，平靖王李文茂由于长期跋山涉水，伤势发作，不幸于溶江山区去世。这时，正在苍梧戎圩指挥大成军东线战场的陈开，听到柳州、庆远相继失陷，以及亲密战友李文茂牺牲的噩耗，心中异常悲痛。他亲率大军，驰赴柳州。义愤填膺的大成军一举攻下柳州，继而收复柳城、融县。陈开封冯添喜为元帅，李火秀为将军，王公山为知县，共守柳州，同时招回李文茂余部，分守柳城、融县。

1860年2月，清军集中大兵围攻柳州，大成军为保龙城，奋勇抵抗，因双方兵力众寡悬殊，虽屡经血战，但龙城终于失陷，冯添喜等壮烈牺牲。

大成军两次占领柳州，为时达两年之久。平靖王李文茂虽身居王府时间不长，但在柳州人民心中却留下了深刻的印象。至今，民间仍传颂着他的许多故事。相传，文茂平日治身严谨，待人平易，主张男女平等，他虽称王，仍不纳妾，其妻不呼王娘而称大嫂。有句民谚说："捡得黄金不是宝，错将王娘当大嫂。"有趣的是，文茂每逢朔望日，他亲领文武官员到庙里行香，人们看见他头戴紫金冠，上插野鸡毛，身穿黄缎绣龙马褂和长袍，腰挂宝剑，五光十色，俨然如当年舞台上的打扮，不失艺人本色。[1]

大成军在柳州历史上熠熠生辉，两广民众在一起反清政府的革命斗争，极大地丰富了柳州"三交"史的历史内容，也推动了柳州各民族在一起的"三交"进程。就是在大成军的影响下，柳州相继爆发了蓝山翠和刘三经起义。

---

[1] 萧泽昌、张益桂：《柳州史话》，南宁：广西人民出版社，1983年，第75—82页。

1. 蓝山翠起义

《柳州史话》记载，蓝山翠（亦称蓝山萃、蓝深翠，1805—1875年），马平五都鱼窝人，自幼攻读，勤学好问，是当地一个有名的秀才。山翠晚年居家设塾，从事教育工作。平时在乡间仗义行侠，调解纠纷，主持正义，颇有名望。

同治十一年（1872年），柳州一带旱灾严重，粮食歉收，老百姓无以度日，靠挖草根、剥树皮充饥，痛苦流离，哀鸿遍野。而清朝官府对民间疾苦不仅置若罔闻，反而横征暴敛，加重百姓的赋税。原先政府征粮是以禾把计算，每百斤征收谷子一斤，后来改收白银，规定每纳粮一担，折收银子五两三钱，这样一来，便无形中增加了农民的负担。官府征粮收税，急如星火，农民稍有不顺，便被拷打。

有一天，官府差人来到五都胁迫农民交税，蓝山翠在旁愤怒不平，当即将差人击伤。差人被打后逃回官府，诬告蓝山翠有意纠众抗粮。官府即派兵包围鱼窝，到处抓人，大肆抢掠。蓝山翠见情势严重，马上鸣锣聚众，驱走官兵。事后他声泪俱下地对群众说："与其坐而待毙，不如团结一致，抗清图存。"农民听后，纷纷响应。于是蓝山翠便领导群众揭竿而起，竖起了"官逼民反"的义旗。起义后大家共推蓝山翠为领导，并举周子瑜、谢源、韦文通、梁福荫等协助指挥。蓝山翠将起义农民组织起来，分头把守各路要隘，准备抗击清军再犯。清政府闻蓝山翠聚众起义，调兵镇压。义民奋起抵抗，屡挫清军。

第二年，蓝山翠加强防守，派梁福荫驻守土博、石门坳一带，以防清军从后路来袭；派韦福佐等坚守罗汉岭、龙公寨及猫公岭一带，以拒清军从正面进攻。与此同时，他还派人到马平其他各都进行联络和发动工作。为抗击清军的镇压，蓝山翠号召农民努力生产，囤积粮食，以便持久地抵抗清军。

同治十三年（1874年），清政府调动大军分两路进攻五都地区：一路由三都攻石门坳，一路从雒满攻罗汉岭。当清军进抵罗汉岭时，早已严阵以待的义军，奋勇抗击，杀死清军不少，但终因寡不敌众，罗汉岭失守，义军战士大多壮烈牺牲。与此同时，驻守土博、石门坳一带的义军经与敌人多次血战后，退守良英山，据此险地抗击清兵进攻达数月之久，后因粮食断绝，火药不足，才被清军攻占。良英山失陷后，义军惨遭屠杀，其领导人梁福荫被俘。

继罗汉岭、良英山失守后，清军两路合围鱼窝。其时留守鱼窝的只有蓝山翠、韦文通和一些老人小孩。因此，不经多战，清军便进入鱼窝，蓝、韦两人被俘。至此，由蓝山翠领导的一场为时三年之久的马平五都农民抗捐抗税斗争终于失败了。蓝山翠、韦文通、梁福荫被解到柳州北郊关外杀害。临刑前，蓝山翠留下绝命诗一首。诗曰：

偶题诗句想韦偏，奈若秦苛火太炎。
谢源常怀难免恨，蓝桥忽断有谁怜。[1]

2. 刘三经起义

在蓝山翠起义失败后不久，马平三都人民又在刘三经领导下揭起了反清义旗。

刘三经，马平基隆村人，他出身贫苦，自幼从事耕种，是一个纯朴老实的农民。光绪二十二年（1896年），他见当时社会腐败，人民生活困苦，便与梁材、韦四等人组织以"劫富济贫，推翻清朝"为宗旨的天地会。刘三经开坛竖旗后，附近贫苦农民纷纷响应，前来入会者多达三四千人。

其时，马平县府的官员正在三都进行苛征暴捐，农民不服，起而反抗，杀死征粮官员。刘三经乘机而起，率领会众数千人于光绪二十二年（1896年）十二月中旬在三都石门村誓师起义。三都巡检司巡检获悉刘三经起义，星夜携眷逃往柳州。三都农民起义的消息传来柳州，全城大小官员为之惊恐。他们急调清军抚标右营管带王启鸿率兵前往镇压。这时，刘三经正率领起义队伍浩浩荡荡地向柳州挺进。当起义军进入柳州附近拉堡圩后，便将圩上"仁和"当铺内典押的衣物农具，全部归还典当的农民。当地群众见此义举无不

---

[1] 萧泽昌、张益桂：《柳州史话》，南宁：广西人民出版社，1983年，第82—84页。

高兴，纷纷投入义军。刘三经领兵出拉堡，即与清军相遇，两军对战，清军死伤数十人，哨官洪显兆身负重伤，差点丧生。清军狼狈溃退，义军尾追，直至柳州城外竹鹅塘。驻城文武官员听到城外枪声，惊恐万状，柳庆总镇马庆祥、右江兵备道黄仁济急调驻柳城牛皮河口的清军抚标左营管带杨发贵星夜兼程赶来援救。

次晚，清军杨发贵部与义军激战于竹鹅塘。因杨部拥有洋炮和洋枪数十支，义军虽屡次攻击，仍不能取胜，且伤亡严重。正在战事紧张关头，刘三经部下刘月卿叛变。在清军、叛军内外夹击下，义军失败，队伍溃散，刘三经被俘。刘被解柳州后，英勇就义于城外北校场（一说就义于鱼峰山下牛圩坪）。[1]

蓝山翠和刘三经起义在柳州"三交"史上的意义，在于使柳州各族人民在共同利益下，为反清而"在一起"，从而又大大地推进了柳州"三交"史的进程。

（五）改土归流：柳州走在铸牢"内化"的大道上

大环境影响小环境，清代大规模地改土归流，改变了广西的大环境，把柳州推上了铸牢"内化"的大道上。

清王朝为了对广西民族地区实行直接统治，从清初起特别是雍正年间以后，实行了大规模的改土归流。据吴永章的研究，清廷对广西土司的改流，是在如下几种借口下进行的：

一、以"谋杀""贪劣""不法"等罪名改流的有：泗城土知府岑映宸、思明州土知州何佐祚、恩城州土知州赵康祚、小镇安土巡检岑绳武、下龙司土巡检赵墰；二、因"无子绝嗣"改流的有：镇安府土官岑氏、湖润寨土巡检岑作柱；三、因土司间"互争不息"而改流的有：上林长官司长官；[2]四、

---

[1] 萧泽昌、张益桂：《柳州史话》，南宁：广西人民出版社，1983年，第84—85页。
[2] 以上所引均见嘉庆《广西通志》卷六〇。

因"土民"请愿改流的有：光绪时，云贵总督刘长祐奏"土知州岑乃青病故，族众支分争袭，分党仇杀，土民流离转徙，日不聊生，来营泣诉苦状，均愿归流官管辖，不愿复为岑氏土民，应请将土田州革去世职，其地改设苗疆知县一员"[1]。

清王朝对改土归流采取了坚决的措施；但为了防止和减少土司的反抗，又做了适当的善后安排。即在政治上"给顶戴"，生活上"给田产""给官房""给款项"的优厚待遇。据载：雍正十一年，广西改流土司"例十人给官房五楹"；[2]光绪四年规定，赏给改流的"（田州）土官子弟顶戴田产存留奉祀者，准该后裔承袭"，光绪三十四年四川总督赵尔丰奏请四川改流土司，"拟仿照广西州县土佐杂世袭之例，量改归县统辖，每岁仍筹给款项，以示体恤"。[3]对改流土司，除在本地安置外，还采用迁徙办法，把土司调离本土，以消泯其势力。对改流的广西土司迁徙有两法：一是遣返原籍。《清史稿·鄂尔泰传》载，雍正五年，泗城土知府岑映宸纵其众出掠，"鄂尔泰疏劾，令诸道兵候檄进讨，映宸乞免死存祀，改土归流。鄂尔泰请映宸送浙江原籍，留其弟映翰奉祀"；因据传"泗城军民府岑氏，其先岑仲淑，浙之余姚人，善医"，宋时从狄青南征有功而留任土司，[4]故有"送浙江原籍"之举。二是置于内地。《清史稿·徐本传》载，安庆巡抚徐本疏言："云、贵、广西改流土司安置内地……安庆置二十一人，地远在来安"，即是一例。改流后的广西土司地区，清政府实行丈量土地、编丁纳赋等如同内地的经济政策。如光绪《大清会典事例·户部》卷二五八载，雍正十三年题准："广西庆远府属之宜山县龙门司接界索潭等六村，改流土民一百七十九口，归入宜山县版籍。熟田七十四亩，额征银二两六钱二分二毫，遇闰征银二两七钱九分七厘有奇，升科征本色米三石一斗六升七合二勺。归入宜山县管辖，造入地丁奏销。"按亩

---

[1] 《清朝续文献通考》卷一三六。

[2] 《清史稿·徐本传》。

[3] 《清朝续文献通考》卷一三六。

[4] 嘉庆《广西通志》卷六〇。

征赋制的实行，意味着清政府对原土司地区的地主经济所有制的承认。无疑，封建地主所有制取代土司土地所有制，这是一种历史的进步。与此同时，改流后也对广西原土司地区的文化教育事业作了相应的规定。如《清朝文献通考》卷70载，雍正十一年"定广西改土归流各学教职生童例。镇安府改土归流，立府学，设教授，取进文武童生各十二名。泗城府学归无定额，令照镇安例，其新改流之东兰、归顺二州各设学正一员，取进童生各四名。思明土府新改为土州，归并宁明州，照州学府，设学正，取进文武童生各十五名"。无疑，这些增设和健全府州县学的做法，对促进广西民族地区文教业发展起了积极的作用。[1]

清代广西土司源远流长。宋代，以壮族主要居住地而言，仅左、右江一地，邕州所领就有"羁縻州四十四，县五，洞十一"，据传，清代东兰州、南丹州、那地州、归德州、下石西州、白山司等土司的先人，即源于宋代的土官而一脉相承。元代，在广西置宣慰使司、安抚使司，其辖下州县多由当地酋长担任世袭土司，而诸溪洞长官司的长官则"参用土人为之"。明代，广西土司盛极一时，各类土官先后达二百人。有清一代，广西土司日趋衰落，所剩四十六家土司，至清末或已陆续改流，或则"名虽土官，实已渐同郡县"。[2]由此可见，一方面在广西及柳州延续近千年的土司制度已由盛而衰，另一方面却是广西及柳州从"化外"转向"内化"已由弱转强。改土归流，使柳州走上了铸牢"内化"的大道上了。

---

[1] 参阅吴永章：《清代广西土司制度》，《学术论坛》1984年第6期。
[2] 《政府公报：民政部奏各省土司拟请改设流官折》，第一千二百十六号，民国五年二月二十二日。

第四章　革命时代柳州"三交"史

历史有时很平缓地演进，有时却会爆发式的突进。中华民国（1912—1949）正是中国历史上一个千年变局、剧烈突进的大革命时代。

20世纪最初的十年，中国社会正处在剧烈动荡之中，城乡群众自发的反抗斗争如波涛相逐，一浪高过一浪。1911年辛亥革命后，1912年中华民国成立，从而揭开了中华民国的历史序幕。

从1912年到1949年的中华民国，在短暂的38年中，一直处于革命的洪流之中，其间先后发生过三次国内革命战争：

第一次国内革命战争，是指1924至1927年，中国人民在中国国民党和中国共产党合作领导下进行的国内革命战争，是中国人民反对北洋军阀统治的战争和政治运动。亦称"国民革命"或"大革命"。

第二次国内革命战争，是指1927至1937年，中国共产党领导中国人民，深入开展土地革命，反对国民党恐怖统治的内战时期。亦称"土地革命"。

第三次国内革命战争，是指抗日战争胜利后，1945至1949年，中国人民解放军在中国共产党的领导下，为推翻国民党统治、解放全中国而进行的战争，亦称"解放战争"。[1]

柳州，这个中国南疆广西中部的一个地方，随着中国革命的洪流，谱写了"三交"史的新篇章。

一、辛亥革命：华丽转身的柳州"三交"史

1911年的辛亥革命，近代中国一次深刻的社会变革。在中国延续几千年的君主专制制度被推翻，民主共和的理念随着革命的枪声广为传播，在客观上打开了各民族广泛、全面、深入交往交流交融的通道。柳州一批革命党人和爱国志士集聚在振兴中华旗帜之下，传播革命思想，发动武装起义，投身于革命大势之中。柳州在这场革命的洗礼中，威武雄壮地举起旗帜，以彻底的姿态宣告独立，掀开了柳州"三交"史华丽转身的新一页。

（一）柳州独立：柳州"三交"史华丽转身的开端

1. 蓄势

随着民族交往交流交融的深入，民主革命思想较早地为柳州仁人志士所接受。辛亥革命武昌起义爆发前，同盟会在柳州已经拥有一批能力较强的革命党人，他们向民众灌输革命思想、发展同盟会会员、联络地方士绅、策动防军反正，带动大批热血青年加入同盟会，走上革命道路。其中载入柳州史籍的有刘古香、王冠三、刘震寰、柯汉资等。

刘古香，辛亥革命烈士、广西辛亥革命领导人之一。他是清代马平县西鹅乡人。祖居柳州河南上街，后迁至寿板街（小南路与长青路接口处）。考中

---

[1] 1949年10月1日，在解放军向全国进军途中，中华人民共和国在北京宣告成立。到1950年6月，残存在华东、中南、西南、西北战场上的国民党军被全部歼灭，仅有少量逃往台湾。1951年西藏和平解放。至此，中国人民解放军取得了解放战争的胜利，统一了中国大陆。

举人后他前往广州求学，1907年在香港经姚雨平介绍、黄兴主盟加入同盟会。1908年刘古香奉派回柳州成立同盟会组织，名列同盟会革命军统筹部10个成员之一策划柳州起事、广州起义时率广西敢死队攻打两广总督府，先后任广西右江军政分府总长、广西省防军第五统领。

还有王冠三，清代马平县人，家居城内弓箭街（今柳新街西端映山街至大桥头一段），27岁时参加秋瑾领导的革命活动，曾担任同盟会柳州支部长、右江国民军总机关司令官；刘震寰，清代马平县基隆村人，先后任右江国民军总机关第一支队司令、右江军政分府帮统、孙中山总统府陆军部广西陆军第一师师长、孙中山委任的桂军总司令等；柯汉资，清代马平县人，家住城内府前街（今立新路），曾担任右江国民军总机关执法部执法长官。此3人均由刘古香介绍加入同盟会，是柳州同盟会主要负责人，柳州武装起义的领军人物。

辛亥革命前柳州的会党活动就很活跃。刘古香一边不时往返穗柳之间接受指示，一边利用在柳州学堂任教的身份开展革命活动，发展了一批反清革命斗争的骨干。刘震寰舍家赴义，变卖家产作为运动民军的经费。柯汉资等以"一乐也"俱乐部为掩护联络会员。各界人士纷纷入会，设立了富贵（华熙）客栈、义华修整钟表店以及樟脑公司、垦务公司、皮鞋店、杂货店等各种革命活动据点，旗号林立，有"满地红"之称，革命氛围日渐浓厚。其时柳州同盟会与活跃在来宾、迁江、象州、忻城、柳城、雒容等地的曾超廷、蓝八、廖六、陶二、宋五，以及沈鸿英、李天民等民军，都有过密切的联系。

1908年至1911年的3年多时间里，柳州革命党人先后酝酿多次起事，据《柳州市志》记载：

1908年4月，刘古香在拉堡葛婆庙召开革命党人秘密会议被侦悉，逃香港；

1909年1月，湖南会党首领杨玄德酝酿于柳州起事，事泄被捕；

1909年7月，刘古香等从香港潜回柳州，会同李德山、甘乃纲、张铁臣、陈晓峰、柯汉资、黄岱等人再次策划起事，调集民军1000多人在柳城太平准备起义被清军围捕，激战 4 昼夜弹尽无援败走苗山。刘古香再次出走香港，王冠三匿于雒容高岭塘；

1910 年 6 月，同盟会员黄岱、陈晓峰等在华熙客栈密谋起事，被围捕。八月，柯汉资、甘乃纲组织义军再举，事泄未成；

1911 年 4 月 27 日，广州起义爆发。刘古香、王冠三等率广西敢死队 30 多人攻打两广总督府失败，李德山、韦统铃、韦统淮、韦荣初、韦树模、韦云卿、林盛初等广西籍的同志英勇牺牲。刘古香第三次出走香港。

数次起事均告失败，但柳州革命党人屡败屡战、不屈不挠，革命星火没有被扑灭而且渐成燎原之势。

广州起义失败后，广西同盟会会员多集中柳州，使柳州的革命形势迅速发展。同盟会会员刘古香、邓宝书、钱权、陈晓峰、张铁臣、卢焘、黄岱、李德山、宋洪、柯汉资、王冠三、李子廷、梁润生、郭干臣、刘震寰、王干廷、杨秀芝、杨瑞池、莫显丞、韦伯荣、吕士宾、熊少亚、吴挺生等为柳州起义做了大量的准备工作。柳州同盟会员武装夺权的意识比较强，有着相当周密的起义行动计划，他们的大致部署有：

一、由策反成功的清军帮统刘炳宇、水师统领刘月卿发动各界人士集会，掀起要求独立的社会舆论，对清政权施加压力；

二、刘炳宇、刘月卿及熙字营督带陈朝政、水师管带兼巡防营管带胡岱铭各率所部在城内起义，从内部瓦解统治集团武装；

三、由已经联系好的商界、士绅掌握的地方团练负责维持社会治安秩序；

四、由同盟会员钱权率领高岭塘的垦兵向城内挺进，以为策应；

五、大量会党民军布防三江一带，牵制桂林方面可能向柳州进击的清兵；

六、同盟会柳州各部长王冠三和刘震寰、柯汉资、宋洪、郭干臣、王干廷、吕士宾、吴挺生等率领同盟会员和会党民军，组织敢死队，向城内各级清政府衙门进攻。

2. 独立

1911年10月10日（农历八月十九），辛亥革命在武昌打响第一枪，当时武昌陆军第三中学堂学生是起义重要力量，有据可查参加了武昌新军起义的柳州学生有16人，包括柳州城内的杨瑞麟、张健、关卓汉、张任民、肖肇武、王化，以及现今鹿寨县的韦韬、韦道敏、徐启明、黄澄、梁献漠、梁国基、温挺修、邓崇斌，柳江县的郑承典，柳城县的严兆丰。

武昌起义成功的消息传来，聚集在柳州的同盟会会员即在柳河水师营召开紧急会议，策划柳州起义。会议决定：一面调动各地民军逼近柳州；一面通过亲戚朋友的关系，说服驻柳州清军防营分统陈朝政、帮统刘炳宇等反正，并决定攻打柳州右江镇台衙门。会后，革命党人为举义之事，日夜奔忙着。11月8日（农历九月十八），王冠三、刘震寰、柯汉资等分头带领民军敢死队，在水师营的掩护下，攻进官署。冲进道台衙门的郭干臣手拿两个炸弹当面警告道台沈秉炎："你不走，我就炸死你！"冲进柳州府衙门（地址在今培新路）的宋洪挥刀威胁知府高忠藩，要他立刻交出官印。在这种形势下，清廷右江镇总兵陈鸿初、右江道台沈秉炎，柳州知府高忠藩、马平县知事万荣交出了军、政、财权，被驱逐出境。

11月9日（农历九月十九），同盟会在柳州的湖南会馆召开国民大会，宣布柳州独立。到会者有地方士绅、官员和各界民众达万人众，同时宣布成立右江国民军总机关，实现了柳州"三交"史从土司时代到革命时代的华丽转身。

刚成立的"右江国民军总机关"，以王冠三为总机关司令官，周焕章为秘书长。总机关下设参谋部、军需部、军械部、军法部、执法部、秘书部、邮电部、外勤部等。所有军事、民政、财政大权统由革命总机关掌握。总机关成立后，首先整编军队，将原清军右江总镇的十一队人马交由巡防营分统陈朝政、帮统刘炳宇统率，水师营由刘月卿管带。住在城外的民军集中到马厂，统编为两个支队，每支队辖三个团。委任刘震寰为第一支队司令，宋洪为第二支队司令。革命总机关对军队不仅进行了组织改编，而且进行了纪律整顿。

为了组织北伐的兵力和加强地方治安，成立了柳州民军征集所，王冠三兼任所长。一个月之内，征集沈鸿英、曾四、甘六、蓝八、韩彩凤等约2000人，枪800杆，总机关直接听从广东革命政府的指挥，能较好地贯彻同盟会各项政策策略精神，排除广西封建官僚军阀的干扰。

此时桂系军阀陆荣廷对革命党人渐显露狰狞面目，企图以收缴新军武器，囚禁同盟会武装骨干来扑灭革命势力。柳州革命党人愤然发出声讨，提出驱逐陆荣廷的主张。陆慑于革命党人的锐气，不得不释放新军队长谭昌，重新召集原新军员兵以缓和众怒。并派出南宁军政府的交通部长、同盟会员雷在汉来柳州调停，以平息反陆活动。广西独立不久，同盟会在南宁的活动即受制于陆荣廷；梧、浔的革命派武装被陆镇压；而敢于树起反军阀旗帜和陆对抗的，以柳州革命党人为最力。柳州在宣布独立后，迅速建立起了同盟会员为主体的新政权机构，有效地施行军政权力，顺利地开展各方面的善后工作。

右江国民军总机关成立不久，王冠三即致电广东革命政府，请派担任都督府秘书长的刘古香回柳州主持工作。广东革命政府为了加强革命党人在广西的力量，就派了在柳州革命派人士中最有威望的刘古香回柳州，主持右江军政事宜。11月28日，右江国民军总机关改组，成立右江军政分府。1912年1月1日，刘古香出任右江军政分府总长。

特别值得一提的是，柳州宣布独立后，融县清军知事张礼乾拒不交出权力，并且加紧对人民群众革命意向的压制，刺探监视各界人士中的进步言行。对广西及各地方宣布独立的事不肯表态，而他属下的县警则大量收购火药及棕绳等物，引起地方上惊虑不安。由"右江国民军总机关"改组而来的右江军政分府派出专人到融县调查，地方人士证实张礼乾确有反抗独立的企图。1912年初，右江军政分府派出民军到融县，组织融县军民办事处，领导地方起义活动，会同县里团练向清县警发起攻击。经过激烈的交火，县警向贵州边境溃逃，知县张礼乾在窜逃的时候溺死河中。革命军占领了县城，民军办事处联同地方人士推荐新县知事，桂西北地区尽为革命党人掌控。

融县之战，在广西只不过是个小小的局部事件，但意义却很重大。革命军队联合地方民众武装，对拒不投降的反动政权给予摧毁性的打击，把一个县的地方权力夺了过来，当时全省之内这是独一无二的，在全国各地，也是不多见的。这个事件表明柳州革命势力确是比较广西其他地区为强大，并且，通过国民革命政权的武装对清王朝反革命政权的讨伐，还表明在全广西以至全国日渐增强的封建军阀压力之下，柳州地区取得相对优势的革命党人，却在持续地，勇敢而坚决地向反动势力发动进攻，毫不迟疑地运用了革命的权威、十分有力地显示了右江军政分府的革命锐气。

3. 新政

1912年1月1日孙中山在南京就任中华民国临时大总统。孙中山主持南京临时政府的3个月中，宣布"中华民国之主权，属于国民全体"，发布了一系列有利于民主政治和发展资本主义经济的政治改革和社会改革的法令。柳州以公文形式予以转发和公布，遵指令照办，废除封建陋规恶习：革除历代官府"大人""老爷"称呼，焚毁刑具，停止刑讯，禁止蓄辫、缠足、赌博和抽大烟，解放"蛋户"等。学堂改为学校，小学实行初等四年、高等三年的学制。初等小学的课程设有修身、国文、算术、历史、地理、英语等，高小加设公民、社会等课程。西医也在此时传入柳州，革命新气象豁然而开。

柳州右江军政分府总长刘古香，也是1912年1月1日就任。由刘古香、王冠三主持的同盟会柳州支部，一直在孙中山、黄兴领导下的同盟会总机关指挥下开展活动。柳州新政权既为同盟会员所主持，自然比广西其他同盟会失势的地区更有力地贯彻孙中山的革命精神。同盟会执政时期，柳州新气象迥异寻常，自是不言而喻。刘古香就任分府总长，起义军官陈朝政任副总长，同盟会员王狮灵任参谋长，地方人士朱奇元任民政长，刘海如、钟尧勋分别担任财政、司法长等职务。将原总机关的一部分人员派往各县任职，以加强地区革命派的力量。军政府积极刷新军民政务，同时为响应孙中山北伐号召，预筹军饷，准备北伐。委任邓发为广西右江北伐军司令官，严兆丰为总教练，以编训北伐部队。为了更有效地整顿各县粮税，又派出朱奇元任迁江县知事，黄坤任罗城县知事，邓宝书任融县知事，邓士瞻任三江县知事，王宏猷任马平县知事，钟尧勋任柳州警察局长。

辛亥革命虽然推翻了清王朝，但由于历史的局限，柳州独立的胜利成果，最后被旧桂系军阀陆荣廷抢夺了。柳州各民族人民在辛亥革命中却加强、加深了相互之间的交往、交流、交融。[1]

（二）二次革命：柳州"三交"史华丽转身的续集

几千年的君主专制制度被辛亥革命所推翻，建立了中华民国。然而，1912年2月13日孙中山向临时参议院提请辞职，3月10日北洋军阀袁世凯就任临时大总统。孙中山领导下建立的中华民国南京临时政府成立还不满100天，辛亥革命的胜利果实就被袁世凯夺取。在窃取了中央政权后，袁世凯倒行逆施，对外卖国，对内独裁。

1913年3月间，袁世凯阴谋杀害同盟会领导人宋教仁，接着又秘密下达屠杀革命党人的动员令，并大肆攻击孙中山和黄兴等革命领导人。由于同盟会的最高领导层已自动解除了武装，在军事上无力与封建军阀势力对抗，国民党只能通过报纸在言论上揭露袁世凯的罪行，寄希望于依法律解决，处于被动境地。肆无忌惮的袁世凯为了筹集反革命战争经费，于4月26日悍然与英、法、德、日、俄五国银行团签订了"善后大借款"。袁世凯卖国独裁的反革命行为，引起了全国人民的愤怒。7月初，孙中山在上海召开军事会议，决定兴师讨袁。江西都督李烈钧、广东都督胡汉民、安徽都督柏文蔚，相继通电反对善后大借款。袁世凯借口李烈钧等不服从中央，发动了反革命内战。7月12日，李烈钧以江西讨袁军总司令的名义发布讨袁檄文，正式兴师讨袁，与北洋军在湖口、九江附近地区展开了激烈的战斗。接着，江苏、安徽、湖

---

[1] 参阅萧泽昌、张益桂：《柳州史话》，南宁：广西人民出版社，1983年，第198—101页；戴义开：《辛亥革命在柳州》，政协柳州市委员会学习文史资料委员会编：《柳州文史资料汇编》1—3辑，2016年，第4—7页；《柳州史志第七卷》，广西人民出版社，2003年9月。

南、广东、福建、四川等省，也先后起义宣布独立，史称"二次革命"。

袁世凯在军事上明显占上风，各省革命党人的实力地位不断被削弱，从整个广西来说形势对革命派越来越不利。尽管当时柳州的革命党人仍然是柳州地区的实力派，但是全国政治局势的变化，从根本上决定了柳州这个局部革命事态的发展。

南北议和之后，陆荣廷就任广西都督，恃仗袁世凯的支撑，对革命党人的强硬态度变本加厉，力图把柳州革命派置于自己的控制之下。右江军政分府成立才2个月，广西都督府下令撤销，任命刘古香为广西省防军第五军统领，刘震寰、刘炳宇为帮统。原分府副总长陈朝政为陆军第六军统领，调离柳州，兼任庆远府府长。王狮灵为柳州府府长。王冠三为新军第四营即模范营营长。刘月卿为水师统领，民军帮会首领曾祖尧、冯有信、宋五、廖辉庭、刘士雄、刘成甫、刘福卿等各任帮带、哨官等职。第五军是广西唯一由革命党人掌握的军队。

这时候，革命党人在柳州地区依然有实力，右江各县政务仍然在革命派的推动下展开。直至第二次革命柳州讨袁失败，革命党人所建立的政权才全部被陆荣廷军阀集团所破坏。辛亥革命柳州独立到二次革命失败，革命党人掌握柳州地方军政实权历时两年，这是广西其他地区所没有的。从右江国民军总机关到右江军政分府以及柳州府这几个政权机构的成员名单中，可以看到：同盟会员始终掌握了主要行政、军事职务，而参与或倾向革命的士绅和旧官僚（包括清军起义军官）虽占有一定名额，但不居于主导地位。这种情况当时在广西其他各地是没有的，也是不可能有的事。

陆荣廷对柳州革命势力十分忌恨。孙中山发起讨伐袁世凯的二次革命后，陆荣廷对柳州的动向更感紧张，收买了王狮灵和沈鸿英暗中监视刘古香。而王狮灵原是跟随刘古香从广东回柳州的同盟会员，沈鸿英是由刘古香从绿林中一手提拔上来，当时他所带领的部队是刘部中武器最精良的。此二人见陆荣廷势大而变节投靠，致使刘古香的反袁活动均被告密。郭干臣从广州运回一批讨袁的军饷和武器，到达柳州的当晚，即被王狮灵的密探抓去秘密杀害。

1913年7月间，孙中山、陈炯明分别由香港、广州来电柳州，促令发动响应"二次革命"。陈炯明派代表来柳州，约刘古香同起兵讨袁，刘古香慨然答应，要求广东协助军饷，陈炯明也同意拨给16万元。

1913年8月初，广东都督陈炯明在广东宣布独立后电请刘古香起义讨袁。刘古香接电后当即召开管带、哨官会议，共商讨袁大事。会上以刘震寰为代表的革命党人，竭力主张起义响应，而以王狮灵为代表的袁党分子，却坚决反对讨袁。两派争执激烈，刘古香犹豫不决。加上江西等地举义失败的消息传到柳州，刘古香见形势逆转，而部下意见又不统一，于是便将陈炯明共约讨袁之事搁置不理。

可是，刘震寰及其部下的讨袁情绪却正在高涨，他们对刘古香的犹豫情绪极为不满。9月初，刘震寰部下刘麻六、徐得常、徐少怀等人在福建会馆召开秘密会议，决定发动兵变以敦促刘古香起义讨袁。9月11日深夜，刘麻六、徐得常等率领士兵，以白布为号，涌进统领衙门，继而围攻府衙和县衙，劫持军械库，打开监牢，释放囚徒。9月12日凌晨，刘震寰和所属周毅夫等仓促起义，鸣枪示威。由于事先未经周密计划，局面一度失去控制，刘古香卫队长刘士雄所属士兵出身绿林，此时趁乱抢劫。刘古香秘书长梁作霖、刘妻马电、媳妇杨澧于兵乱中被枪击遇难，刘古香越墙伤足。

9月13日，袁世凯下令通缉孙中山、黄兴的前两天，柳州革命党人毅然举起二次革命讨袁大旗。起义官兵要求刘震寰出来领导讨袁，并对他说："如果帮统不出来讨袁，我们就放火烧房子，杀人，抢东西，拉队伍上山。"刘震寰见事情已闹到这个地步，不得不出来维持局面，派出军队制止了混乱。起义军召开了讨袁大会，发出讨袁通电，第二次宣布柳州独立，投票选举刘震寰为讨袁军总司令，王冠三率领的新军营（模范营）为讨袁军的主力。刘古香在场赞成。士兵一律带上"护国讨袁军"的臂章，群情激昂，革命热情高涨。广西省唯一的一面二次革命讨袁大旗终于在柳州树立起来。这是旧民主主义革命时期继成立民国政权之后，柳州又一光辉的历史篇章。

王狮灵马上向陆荣廷报告柳州发生兵变一事，陆荣廷即令"平桂营队直进剿办，并飞调邕龙各军星驰赴柳，沿途堵截"。通令各军，擒获或格毙刘古香者，赏银3万大洋，并呈请中央破格奖励。

这时，充当内应的沈鸿英先以跪哭伪装诱骗伤足的刘古香至其驻地软禁起来，又向刘震寰献计，要他迅速将讨袁军开出柳州，进攻南宁。另一方面，沈鸿英又暗中用恫吓、诱骗的手段，拉拢军中蓝八、陶二等人准备反叛。9月15日，沈鸿英经过充分准备后，便对刘震寰发动了突然袭击。刘仓皇出城，逃回他的老家基隆村。讨袁军被围攻溃散，起义失败。

几乎与此同时，9月14日，重庆熊克武的讨袁军最后一个据点失守，二次革命至此完全失败。孙中山、黄兴等人不得不再次流亡国外。

10月4日，陆荣廷抵达柳州，于宴席间出示袁世凯命令"就地枪决"刘古香的电报，刘古香怒目不语。10月13日，刘古香就义于东门外鹧鸪堆。刘震寰、周毅夫等10多名讨袁军骨干逃去香港。革命党首要人物王冠三、开明绅士杨秀芝、起义军官刘月卿、会党首领杨景廷，以及许多革命派人士包括杨瑞池、吴芳圃、杨友兰、钟亚琼、廖月甫等均在反革命分子制造的白色恐怖中被杀害。逃脱后继续坚持反袁斗争的柯汉资、吕士宾、吴挺生、龙禹门、李友梅等先后在广州、桂林、宜山等地遇难。

辛亥革命柳州革命党人掌握政权历时两年（1911年11月—1913年10月），最后在封建军阀反革命屠杀的腥风血雨中倾覆，柳州二次革命失败了。

柳州二次革命失败后，流传一首山歌：

石榴花开叶子青，柳州起义讨袁军。
马鞍山脚打一仗，不知吓死几多人！

山歌以含蓄的方式表达了柳州人民对讨袁的赞同和对军阀的谴责。但是革命派由于历史的局限性，没有能够广泛深入发动群众，过早地放弃武装，斗争孤立无援，寡不敌众，很快就失败了。辛亥革命掀起的广西境内最为激烈、最为彻底的柳州独立斗争高潮,到此告一段落。[1]

(三)辛亥革命:华丽转身中促交往交流交融

辛亥革命,柳州"三交"史从土司时代向革命时代华丽转身,民族关系发展的大趋势从以汉化为主流转向铸牢中华民族共同体意识,认同中华民族。辛亥革命在客观上促成柳州各族人民之间,以及柳州与全国各族人民之间进行了一次具有全国意义的互动,促进了各族人民之间的交往、交流、交融,促使柳州各族人民与全国中华儿女更加紧密地团结成休戚与共、荣辱与共、生死与共、命运与共的共同体。

首先是兴办学校促交往、交流、交融。柳州虽然地处广西腹部,却因为梧州、柳州通航,交通便利,港、澳、穗、梧的消息传入较快,北近桂林,首府动态也比较容易知晓。这都有利于民主革命风气的开通。清光绪三十一年(1905年),清廷停止一切乡、会试和岁科试。1906年,柳州即创办官立马平县两等小学堂。1907年办柳州府中学堂,设劝学所负责地方学务。1908年办柳郡女子师范学堂,学堂有英文、历史、地理、格致、图画、音乐、体育等科目。试办普通人民识字所,无论贫苦佣作人皆可免费入学。青年人的眼光打开了,民主新风气豁然而兴。柳州的一些知识青年,有些到桂林、广州学习(如柳州革命派首领人物刘古香);有些到武昌陆军学堂学习(如参加武昌新军起义的杨瑞麟、刘克初、黄梦年、张任民等);有些东渡日本留学(如后来参加同盟会的王冠三、杨滋庵、刘扬庭、钟明甫、钟万、李春晖、邓士瞻、王铁珊、王心佛以及在右江战斗中阵亡的宋洪、北伐军第八师长谭昌等)。这些知识青年参加了同盟会,有较高的新知识水平,对民主革命思想在柳州的传播起了很大的作用,从而极大地促进了柳州各族人民之间,以及柳

---

[1] 参阅萧泽昌、张益桂:《柳州史话》,南宁:广西人民出版社,1983年,第101—103页;戴义开:《辛亥革命在柳州》,政协柳州市委员会学习文史资料委员会编:《柳州文史资料汇编》1—3辑,2016年,第7—10页。

州与全国各族人民之间思想文化上的交往交流，促进了对中华文化的认同。

其次是重视抓武装斗争的发动工作促交往、交流、交融。柳州辛亥革命的主要人物像刘古香是毕业于广东将弁学堂，宋洪毕业于日本士官学校，李德山少年时代就投身行伍，王冠三、柯汉资、刘震寰都有过一定的武装斗争实践，搞军事都是比较在行的。他们在策动清廷的军职人员、联络地方团练武装和会党绿林、设置秘密据点展开地下斗争方面工作卓有成效。

1904年陆亚发起义失败之后，李德山就曾经联络柳州地区会党绿林，准备打下柳州、庆远；1908年又有立鱼峰绘制攻取柳州作战图事件；1908年刘古香主持的拉堡葛婆庙会议，是同盟会在柳州较早的一个重要活动；1909年有以刘古香为首召集的上千民军在四十八弄和清兵的大规模对抗；同时还有柯汉资等策谋的柳州万寿宫伏击计划；1910年又有柯汉资等拟订的秋季祭孔日突袭柳州计划和上千民军集结屯伦村的行动；以及刘古香离柳后王冠三、刘震寰等广泛联络会党民军、策动清官吏、士兵，动员士绅和各阶层民众的工作持续地进行着，表明辛亥革命的前几年柳州武装斗争已逐渐形成奔腾之势，一浪紧接一浪，不断地冲击腐朽的清政权这种形势的发展，跟一批满腔热血，活动能力强的同盟会党人的宣传、策动和领导是分不开的，从而极大地促进了柳州各族人民之间，以及柳州与全国各族人民之间在革命武装斗争中结下生死与共的情谊，在为中华民族复兴而战的过程中加深了对中华民族的认同。

再次是充分发动了妇女促交往、交流、交融。柳州同盟会女党人为数不少，也很活跃，在革命斗争中作出了卓越的贡献。她们之中有：

陈文，出身于沙塘江湾村武弁之家，书画名家朱苐（号子桓）之妻。辛亥革命前夕，来往城镇圩场，从事革命工作。联络学堂教师、家庭妇女、农妇，负责运输及掩护活动。她对策动清统领陈忠堂反正起了重大作用。柳州起义之日，她率领一队妇女首先冲入县衙门，迫使知县献印投降。

马电也是柳江农村人，刘古香之妻。武勇有谋略，襄助古香联络、吸收四乡绿林参加革命。负责筹办粮饷，向妇女界募捐经费，自己家财也献出充当费用。还曾主办蚕业学校为宣传联络据点,掩护起义工作;刘古香任统领,她负责财务,二次革命时死于兵乱。

李荫菁,幼年随父(李友梅)母居广州,毕业于广州市立优级师范学校。1910年由老师张芷馨、何香凝、廖冰筠介绍在香港加入同盟会。广州"三二九"之役她担任运输、通讯联络工作,因化装不慎暴露,被捕入狱3个月经老师营救出狱后负责桂林、柳州党人的联络工作。经常化装成小商贩、佣工,秘密运输和筹饷募捐,往来于穗、梧、柳、桂之间。广州光复时,她担任募捐、宣传和组织妇女工作。

其他如王国瑞以马平县立女子小学校长身份,利用校舍掩护革命地下工作;陈蔚华变卖田地房屋以作革命费用;宋洪之妹宋淮13岁参加同盟会,在柳州宣布独立大会上演讲宣传革命。她们的出现带动更多柳州各民族女性走出家门、走向社会,接受民主革命思想,极大地促进了柳州各族人民之间,以及柳州与全国各族人民之间的交往、交流、交融更加广泛、深入。

最后是地下活动据点促交往、交流、交融。同盟会在柳州设置的地下活动据点很多。例如有:张铁臣、陈晓峰开设的富贵客栈(后改名华熙客栈),地址在城内榕树脚(现在中山中路大桥头)。吕士宾和莫显丞开设莫权利鞋店(现在中山中路照相器材门市部一带);王干廷开设的洪顺杂货店和杨瑞池开设的泰来杂货店,张铁臣、卢焘等人在柳城开设樟脑公司,谭志岳创办蚕业学校在谷埠街(现在谷埠街大同巷);女革命党人王国瑞主办马邑女子小学堂(校址在现中山东路87号新华书店);还有由刘古香协助地方开办的柳郡中学堂、柳郡师范(校址都在今文化大院内)、龙城求是学会(解放北路东一巷公安局幼儿园)。这些宣传联络据点之众多,涉及社会经济生活的方方面面,面向社会各个阶层,也都极大地促进了柳州各族人民之间,以及柳州与全国各族人民之间的交往、交流、交融。[1]

辛亥革命开辟了中国的新纪元,也开启了柳州各族人民,以及柳州与全

---

[1] 戴义开:《辛亥革命在柳州》,政协柳州市委员会学习文史资料委员会编:《柳州文史资料汇编》1—3辑,2016年,第13—16页。

国各族人民之间交往、交流、交融的革命时代。

二、五四运动：爱国热情高涨下的柳州"三交"史

五四运动，是1919年5月4日发生在北京的一场以先进青年知识分子为先锋，广大群众参加的彻底反帝反封建的大爱国革命运动。当这场伟大的红色风暴传到祖国南疆后，柳州也和其他各地一样，引起了巨大的回响。

（一）"五四"震荡，柳州风雷急

柳州，当时叫马平县，是柳江道的首县。柳江道属有八县，即：马平、雒容、融县、怀远、来宾、象县、罗城、柳城。那时的柳州地域小，人口少，人民处于军阀的黑暗统治下，学校包括中小学在内有柳州中学校（后改名为省立第四中学）、柳江道属师范学校、柳江道属女子师范学校、马邑两等小学（龙城路）、河南小学（谷埠码头上北帝庙）等6所，在校学生总计千余人。另有私塾104所，学童2000名。

5月中旬，北京学生爆发"五四"运动的消息传到广西后，为了响应和声援北京学生的爱国行动，广西全省的学生救国联合会，最先在梧州成立，随即派出代表到广西各地宣传和组织各地方学生救国联合会。派来柳州的，是刚从日本留学回国不久的周公谋。他到柳州后，四处宣传联络，鼓动学生有组织、有计划地开展爱国活动。

这时，在全国学生爱国救亡热潮的激荡下，柳州学生纷纷投入爱国救亡活动的洪流中，对中华民族的认同感进一步增强。许多青年学生都开始认识到，身为中华炎黄子孙，绝不能做亡国奴，让自己的国家遭受外人蹂躏。为了统一指挥，集中力量，在柳州中学学生的提议下，决定以柳州中学、柳江道属师范学校、柳江道属女子师范学校等校为主，筹备组织柳江道学生救国

联合会，以领导各校学生，统一救国行动。

柳州中学的章凌信、何其忠、张尚永等同学四处奔走，到各校联络，召集各校学生代表在柳州中学（今文化大院内）开会。会上，各校代表都做了发言，慷慨激昂地痛陈亡国在即，号召大家奋起救亡。会议做出了五项决定：一、成立柳江道学生救国联合会；二、择日召开成立大会，举行游行示威；三、通电北京学生，支持他们的爱国行动；四、向民众宣传爱国救亡事宜；五、坚决抵制日本劣货。经过认真的讨论，还制定了学生救国联合会的会章。会章规定：凡在柳读书的学生均可参加。联合会设正、副会长两人；下设有总务、文牍、组织、宣传、财务、评议、纠察、交际8个部。会议推选柳州中学活动积极分子章凌信为会长，何其忠为副会长，8个部的负责人选亦已选定，宣传部负责人为莫书华（后来于1926年参加共青团）。各部设干事若干人。会议还对各部的具体工作作了布置。这次学生代表会议，为学生救国联合会的正式成立作好了思想上的准备。

5月下旬的一天，柳州全城男女学生及市民1000多人像潮水般从四面八方汇集在文庙（今二中），举行柳江道学生救国联合会成立大会。柳州中学校长梁曙光、道属师范学校校长黄南汉、女子师范校长李荫菁、各校教员以及社会上许多有名望的老者也参加了大会。联合会会长章凌信、副会长何其忠，及其他主要负责人张尚永、莫书华、石小惠、林宝琼、柯树青等主持了大会。章凌信在会上宣告柳江道学生救国联合会正式成立，周公谋作了慷慨激昂的宣传演说，讲述国内外形势，并报告了北京学生救国请愿的情况。大会一致通过了给北京学生会的通电，全力支持北京学生的正义行动，要求北京政府立即释放被捕学生，罢免卖国贼。学生们的爱国激情，掀起了与会各界人士对帝国主义的侵略和北京政府丧权辱国的义愤，纷纷表示支持学生。

参加大会的学生们热血沸腾，情绪高昂，振臂高呼："打倒卖贼！""废除二十一条卖国条约！""诛卖国贼曹、陆、章！""不签订巴黎和约！"等口号，响彻云霄。这次大集会，群众不但受到了一次爱国主义的深刻教育，而且同时检阅了爱国青年的革命力量，在柳州是盛况空前的。它揭开了柳州学生爱国救亡运动的序幕，吹响了向帝国主义、封建军阀势力斗争的前奏。

会后，学生救国联合会立即组织了全体学生，举行声势浩大的示威游行。示威游行队伍沿着庆云路（即中山路）、苏杭街（即小南路）、考棚街（即中山西路）等城内主要街道进发。1000多名中小学生，手拿三角形小旗，旗上书写着标语，沿街高呼："外争国权、内除国贼！""打倒曹、陆、章卖国贼！""抵制日本劣货！""拒绝在巴黎和会签字！""废除二十一条卖国条约！"并沿途散发传单，向民众宣传爱国的道理。许多围观的工人、市民被这热烈场面所感动，也加入了游行队伍，同呼口号，激愤异常，使游行队伍不断扩大。同时，联合会还派出队员到小街小巷，各家各户进行宣传，痛斥日本帝国主义的侵略行径，号召群众起来共同抵制日本劣货。

如此声势浩大的游行在柳州还是破天荒第一次。从上午直到傍晚，游行队伍穿梭在大街小巷。这时正值夏季，赤日当空，但学生热情却分外高涨，一喊百随，口号此起彼伏，声动天地。一些热心市民给学生送来了点心、茶水，游行队伍走到哪里，那里的街巷便被堵得水泄不通。

下午三四点钟时，游行队伍来到了苏杭街（因当时纺织品以苏杭出产为主，这条街又以经营纺织品的商店占大多数，故名苏杭街）的中段，有一间名为大同春药房，它的斜对面，是一家叫理昌绸布店，两家距离不远。这两家是贩卖日货最多的商店，当学生游行队伍经过这两家商店时，口号喊得更响亮。两家商店的奸商三三两两靠在店门口，嘀嘀咕咕说些风凉讥讽话，不满学生的爱国行动。学生将小三角旗插在大同春药房门口的铺台上，商人见旗上写着"抵制日本劣货"的口号，遂恼羞成怒，拔起小旗抛到街上，还破口大骂："老子先抵制你！"女学生队伍经过理昌绸布店时，唱起爱国歌曲，当唱到歌谱里的"665"一节，理昌店奸商在门前怪声怪气地学唱："665，你嫁阿哥"，用这样卑鄙轻薄下流的言语来污辱女学生。这两家商店不法商人的言行，激起了学生们的愤怒。

傍晚，游行队伍散去以后，学生救国联合会立即派出宣传员到这两家商店门外进行宣传，指责他们的言行卑鄙，是奸商行为，并喊起"打倒奸商！"的口号。当时两店已停止营业关了门，店员开门出来讥讽谩骂宣传队员，抵制学生的宣传。宣传队员当即要求两店将货物拿出来检查，不许藏匿日本劣货，对抗爱国行动。两店商人不但不接受宣传教育，反与学生大吵大闹，污蔑学生的爱国正义行动。宣传队员中有个叫宋洸的同学，见大同春药店货架上陈列着许多日本货，忍无可忍，带头冲进店内，将柜台玻璃货架打碎；张黄有等同学亦紧随着涌入店内，你一拳，我一击，把大同春药店内货架砸烂，宋洸等人因用力过猛手部受伤流血，仍继续搜寻劣货拟予烧毁。几个商人气红了眼，用板凳等东西向学生打来，但在众多学生面前他们不敢硬顶，遂跑至楼上，竟恶毒地将镪水从天井口朝学生洒，致使7名学生受了伤，衣裤被烧烂。学生们怒不可遏，纷纷冲上去与他们理论，后来把货架上所有货物摔在地下捣毁，大灭了奸商的嚣张气焰。

同时在理昌绸布店门前，学生们也向商人宣传爱国道理，该店商人见大同春药店被捣，大骂学生们的行动，扬言要告到县长那里去。宋洸等学生闻及，转涌向理昌绸布店，捣毁了部分劣货，并高呼要将该店全部日货在店内烧毁。这时适有一位老者，过来拦住学生，谓劣货理应处理烧毁，但不能在店内烧，恐酿成火灾。愤怒的学生才被劝息下来，并喝令该店次日将劣货自行焚毁，店商只得点头称是。围观的群众目睹学生们的爱国正义行动，无不拍手称快，异口同声说："打得好！打得该！"

在五四运动坚持和发展的形势下，为了统一全国学生的组织以加强斗争，6月中旬，全国学生联合会在上海成立，并决定全国各地学生所组织的爱国会、救国会、救亡会或其他种种与新规定不同名称的学生会，一律依据新会章改组为学生联合会。不久，广西省学生联合会在梧州成立。柳江道学生救国联合会一方面派出代表周绍愚赴梧州参加大会，另一方面积极进行救国联合会的改组工作。7月，柳江道属学生救国联合会改组为"柳江道学生联合会"。[1]

---

[1] 参阅中国共产主义青年团柳州市委员会焦耀光整理：《"五四"运动在柳州》，政协柳州市委员会学习文史资料委员会编：《柳州文史资料汇编》1—3辑，2016年，第117—131、137页。

柳州的青年学生和全国各族学生同仇敌忾，柳州的学生斗争成了全国学生运动的一部分，爱国救亡的烈火燃遍了柳江沿岸。

（二）在与反动商人斗争中促进"三交"

五四运动的风暴席卷柳州，激烈革命斗争的互动，有力地促进了民族之间的交往、交流、交融。

就在与学生发生冲突的当天晚上，大同春和理昌两店老板，连夜串通城里的商人，大开"商会"，策划对付学生的阴谋。次日早上就举行了全城性罢市，以示对爱国行动的抵抗。这天，全城几乎所有的商店都关了门，街上呈现死气沉沉，反动商人还四处扬言要学生赔偿经济损失，并赔礼道歉。

事有凑巧，同一日，适值柳州地方最高行政官道尹（又称观察使）黄鲁儒出巡象州等县。商会便不等黄鲁儒回来即越级上告，通电省当局，要求省当局亲自出面从严惩办学生，然后才开市复业。道署人员旋派遣差使报请黄鲁儒赶回柳州处理此事。

过了两天，反动商人的罢市仍顽固持续，县长黄诚稿、警察局长张瑞生等无法处理。章凌信、何其忠等学生救国联合会的负责人在一起商议对策，号召学生在奸商的淫威面前坚强不屈，团结一致，鼓足勇气，坚定信心，把斗争坚持到胜利。同时，为争取社会各方面人士的支持，由何其忠、张尚永等骨干领头，派出几路宣传队到城内各机关团体，到地方绅士和知名老者住处联系与进行正义宣传，讲明事情真相，揭发反动商人的罪恶。

这种互动效果很好，学生们得到了他们的支持。如在柳州中学任教的刘汉泉老先生就非常支持学生们的正义行动。他对学生们说："商人罢市，你们就罢水，这叫以血还血，以牙还牙。你们回去派人把守小南门，不准任何人挑水进苏杭街，没有水，看他们怎么办！"学生们见刘老先生言之成理，都同意采取这一办法。当时苏杭街南北两端都安有闸门，一到晚上就关闭起来，以防盗贼。该街道南门，距柳江边不远，于是联合会就派人把守江边码头，不准人在码头挑水进苏杭街。

第三天，黄鲁儒闻悉商人罢市，即由象县赶回柳州，进行调处。他首先到柳州中学校慰问受伤的学生，并赠送给学生们医药费100元，表示对学生的同情，但同时要求学生停止一切活动，把紧张的局势缓和下来。章凌信等向黄鲁儒说明事情真相，表明了爱国主义的立场，要求他为学生主持正义，打击商会的反动气焰。同时，对黄鲁儒的同情表示感谢，但还是把所送医药费全部退了回去。

黄鲁儒接着到了商会，要求商会立即开市，恢复营业，以安人心。狡猾的商会却提出了三个开市条件：一要学生鸣炮赔礼；二要学生赔偿损失；三要惩办救国联合会负责人。黄鲁儒满口应承，保证让学生赔礼道歉。按当时习惯，凡有纠纷争持的解决方式是：由理输的一方当众燃放鞭炮，这就表示承认错误了。黄鲁儒回衙后立即叫衙役抬出几串长鞭炮，到商会门前燃放起来，谎说是学生来赔礼道歉了。商会迫于社会的舆论，也苦于学生们的罢水，同时罢市久了对他们自己也不利，只好就顺着阶梯爬下来，次日就开市复了业。

后来，商会见第二、第三两项条件未能实施，就电请督军府，要求仍照上述两项迅速办理。当时同情支持学生运动的阚德轩先生正在高等审判厅任厅长，他建议说，现在学生的爱国救国运动，正在全国各地蓬勃发展，这是很好的，万不可遏制他们的正义行动。一些爱国志士纷纷表示支持学生，不同意要学生赔偿损失和惩办联合会负责人。省方迫于形势，不敢惹怒学生，也就对商会的来电置之不问，只请督军陈炳焜（柳州人）来柳州调处。陈督军来到柳州中学慰问学生时，向学生们训话说："你们的爱国救亡行动是正义的，是很好的，但是你们没有枪杆子，光凭热情空喊口号有什么用呢？我还是希望你们好好地读书，不要多事吧。"陈督军虽然没有说禁止学生的行动，但大家都认识到他骨子里却是反对学生的。可是青年学生的爱国热情并不因此而降低；学生救国联合会经历了这场斗争，受到了锻炼，仍继续领导各校学生积极进行宣传，抵制日本劣货，把爱国运动推向了新的高潮。[1]

（三）在抵制日货斗争中促进"三交"

五四运动在柳州革命斗争形式是多样的，抵制日货也是一个重要的方面。

在五四运动中，学生们认为：我国是日本货的最大销售市场，若能杜绝日货，日本必因工业的大受打击而发生内变，由此可以获致取消二十一条卖国条约；另一方面，抵制日货将使北洋政府穷窘于内外应付，必然露出更多丑态，用此作为打倒卖国贼的手段之一。

当时广西交通虽未算发达，经济还是落后，但在柳州市场上，仍然日货充斥，商人通过水路把日货源源运来，部分还运到柳江上游各县去销售。

柳州学生和全国各地学生一样，痛恨日本对中国的经济侵略，纷纷奋起抵制日货。许多学生将自己身边的日货捣毁，如脸盆、牙刷等，并号召各校学生不买日货，不穿洋布。为了唤起民众反对日本亡我之阴谋，城内各学校于6月分别组织了日货检查团，到街道、码头设关卡检查。同时，各检查团分成三五人的演讲小组，走街串巷，向市民宣传抵制日货的道理，揭发日本对中国的侵略野心，痛述朝鲜的亡国之耻。讲明日本将中国作为最大销售场，他们将销售所得的钱充当军政费用，以此来侵略中国。如日本以海产税养他们的海军，就把大量鱼虾运到中国来倾销。劝导民众行动起来，大家都不买日本货。说如果我们都不买这些东西，定会造成他们的致命伤，使海军缺乏军费开支，削弱其对我侵略。学生们进行宣传时，慷慨激昂，声泪俱下，围观群众无不感动，从而有效地扩大了互动，加强了各民族之间的交往、交流、交融。

这种抵制日货斗争中的互动不断扩大，各校的日货检查团，在学生救国

---

[1] 参阅中国共产主义青年团柳州市委员会焦耀光整理：《"五四"运动在柳州》，政协柳州市委员会学习文史资料委员会编：《柳州文史资料汇编》1—3辑，2016年，第131—133页；萧泽昌、张益桂：《柳州史话》，南宁：广西人民出版社，1983年，第105—106页。

联合会的领导下，纷纷采取了行动。他们先与商会联络，向他们轮番进行宣传，晓之以爱国救亡道理，使越来越多的人参加到查禁日货的队伍中来。

盛复时节，烈日炎炎，检查团的学生们，身穿长衫，手举"查禁日货"的小旗子，挨家挨户将各商店陈列的日货翻查。所查获的劣货，集中起来焚毁。当时有一些唯利是图的商人，虽曾公然威胁说："谁烧一件，谁就赔一件"，学生们并不因此而停止焚毁。也还有一些只知图利，不知爱国的老板，暗中从柳江码头将日货偷偷运进。学生们白天查禁，他们就在夜间起货，学生们在上游检查，他们就在下游起货。那时，柳江航运，为柳州唯一的交通水道，各类货物均由下游运来。学生们便派出检查团不分白天黑夜地在码头设立关卡，对有停靠的轮船，大小木帆船均进行严格检查，然后才许卸货上岸。为防止奸商在下游偷偷进货，检查团又在鸡喇码头设关卡检查，使奸商无缝可钻。检查制度越严密，奸商的手段也越诡秘。有些商人狡猾多端，涂改日货商标，或将日货商标换掉，混充国货，企图欺骗青年学生，这给检查团的工作带来了不少困难。然而机智的学生识破了他们的"掉包计"阴谋，拿出冒充国货的日货做样品，逐一对照检查。为彻底堵塞劣货进口，凡学生们估计到有日货的地方，都不辞辛苦地去搜查。劣货一经缉获，仍一律没收烧毁，一些不易烧烂的玻璃瓶罐、搪瓷器皿，则一一捣碎。焚烧场地上，烈焰飞腾，烟冲云霄，学生们围在一起手舞足蹈，齐声歌唱，引来无数群众鼓掌助威。

1919年7月中旬，各学校放了暑假，学生救国联合会派出大批积极分子深入到各县向群众进行爱国宣传。副会长何其忠则亲自到柳城、庆远（今宜山）等地组织当地的学生救国联合会。柳江道属师范学校的毕业生和柳州中学的学生，也利用暑假时间，四处活动。

在抵制日货的斗争中，柳州的女同学参与互动表现最突出。过去男女学校各别，素无往来，女生很少出来参加活动，"男女授受不亲"的封建观念还束缚着不少青年。在五四运动热潮中，许多女学生都积极参加学生救国联合会组织，与男同学一道出去宣传、游行示威。柳江道属女子师范和马平城区女子小学几百名女学生参加了游行示威活动。石小惠、柯树青、赵国英、邓素愚等女生成了学生救国联合会的骨干,她们还组成了文艺宣传队到街头演唱反帝反封建的进步歌曲,其中有一首唱抵制日货的歌最为出名。歌词大意是:

> 同胞,同胞,
> 掀起偌大的风潮。
> 君不见——
> 章、陆、曹贼签押,
> 私把青岛售了。
> 同胞,同胞,
> 以何事相邀,
> 大家来,
> 抵制日货,
> 誓死不挠!

同时,她们还和男学生一道走上街头,张贴和散发从北京寄来的《告各界同胞书》《告青年学生书》等传单,使整个柳州城沸腾起来,把柳州各民族的交往、交流、交融引向了深入。[1]

毛泽东同志说过:"五四运动的杰出的历史意义,在于它带着为辛亥革命还不曾有的姿态,这就是彻底地不妥协地反帝国主义和彻底地不妥协地反封建主义。……五四运动是思想上和干部上,准备了1921年中国共产党的成立,又准备了五卅运动和北伐战争。"[2]

---

[1] 参阅中国共产主义青年团柳州市委员会焦耀光整理:《"五四"运动在柳州》,政协柳州市委员会学习文史资料委员会编:《柳州文史资料汇编》1—3辑,2016年,第135—136页。
[2] 《新民主主义论》,《毛泽东选集》第二卷,北京:人民出版社,1964年,第692页。

三、开天辟地：建立共产党组织后的柳州"三交"史

1921年7月1日，伟大的中国共产党诞生了，这是中国人民开天辟地的大事。

由于中国共产党人的努力和马列主义在中国的广泛传播，使我国革命发生了深刻的变化。经过"五四"运动的革命实践，1926年，柳州建立了中国共产党的组织。从此，柳州各族人民有了党的正确领导，找到了争取彻底解放的正确道路。

（一）柳州建党：革命时代的新开端

1925年，新桂系统一广西后，柳州局势才稳定下来。随着国共合作形势的发展，中共广西省委筹备组和中共梧州地委先后成立，共产党人在国民党广西省党部建立了自己的据点，并与国民党左派建立了广泛的统一战线。革命的思潮传到了柳州，柳州的进步青年纷纷到梧州、广州等地求学；一些人参加了为共产党人掌握的梧州国民党宣传员养成所和广州农民运动讲习所学习。柳州籍的首批共产党员李席珍、谭均任，就是在毛泽东同志主办的第六期农讲所入党的。在"四一二"反革命事变中被敌人杀害的中共党员熊秀民（柳州人）、刘策奇（象州县人）都是梧州宣传员养成所的学员。中共梧州地委为了加强对柳州革命运动的领导，1926年5月派广东高等师范学生、中共党员陈岳秀和罗琴谱来柳州开辟党的工作。

当时，陈、罗二人应聘担任广西省立第四中学（今柳州高中前身）教师，以教师和国民党员的公开身份积极筹建中共党团组织。他们到四中后，根据梧州地委书记谭寿林同志关于"做好通讯工作，努力民众运动"的指示积极开展工作。他俩在很短时间内，即以国民党员的身份在四中发展了20多个国民党员，并成立了四中区分部。罗琴谱还受当时国民党驻柳的军政长官、第七军五旅旅长伍廷飏之聘，筹备《柳江日报》的出版工作。两人在四中，宣

传北伐战争形势，鼓吹国民革命，领导学生开展纪念"五卅"的爱国反帝运动。为了推动学生运动，他俩还积极协助和指导了柳江学联的筹组工作。

1926年7月，中共广西省委筹备组又派地下党员张胆来柳州，协助陈、罗二人共同筹建地下党支部的工作。张胆是福建人，他以国民党广西省党部农民部秘书及党务指导员的身份来柳州，公开的任务是改组整理马平县的国民党县党部，实际上是来开展地下活动。张胆到柳州后，即根据我党省委筹组的指示，与陈岳秀、罗琴谱成立了柳州第一个中共地方组织——中共柳州支部干事会，陈岳秀为书记，张胆负责组织及青年工作，罗琴谱负责宣传工作。支部的代号为"刘智"，隶属梧州地委领导。中共党员在柳州的革命活动促进了民族"三交"，从此揭开了柳州革命时代的新篇章。

（二）开展学生运动促"三交"

中共柳州支部成立后，张胆和陈岳秀利用国民党员的身份打入伍廷飏主办的民团教练所，张胆任政治部主任，陈岳秀兼任教官。他们又介绍从梧州宣传员养成所结业回柳的学员余炳华、康良生为教练所教官。张、陈在教练所积极发展国民党员，成立了该所的国民党区党部。他们团结、教育了一批青年积极分子，在四中和民团教练所中，向新发展的国民党员及一般群众宣传孙中山的"联俄、联共、扶助农工"的三大政策及反帝反封建的纲领，讲解各国革命运动史。在地下党的指导帮助下，柳江道学生联合会正式成立，四中学生、国民党左派党员陈振尧（张胆介绍其入国民党）为学联委员长。四中的妇女协会亦在地下党的帮助下成立。

中共柳州支部在学生运动的蓬勃发展中发挥了重要作用，地下党领导下爆发的四中学生"帽潮"运动震动全省。起因是学校当局规定学生一律戴制帽、穿制服，否则不准入校。在1926年10月10日辛亥革命纪念日那天，一批学生因为不穿制服，不戴制帽，学校当局不准他们入校和参加纪念节日的游行活动。学生代表陈振尧、钟义、覃禧章、韦帛如向校长谢康交涉，要求取消学校无理强制学生穿、戴校服制帽的规定。遭到谢康拒绝，并且开除这4个学生代表的学籍。引起了广大学生的公愤，接着又有30多名学生上书抗议，又被谢康开除。因而初一、初二班的学生表示以全体学生罢课，抗议学校当局的专制与不法行为。

学生历来对谢康不满，认为此人思想顽固，不奉行孙中山的三大政策，是个典型的学阀。所以，学生以拒绝戴制帽为导火线爆发了旨在打倒谢康的"帽潮"运动。地下党支持四中学生的革命行动，张胆、陈岳秀、罗琴谱、熊秀民、刘策奇等地下党员和国民党左派亲自指导学生开展驱谢运动。在张胆的建议下，被开除和离校的学生组成"四中离校团"，借用斗母宫（今龙城路邮局、银行之间）为团址，开展学习及宣传驱谢运动。

离校团开展猛烈的宣传攻势，通过快邮代电及《柳江日报》向社会揭露谢康的反动罪行，呼吁各地民众团体主持正义。学生的斗争得到改组后的马平县党部的支持，它发表声明谴责谢康，要求谢康收回开除学生的成命。柳江学联执委会从梧州请来了广西全省学生联合会总会的代表钟云及中共梧州地委的代表关育梧，到柳州调查"帽潮"事件和指导学生运动。由于省内外社会舆论的支持和学生的坚决斗争，反动当局接受妥协，收回了开除学生（除4名代表外）的决定，并将校长谢康调离四中。至此，持续3个月的"帽潮"斗争在12月底胜利结束。

四中学生通过斗争的培养、锻炼和考验，普遍地提高了政治觉悟，他们中的先进分子陈秉森、覃禧章、熊怀民、吕明、卢种德、苏德焕、康日勋、康泰庄等，先后经张胆介绍加入共青团。陈秉森在"帽潮"期间接受地下党交给的任务，在中山东路开了一家书店，秘密发售《共产党宣言》《向导》《新青年》等书刊，这是柳州历史上第一家专门出售宣传马克思主义和共产党主张的进步书店。覃禧章、吕明等曾在斗母宫办的劳工夜校任教，向工人宣传革命道理。与此同时，地下党亦通过各种斗争的考验，相继在1926年底发展了刘策奇、王振奇、熊秀民、王受祺为中共党员。至此，中共柳州支部党员发展到11人，同时建立了共青团柳州支部，受中共柳州支部领导，团员19

人,张胆兼任团支部书记。

以"帽潮"运动为代表的学生运动极大地促进了柳州各民族之间的交往、交流、交融。柳州各族青年在中国共产党的领导下空前团结,取得一个又一个斗争的胜利,树立起中华民族同气连枝的共同体理念。

(三)开展工农运动促"三交"

柳州地下党通过四中、民团教练所的国民党左派力量和学联、妇协等群众团体,开展了支援北伐军,捣毁封建偶像,解放妇女等宣传活动。1926年8月间,为地下党掌握的《柳江日报》出版发行,该报的发刊词是地下党员罗琴谱撰写,公开宣称该报的宗旨是宣传孙中山的三大政策;宣传动员民众,支援北伐革命战争;开展工农运动,实现革命的三民主义。还成立了柳州各界"非基督教同盟会",陈振尧被选为该会委员长,张胆、伍廷飏、刘克初等人为顾问。该会成立不久,即举行了声势浩大的反对帝国主义宗教侵略的示威游行及一系列的宣传活动,逼使柳州基督教宣教会福音堂的美国牧师陈法言、丁惠民滚出柳州。由于马平县知事钟秀杰庇护帝国主义的在华侵略工具——基督教,仇视爱国群众的反帝运动,柳江学联在地下党的策动下掀起了打倒帝国主义走狗钟秀杰的运动。这个运动得到各界群众的声援,《柳江日报》发表了支持学生运动的文章。不久,国民党省府被迫将钟秀杰撤职。

9月12日,当北伐军在武汉歼灭了军阀吴佩孚的胜利消息传到柳州,全城沸腾、大放鞭炮、满街高歌。柳州人民受到很大鼓舞,掀起了爱国反帝的热潮。14日,北伐后援会柳州分会举行庆祝北伐胜利大会,到会约1万人,并演出话剧《会师武汉》,这是柳州首次演出话剧。

中共柳州支部在成立后短短的两三个月内,做了大量的宣传、发动、组织群众工作,在革命斗争中培养了一批革命积极分子,为改组整理为旧官僚和土豪劣绅把持、反对实行孙中山三大政策的马平县党部创造了条件。张胆依靠四中及民团教练所的国民党左派组织,于11月成立了为共产党人和国民党左派分子占优势的新县党部，从广州农讲所毕业回柳的地下党员谭均任、李席珍，被国民党省党部委派为农运特派员，两人参加了新的县党部。改组后的县党部，除了极少数反动分子外，其工作人员熊秀民、王受祺（女）、邓毅、吕明、康泰庄、莫美初等人，后来都先后成为共产党员或共青团员。马平县党部成了我党进行工农群众运动的合法组织机构。

柳州党组织同时积极领导工农运动。1926年，当梧州工人示威游行，要求撤销英国领事馆时，柳州工人也举行游行，声援梧州工人的革命行动，从而迫使英帝国主义不得不放弃在梧州的领事权。

1926年9月5日，四川万县发生了英国军舰炮轰居民的"九五"惨案。柳州即举行了几千人的追悼大会，抗议英军的爆行。与会者群情激愤，怒不可遏。大会上悬挂一副激励人心的挽联。联曰：

> 慰万县同胞，此去如逢总理，代说国民觉悟。
> 告柳江群众，今后或遇敌人，尤须努力牺牲。

由于共产党人的积极活动，工会和农会组织也在柳州城乡广泛建立起来，工人运动、农民运动蓬勃开展。当时柳州的工会组织很多，各个行业建立的工会组织达18个，会员2100多人。各工会还联合起来成立了总工会。党通过这些工会组织，领导工人群众与资本家展开斗争。如苦力搬运工会成立后，即与行东戴吉昌做斗争；烟作工会成立后，便领导工人向老板罗天昌做斗争，提出增加工人工资和改善工人生活待遇的要求。

农会也普遍建立起来，雅儒、北关外、黄村、窑埠、渡口、竹鹅等地先后成立农会组织19个，会员2500余人。各农会都有图章和旗帜，黄村农会还修建了会堂，北关外和雅儒两地农会创办了农民夜校。农会在党的领导下，除了组织广大农民管理乡政，维持治安，调解纠纷，修路办学外，还积极开展与封建地主、土豪劣绅及反动政府的斗争。如1927年3月间，马平警察局开征卖菜牌照捐税，每月交纳税款银洋一元，否则不准进城卖菜或罚款。这激起了农民的愤怒。于是北关外、雅儒村，黄村等近郊6个农会联合起来，组织农民进城游行示威，举行罢市，农民停止挑菜进城卖，不到城里挑大粪。郊区农民的这一反增税斗争，得到了城内工人、市民和各界群众的支持，从而迫使县警察局一周后取消卖菜牌照捐税。[1]

与此同时，马平县妇女协会成立，在党组织的领导下柳州的妇女运动也很有起色。觉悟了的妇女纷纷剪掉拖在背后的大辫子；她们上街宣传演讲、演戏；高喊反对封建婚姻，实行男女平等、妇女解放的口号。妇协还办妇女夜校，为扫除文盲，提高妇女觉悟及社会地位而斗争。马平县妇女协会在地下党领导下，和党务处妇女部及县党部妇女部配合行动，组成废娼工作队，一举解散了柳州的几家妓院，把百多名妓女救出火坑，走上新生之路。

当时，国民党五旅旅长、柳庆督办署督办伍廷飏，亲眼见到国共合作以来在柳州出现的新局面，感觉到工农民众运动是一支不可忽视的力量，因此便有借助共产党人的力量，为他扩展个人在柳庆地区的势力的打算。地下党负责人陈岳秀、张胆等深悉伍的意图，于是便建议伍出面将柳庆地区各县的党务大权抓过来加以整顿。伍欣然接受并向省党部报告成立国民党柳庆党务整理处，省党部批准伍的报告，党务整理处于1926年12月正式成立。主任为伍廷飏，副主任为陈岳秀，张胆为党务指导员；罗琴谱、谭均任、李席珍、刘策奇、王振奇、熊秀民、陈秉森、黄光、陈俊、覃禧章、莫美初、苏德焕、卢种德、吕明、康日勋等共产党员、共青团员以及国民党左派，都在该处任职，党务整理处基本上为我党及进步力量所掌握。该处当时的主要任务是开办党员特别训练班，培训各县调来的党务及工农运动的干部，为整理和筹办各县党部准备力量。第一期党训班很快地就在12月开学，训练班的各科教官基本上是革命进步人士。就这样，中共地下党利用伍廷飏扩展个人势力的企图，行大力培养革命力量，发展工农民众运动之实。[2]

---

[1] 参阅萧泽昌、张益桂：《柳州史话》，南宁：广西人民出版社，1983年，第107—108页。

[2] 中共柳州市委党史资料征集小组办公室刘明文：《大革命时期柳州的革命活动概况》，政协柳州市委员会学习文史资料委员会编：《柳州文史资料汇编》1—3辑，2016年，第138—143页。

柳州共产党领导下的工农运动，与全国的革命运动相互呼应支持，在更大的范围里促进了柳州各民族之间的互动，展现了柳州各族人民在中国共产党领导下交往、交流、交融的生动情景。

1927年4月，正当大革命在全国各地轰轰烈烈开展的时候，蒋介石发动了"四一二"反革命政变。柳州的革命运动在"四一二"反革命政变后也受到严重破坏，共产党员张胆、熊秀民、刘策奇、王振奇等先后被捕杀害，支部书记陈岳秀被捕后遭送回原籍(后脱党)，谭均任代行中共柳州支部和共青团支部负责人的职责；9月13日深夜至14日凌晨，国民党柳州当局在全城搜捕革命分子，30多名党团员和工农运动积极分子被捕，谭均任、莫胥华、吕明等部分党团员逃脱，中共柳州支部和共青团柳州支部遭到破坏，各群众团体被改组。

从1927年9月至1937年3月，柳州城区没有中共地下组织的领导机构，但间或有共产党员来柳活动：1928年6月，中共广西特委派出巡视员到柳进行恢复党组织的工作；10月，广西特委书记邓拔奇到柳州视察，但都没能够恢复党组织。这期间隐蔽在柳州的共产党员和各界爱国人士联合起来，成立抗日救国组织，开展抗日救亡活动，为柳州地方党组织的恢复和重建做了组织准备。

1937年3月，中共广西省工委派中共党员陶保桓到柳州恢复、重建柳州党组织。陶保桓以柳州中学教师的身份为掩护开展党的活动，先后接收了原来隐蔽在柳州的一些党员的组织关系，并发展了柳州中学教师路璋、校工陈武、学生邱如仑(丘行)、韦廷安、练美德(练以明)、王璇、凌树棠和沙塘农林训练班学生陆明才、赖志廉、牟一琳、杨思明等人入党，中共柳州支部得以恢复重建，陶保桓任支部书记，支部隶属中共广西省工委领导。支部成立后，领导柳州青年学生开展抗日救亡运动。[1]

---

[1] 参阅中共柳州市委党史研究室：《柳州党史概述》，http://dsyjs.yun.liuzhou.gov.cn/lzds/dsgsx/201212/t20121226_570581.htm

四、抗日战争：冒着敌人炮火前进的柳州"三交"史

1931年9月18日，日本制造了震惊中外的"九一八事变"，发动了侵华战争，东北沦陷；1937年日本又制造了"七七事变"，抗日战争全面爆发，华北、华东、华中相继沦陷。随着全国大片领土和一些名城大都的失守，沦陷区人民纷纷向祖国西南迁移。抗战时期，柳州因其交通枢纽和军事重镇的特殊性，成了西南抗战的大后方，后来又成为抗战最前线，南来北往的各族人们在柳州交汇，从而揭开了柳州"冒着敌人炮火前进"的"三交"史新的一页。

（一）西南抗战的大后方

1937年7月7日，抗战全面爆发。大量的难民、工厂、商人、资本不断涌入柳州，柳州人口激增。1941年户口总调查发现，柳州城区人口16万多，约为1939年人口的2倍。1938年11月，作家巴金路过柳州，住了3天。他在随笔中写道："柳州是一个还没有受到战争损害的城市"，"我觉得我是在做梦"，"不然我四周为何还有如此太平的景象"。这座西南商业重镇以开放包容的姿态接纳四面八方躲避战火的各族同胞，彼此的交往、交流、交融更加广泛深入，柳州工商业经济也随之发展。

一些官办和商办的工厂从东南各地迁来柳州。如机器制造业，抗战前柳州几无一家，而这时却有柳州机器制造厂、广西中华铁工厂、捷和钢铁制造厂柳州分厂等。

柳州机器制造厂一位曾在美国波音公司工作过的工程师——朱荣章，利用一台750匹马力发动机，自行装配制造成功一架单座驱逐战斗机命名为"朱荣章号"。该厂还先后成功仿制英式单翼教练机和"亚维安"、"吉的"教练机多架。抗战期间，该厂生产的飞机积极投入对日空战，击落敌机数架，屡建奇功。1942年初至1945年8月底，"飞虎队"（美国援华航空自卫队）陆

续进驻柳州机场与日本侵略者进行浴血空战。期间，柳州机械厂派出精干维修队伍，负担了飞机维修任务。

捷和钢铁制造厂约于1937年从广东迁来柳州，厂址在东门，主要生产军用品钢盔、铁铲、铁镐等军用品物资，人数在五六十人。柳州境内还有两所由外地转迁至柳的兵工厂。一个是防毒面具厂，编号四十二兵工厂，该厂原为广东面具厂。1939年由广州迁入柳州，厂址设在窑埠（现区卫校位置），有员工六七百人，专业研制、生产防毒面具。另一个是四十一兵工厂，原为广东第一兵工厂，1939年迁至柳州融县（今融水县境内），主要生产步枪、机枪。

此外，纺织、卷烟、食品、军工等行业也都拥有新式机器进行生产，民族资本主义工商业在柳州迅速发展起来，柳州各民族通过经济上的交往更加紧密地融入中华民族大家庭中。

随着华北、华东、华中和广州、香港等地的失陷，偏安西南的柳州成为内外物资交流的重要通道。重庆、成都、昆明、贵阳以及西安、青海等地的商人纷纷来柳采办货物。当时城内城外、大街小巷都成了商业贸易的场所。城中店铺林立，呈现一片繁忙的景象。如小南路，通街全是绸布商店，时有"苏杭街"之称，其中资本比较雄厚的有"同发昌""广成昌""友成隆"等，均有布匹达五千匹以上，其他百货、医药、日杂等也都有不少豪商巨户。随着商业贸易的繁盛，经纪、旅馆、餐饮等服务行业也很发达，经纪行、旅社、饭馆、酒家，像雨后春笋般地开设起来。如沙街（今柳江路）、正南路（今解放南路）就有经纪行达两百多家，其中"生记行""厚福行""联福行""仁泰行""达成行""泰丰行"等资本雄厚，货物丰盛。与商业相关的金融业也很活跃。此时，柳州除了中央、中国、交通、农民四大银行的分行和广西银行柳州分行外，还有广东、湖南、贵州等省在柳州设立的银行。此外，还有民营的"金城银行柳州支行"和广东的"光裕银行"，四川的"聚兴诚银行""亚西银行"，以及新加坡、马来亚等地华侨开设的"华侨银行""华侨联合银行"，等等。

以广西银行柳州汇兑所（柳所）的经营为例，其成立时，营业区域包括：柳州、雒容、柳城、河池、南丹、思恩、天河、宜北、罗城、融县、三江、武宣、忻城、迁江、来宾、象县、凤山、东兰、榴江等，由柳所负责管辖所属营业区域范围内的资金运用及调拨事宜。柳所在1935年改称柳州分行后主要业务有存款、放款、汇兑、信托、储蓄等。其营业情况分列如下：

存款方面：1935年存款总数1059万元，比1934年增600余万元。其中：暂存增370万元，特存增120万元，往存增60万元，外存增40万元，在存款增长中，公款占70%，其余系商号、私人及外埠同业存款的增加。1936年度，因外汇汇率变动异常，钞价时起时落，影响本年存款较上年减少，尤以商民存款的减少最为突出。

放款方面：1935年放款总数219万元，比1934年减少44万元，其中：往透减少30余万元，定放减少10余万元，原因在于当年商市冷淡，钞价低落，以及银潮影响所致。1936年亦因外汇汇率变动过剧，柳州分行为适应环境，年内停止和减少放款，以致本年放款较上年减少。综上所述，1935年至1936年度，两年放款均呈下降趋势。

汇出汇款：1935年汇出总数202万余元，比上年减少40余万元。1936年度，因商人需向外埠购货及应时需，故本年汇出总数近300万元，比1935年增加约100万元。[1]

抗日大后方的柳州同时也成为大西南与华南及东南亚等地的转运枢纽和交通中心，这在客观上使得柳州各族民众与全国各族民众交往交流交融的地域壁垒得以打破。1940年在柳江南岸检修或停留的汽车常有二三百辆，航空、水路、汽车、火车，运输频繁。当时从柳州有五条路线与华南及东南亚等地的联系：

---

[1] 政协柳州市委员会学习文史资料委员会：《柳州文史资料汇编》第9辑，2016年，第230—231页。

（1）从香港经大鹏湾、沙鱼涌、淡水、惠阳、沿粤北至曲江，转衡阳到柳州；

（2）从澳门经前山、石岐、南海、鹤山、肇庆、梧州到柳州；

（3）从广州经佛山、肇庆、梧州至柳州；

（4）从越南芒街经东兴、灵山、乐民、贵县到柳州；

（5）从香港、澳门用机动帆船到阳江三了港登陆转罗定、德庆入梧州，达柳州。

延安抗日革命根据地和国民党统治下的西南地区，都通过这五条路线，向东南亚各地筹集所需要的民用物资和工业器材。1939年至1940年，八路军还在柳州设立过临时物资运站。[1]

人口的大量流动、经济的频繁往来和交通的重要地位，促进各民族文化的相互借鉴、语言的相互学习和心理上的相互认同，同时将柳州与全国各族人民团结起来、共同为挽救中华民族危亡而战。彼时，虽然是战时后方城市，柳州各族民众却心系抗战、踊跃支前。《柳州市志》记载：

1937年7月14日，柳州各界集会声讨日军制造"卢沟桥事件"，会后游行示威，通电抗议日军的侵略行径。

同年7月，柳中学生写信声援上海"七君子"，要求国民党停止内战，迅速成立救亡战线共同抗日。

同年9月1日，桂系第七军北上抗日，出发前发表的告别柳州各界书中写道："本军全体官兵奉命出发，雄兵数万，浩浩荡荡开赴前线和敌人决一雌雄。"

同年10月，柳州各界捐献救国金，第一批8197.84元（国币），第二批2350元（国币）。

1938年4月8日，城区百姓通宵燃放鞭炮，庆祝台儿庄大捷。

同年7月7日，柳州妇女抗敌后援会组织献金救国运动，在闹市设"献

---

[1] 参阅萧泽昌、张益桂：《柳州史话》，南宁：广西人民出版社，1983年，第109—110页。

金台"。

同年 7 月 24 日，柳州各界代表集会，响应巴黎国际反侵略运动大会号召，反对轰炸不设防城市。

同年 9 月，首批难民入境。至次年 12 月接受难民 3550 名。

同年 11 月 2 日，柳州各界征募寒衣委员会将 4 万元寒衣款汇给广西抗敌后援会。

1941 年 4 月，各界组织千余人协助军人家属开展春耕。

1942 年 8 月，柳州民众献金 30 多万元购买飞机。

1943 年 8 月，柳州举行空军纪念节大会，各界献金 30 万元。

当年有一首《献金歌》广为传唱："献金，献金，大家快来献金，不在乎你献多与献少，只在于你一片爱国心。"充分表达了处于后方的柳州人民同仇敌忾、踊跃支前、誓死不做亡国奴的民族气节。

（二）奋起抗日

从 1938 年到 1944 年，柳州作为大后方庇护了万千逃难者，却也遭受了日军频繁的空袭，造成 1300 多人死伤，4700 多间房屋被毁。

1944 年，日本侵略军为了打通从中国东北到越南的大陆交通线，发动了对国民党战场的新进攻。5 月，日本侵略军进攻湘北，继而占领长沙，直逼广西。11 月 11 日，柳州沦陷。

柳州从沦陷之日起，到 1945 年 6 月 29 日光复止，前后被日本侵略军占领达 8 个月之久。此期间，日军在柳州烧杀掳掠，无恶不作。据战后国民党广西省政府的不完全统计，当时柳州（包括柳江县）被日伪军杀害者 5095 人，被杀伤者 33378 人，因战乱染病死亡者 8672 人，失踪者 4350 人，被烧毁房屋 26764 间，人民财产损失总额为 298 亿 91121000 元，[1] 按 1945 年 10 月的米价每

---

[1] 广西省政府统计处编：《广西年鉴》，第三回下册，1946 年编印。转引自萧泽昌、张益桂：《柳州史话》，南宁：广西人民出版社，1983 年，第 112 页。

担为 2500 元计算，相当损失大米 1200 万担。[1]

面对日寇的疯狂，柳州各族人民奋勇还击，打击入侵之敌。疏散在农村的共产党员和地方上的爱国分子联合起来，以农民为主体组织抗日自卫队、抗日游击队，开展武装斗争。据朱午迟的记述：

> 日军在柳州几个月期间，城内外和乡区的群众，和自卫队起来与日军拼命搏斗的事例很多。如：（一）雅儒路石巩桥头沟内，日兵被雅儒路的居民把其守卫的枪夺去。（二）日本复兴队班长街川（日本人）在未抗战前来柳，他曾化装在成团补锅，实际是暗地侦察我各处各种情况，因此他熟悉各地地形，一天他荷枪到成团赶圩，被该圩一个姓熊的大学生，把街川打死，熊某便即夺街川的枪走脱。（三）日军有一次，派一排兵去攻离岩口村数里的湖广洞。初在平地与民众对抗，其后民众转移到大洞，登山与敌作战，敌人见进攻不利，退下沟口，而民众即用手榴弹投下沟口，毙敌 9 人，并夺得步枪数支，敌人狼狈逃遁。（四）敌人打横山村，1943 年 12 月 31 日到岩口村去求援。群众用手榴弹炸死敌人高级官长二人，岩口民兵仅损失一人。（五）日军在穿山拉伕挑担，夜间溜走，民团摸出来守候，等到伕子刚放下担子休息的时候，就立即抢挑而走，当时日军押解兵少，不敢开枪。（六）敌人用马车由石龙运布上柳州，到岜谋时，被民团抛手榴弹，但因为手榴弹不爆炸未成功。（七）三都有一个百子坳，因日本鬼子来往南宁、庆远的零星部队过坳，被民团奋起击毙者很多。大家都因获得胜利而自豪。于是众口同声，将百子坳改名为"鬼子坳"。[2]

又据韦日上的记述：

---

[1] 参阅萧泽昌、张益桂：《柳州史话》，南宁：广西人民出版社，1983 年，第 112 页。
[2] 朱午迟遗稿：《柳州抗日事件诗》，政协柳州市委员会学习文史资料委员会编：《柳州文史资料汇编》1—3 辑，2016 年，第 216 页。

小山乡官塘村抗日爱国人士曾广亮自发组织四五十人，扼守官塘村至公王宫一带，防守达数月之久，敌人几度来犯均被击退。日寇最后一次竟以百多人来攻，曾进至官塘村，战斗颇为激烈，是役歼敌数十，敌损失重大，曾广亮之女曾官寿负重伤。

小山乡卜洞村抗日爱国人士曾克相亦自发组织黎树昌、韦春霄等四五十人，踞守小山圩及南岸村一带，敌人始终未敢进犯，使散居小山乡各村10余万难民幸得安全，这是人民自卫的良好表现。

因而小山圩不论圩期闲日均甚热闹，每天宰杀猪四五十头还是供不应求，此外每天还有生牛生猪百余头交易。

成团乡板江村韦就烈、福公村蓝风辉以及盘龙村熊文等组织有百余人自卫队，在成团圩附近打游击，在成团圩上杀"皆川"（即"街川"），大快人心。

另一支自卫队有百余人，由进德乡韦俊领导，活动于红花、四浪一带打游击，大小战斗10余次。

百朋乡一支自卫队，拥有人枪六七十人，由韦带煊率领。活动于弓村、桐村、布村一带，经常截击柳邕铁道线上来往之敌，其间尤以在长安村伏击歼敌甚众。

里高乡芦村由韦增照率领一支五六十人的自卫队，活动于该乡附近，多次在百子坳埋伏，截击往来于柳州大塘之间的敌人，给敌人以很大的威胁。

人民自卫武装力量中，大荣乡由覃瑶华率领的一队约八九十人，经常截击炸毁日寇由大山脚杜村来往柳州的轻重汽车，一次敌寇约四五十人由三都经六道至大山脚公路时，遭到该队的伏击，枪声一响附近村民纷纷自动赶到参加围攻，是役敌伤亡10余人，损失颇为惨重，我方亦有损失。自此以后，敌寇行经此地时小心翼翼，鸣枪搜索后才敢前进。该队又曾在杜村、黄岭一带袭敌达10次，使敌人每行经此地莫不胆颤心惊。

另一支抗日武装力量约百余人，由韦日上率领。一天，敌寇数十人由三都乡穿过大弄企图到小山乡麦岐、地堡等村掳掠，行经甘村附近遭到韦日上部武装以及农民300余人截击，激战半日，敌死伤数人，遂不敢深入而向里团村、六羊村溃退。自卫队员韦有禄牺牲，农民不敢穷追。又一次韦日上部与敌人战于都荣村一带，我众敌少，敌败退都荣村背山岩躲藏。不久远近农民纷纷赶来协助围剿，从高山上纷纷滚下巨石，一时滚石声与枪声响彻山谷，敌人龟缩山洞不敢应战。[1]

柳州的抗日力量还从分散走向统一，更是各民族"冒着敌人炮火前进"促"三交"的集中表现。还据韦日上的记述：

> 柳江沦陷后，百朋乡金陵村覃连芳之弟覃连衡，带领覃连芳之妻子及全家老少，到小山乡长㟖村避难。覃连衡目睹各地自卫队风起云涌奋起抗战保卫家乡，可惜组织不健全，各自为战没有统一指挥，不能发挥很大的军事作用，于是在小山乡纳鱼村组织成立民军司令部，称之为广西省柳庆民军司令部，司令为覃连衡，副司令为韦日上；刘冠坤为参谋长，韦祖贤为副官长，将柳江县各乡自卫队重新整编为7个支队，即：百朋乡支队司令覃有仁；成团乡支队司令张士钧；穿山乡支队司令覃耀；思贤乡支队司令刘汉雄、李汉臣；此外还有来宾县江毓秀支队、张义樵支队、象县韦士德支队。

> 各支队人枪数不等，少则一两百，多则千余。其中以江毓秀、张义樵、张士钧、覃耀等支队人枪最多。战斗力则以江毓秀、张义樵两个支队为最强，有人枪四五百，该两支队活动于来宾、迁江、柳江三县边境地区，常给敌以重创，曾缴获战马五六匹、指挥刀十余把、太阳军旗数

---

[1] 韦日上遗稿：《柳江县抗战的回忆》，政协柳州市委员会学习文史资料委员会编：《柳州文史资料汇编》1—3辑，2016年，第220—221页。

十面。与此同时，叶春茂、覃耀部在里雍至迁江一带河面，截击敌人水上运输船艇，缴获辎重及木筏不知其数。

1945年2月敌寇由南宁向柳州败退，成团岩口村、鲁比村、黄岭村附近时，遇到我民军江毓秀、张义樵、张士钧、李汉臣、覃有仁等部约2000人的截击数次。这时国军汤恩伯的第三方面军已至贵州边境，探悉柳江县有民军活动，先派陈明仁军的一个师挺进至柳江县的福公村，该师又派出一个营到成团圩与我民军联系，并知道民军副司令韦日上与该军军长陈明仁是黄埔军校一期同学，该营长邀请韦日上至福公村师部，该师长接待颇为客气，并答应补充民军枪弹，并鼓励民军努力配合国军抗战光复柳州。之后，该军又加派一个团到鲁比前线设防。当时鲁比岩口村附近农民，以为国军到此布防可保无患，于是逃难在外的农民纷纷返回家园。岂料汤军与敌人在鲁比一接触即向成团败退，附近村民仓皇逃散，狼狈不堪。幸得民军张士钧部百数人死守鲁比村顽强抵抗，敌始不敢继续前进，始得转危为安。

鲁比村战后不久，我民军配合国军一步一步迫近柳州，国军从飞机场、竹鹅村、张公岭主攻柳州，民军从新圩强渡柳江河迂回敌后。敌寇自知前后受敌，即迅速撤退；1945年7月光复柳州。

柳州民军与邻县民军各支队，在抗战期间参加大小战斗百数次，俘获甚多，其中以江毓秀、张义樵、叶春茂、覃耀等支队战绩更为突出，之后，曾在芳园（覃连芳的别墅）开战利品展览会：展出战马十数匹、指挥剑五十余把、通讯器材以及其他轻重物资无数，还不包括尚未运到的另一批战利品。[1]

在韦自如的记述中更是详细地列举了柳州民军第一支队与日寇拼搏的经

---

[1] 韦日上遗稿：《柳江县抗战的回忆》，政协柳州市委员会学习文史资料委员会编：《柳州文史资料汇编》1—3辑，2016年，第221-222页。

过，他记道：1944年10月下旬，柳江县县长覃采如委派韦优如为三都乡乡长，兼自卫大队长。到刘栋平代理县长时，又将三都、水源两乡的团兵合为自卫联队。以韦优如为联队长。在覃连衡组织民军司令部时，又以韦优如为民军第一支队司令。司令部所辖有三都、土博、水源、里高、盘龙5个中队。他召集当地父老和韦自如（系韦优如的叔伯兄弟，三都中心小学校长）等共商如日寇到三都时的对策，包括疏散等项措施。并推举韦自如为第一支队司令的助手。

一支队司令决定：一、立刻动员附近村民在3天内把所有物资全部疏散到龙洞弄。二、民军第一支队司令部与三都乡公所迁往水源。三、号召群众将存谷全部迁走。富户韦卓然，存谷10万余斤，动员群众全部搬运进弄，十分之七归物主，十分之三归搬运者。后来群众同心合力，家家户户全部搬空。既完成空室清野之计，又使避难者无饥饿之虞。

兹将民军第一支队与日寇拼搏部分经过叙述如下：

1. 龙洞坳口与敌初次战斗

1944年11月12日，我（即韦自如，下同）率领群众到山坳险处设卡，忽闻弄外传声："敌人向我弄进扰啰！"我即飞跑转入弄场，站在一块大石上指挥，派5名持枪的民军，另派青壮年5人，持刀矛相助。我民军刚到坳顶，敌人亦将到临。我为先发制人向敌猛烈射击，敌见地势险要，无法进攻，倒身滚地即逃。我们在山顶的哨兵，发现敌人有去石灰弄坳口寻衅模样，我即派兵增援石灰弄口阻击敌人，但敌又即向弄纳方向溜走。我又抽调龙洞坳及石灰坳各部分兵力，拦头痛击，到下午7时许我方才收队回龙洞（以下简称洞）。

2. 扳曹村里杀日寇

11月29日，据报有300左右敌人，由柳州开来，敌先头兵3名，不久即到扳曹，在大路、龙塘一带，分配驻房标志，部队晚上到达。得报后即派民军10余人，不带枪支，只带柴刀、锄头、利斧、大镰刀，扮装农民在扳曹附近田间耕作，备好酒肉为饵，邀敌至村中屋内共饮。果然贪吃的日寇中我圈套，狂饮大喝起来。待敌晕晕倒倒时，我以二人对付敌一人，一齐动手，刹那之间，那3个敌先头兵，就被送回去见他们的"天皇"了。

这次缴获六五长杆步枪2支，六五短杆步枪1支，子弹280发，饭盒杂囊各3个，及其他零碎药品等。敌尸抛进深潭后，晚11时许我军凯旋回弄，捷报遍传各地。

3. 扳旺村前打鬼子

扳旺村在三都东面，距六道坳六七华里。11月25日，韦桢栋队长率领民军10余名前往袭击驻山田村之敌，途中与百余敌人遭遇，当即命令在公路两边隐蔽，让敌人走过，我们紧跟敌后。及至扳旺村前的公路上，即就地利用地形，出敌不意，把手榴弹、步、轻机枪，一齐猛烈攻击，战斗持续30分钟，我方因子弹所剩无多，暂令后撤，以待补充。韦桢栋好奇心重，只身到阵地前查看，见大堆敌人横直睡在马路上，以为全是死尸，大叫"鬼子死完了"，不料敌人忽然起立，向韦射击，韦受了伤，中敌奸计。我们闻枪声立即冲向敌人射击，又战斗持续一个小时之久。计我方仅韦桢栋一人受伤，而日寇伤亡53人，敌人当晚不敢再行动。

4. 六道坳下杀敌小头目

我队派有一名队员在三都的维持会里当警兵，坐探敌人的消息。有一天这个"警兵"传来的消息说：有鬼子小头目到柳州领钞票，明日返回三都。

第二天清早韦桢栋即派一名民军到六道坳的山边哨探，韦虽已负伤，还亲自带5名民军埋伏在公路桥底。到下午2时许，在山边的哨探喊道："有一人骑马背枪的快到了！快到了！"我埋伏桥底的民军做好准备，待这个小头目刚过桥，一齐向骑马的小头目冲去，小头目当场被我射中重伤翻下马来，大声叫嚷，韦桢栋即箭步上去把马拉住，因当时赶圩来往的人多，不便开枪，故该小头目趁人多混乱之际，突向六道街上走去，但该小头目到街上倒地不能动。驻六道的日寇得知赶到，拉我农民四人，抬这个小头目到六道的敌人医院，刚到村口，这小头目就气绝丧命了。后来查悉，该小头目是驻三都日寇小山，是日寇内野部队、复兴队头目之一。

5. 围攻驻三都、木康之敌

木康位于三都西边约一华里，在公路边。11月27日，第一支队司令韦优如下达所辖5个中队的任务：博爱中队攻击三都正面，扳江中队攻击三都西面，盘龙中队占领公路西南面要点，以阻击里高方面增援之敌，里贡中队占领三都正面的要点，以阻击由拉堡方面增援之敌，均由韦剑吾统一指挥。

中队按规定到达指定地点，做好一切准备。里贡中队占领了上三村山顶最高峰后，首先向木康之敌开枪，敌人仓皇逃进木康，有的逃进水碾躲避，当场被重机枪击毙7人。我包围木康到夜晚11时，才轮班回三村吃饭，饭后又继续包围敌人，我北面部队勇猛，首先冲到木康屋边，敌人利用墙壁抵抗，并向我发炮7发，我队2名民军英勇牺牲。

次日上午9时左右，敌人由六道开来汽车12辆，满载援兵，那时我占领各山顶部队，即用轻、重机枪，向增援之敌猛烈射击，勇敢战斗，敌的第三、六、九、十辆汽车的司机，当场被我击毙。敌换司机后，转开去六道，其余敌人，半夜突围逃走。事后清查，此役敌伤亡200多人，血染红了马路长约3华里，尤以三都牛行为甚，此均证明敌人伤亡惨重。而我民军仅阵亡2人，重伤3人，轻伤1人。此役战果极大，给敌以重创。

6. 六道坳上战日寇

1945年5月，敌人行动频繁，由里高方面开往柳州，整日不断，有撤走模样。我里高中队、六道中队共200多人。互相联系，于5月间的某一天集中兵力，占领六道坳山顶险要地点，并布置轻、重机枪阵地。其他部队各按指定地点埋伏起来，以待敌人。

下午3时左右，发现敌人大部队，由里高方向走来，待敌人到达我埋伏地后，一声令下，轻重机枪、步枪、手榴弹一齐开火。因我火力猛烈，打得敌人丢盔弃甲。敌虽作抵抗，但因地势不利，纵有优势装备，也发挥不了多大作用，战斗持续到第二天上午 10 时，我军士气越战越旺。战斗结束后，清理战场时，发现马路上、石堆里、畲地间堆满敌尸，难计其数，打死敌人的马匹也很多，许多村妇用菜刀割取马肉做菜吃。

  此役缴获敌人的步枪、轻、重机枪一大批，但都没有子弹。此外还收缴了敌人的指挥刀、钢帽、防毒面具等战利品很多。最后在岩洞里俘了敌兵 9 人，也是有枪无弹，问他们时，他们一言不发，只是摆摆头。由于战地的死尸太多，收埋不及时，臭气熏天，搁置达 3 个月之久。此战役我民军仅阵亡白鹅村覃学林 1 名，重伤覃健 1 人。[1]

  在抗日战争中，柳州各族人民"冒着敌人的炮火前进"！不仅在血与火之中保卫了祖国，也极大地提升了中华民族意识，"把我们的血肉筑成我们新的长城"！

五、解放战争："反饥饿、反内战"迎解放的柳州"三交"史

  抗战胜利后，全国人民渴望和平、民主，要求建立一个独立富强的新中国。然而蒋介石却违背人民的愿望，为实现专制独裁统治，于 1946 年 7 月间发动了内战。为此，国民党桂系军阀也把他们的主要兵力调往内战战场上，同时还在广西加紧征兵、征粮、征税，使广西人民陷于水深火热之中。在中国共产党领导下，柳州人民同全国人民一道，又投入了打倒蒋介石、解放全中国的解放战争。

  柳州人民历经抗战的苦难，光复后，又遭国民党反动派的洗劫，加之天

---

[1] 韦自如：《柳州民军第一支队与日寇拼搏经过》，政协柳州市委员会学习文史资料委员会：《柳州文史资料汇编》1—3 辑，2016 年，第 224—227 页。

灾疾病，弄得民不聊生。1946年3月间，由于缺粮和旱灾，柳州城郊90%农户断粮，靠吃树叶、芭蕉根和观音土维持生命。城区天花、脑膜炎同时流行更是雪上加霜。柳州也同其他各地一样，人民啼饥号寒，哀鸿遍野。国民党反动派的残酷压迫和剥削，激起了柳州人民的反抗。饥民在地下党的领导下，打起"反饥饿、要活命"的大旗，肩挑箩筐，结队到柳江县府和农民银行门口请愿示威，要求省政府裁军，取消苛捐杂税、发款救济。与此同时，柳庆师范、柳州中学、柳州高等工业学校、龙城中学等校师生也举行了反饥饿、反迫害的斗争。特别是柳庆师范的学生运动，震动了广西当局。当时，柳庆师范的革命气氛很浓厚，学校当局为限制学生的政治活动，实行严格控制，并逼走进步师生。为了打击学校当局的反动气焰，柳州地下党趁该校停发学生伙食费的机会，发动和组织全校师生举行罢课游行。师生们还走向街头举行反饥饿义卖，并组织募捐队广泛募捐，同时召开记者座谈会，呼吁各界给予支持和声援。柳庆师范的这场反迫害、反饥饿斗争，声势很大，为时达半月之久。桂系的广西省政府主席黄旭初深恐事态扩大，亲来柳州处置，最后，他被迫撤换该校校长，补发学生伙食费。柳庆师范的这场斗争终于以胜利结束。

1947年，在国民党统治区里出现了严重的经济危机，钞票贬值，物价飞涨，广大人民处在死亡线上。柳州东门街某居民因生活艰难，将岁余儿子出卖，得7万元，相当于7公斤猪肉价钱。《大时代报》评论："人肉竟然不如猪肉值钱！"5月间，全国掀起"反饥饿、反内战"的风暴。在地下党的领导下，6月2日，柳州中学、龙城中学、柳州高等工业学校、中正中学、文惠小学等举行罢课斗争。青年学生英勇地走向街头张贴标语、散发传单，揭露蒋介石的内战政策；提出"要和平、要民主""反饥饿、反内战""增加教育经费、改善教职员工生活"的口号；号召人民团结起来为反内战而斗争。7月间，桂系军阀在全省制造白色恐怖，血腥镇压革命运动。然而反动派的屠杀，只是暴露了他们的反动本质，却吓不倒革命人民。在地下党的领导下，柳州人民前仆后继，英勇战斗。

1948年2月间，中共广西城工委在柳州郊外成团乡灵江村召开桂林、柳州、南宁三市地下党负责人会议，确定1948年党在城市工作的方针任务，提出"争取时机，深入下层"的口号。根据这次会议的精神，柳州地下党在青年学生中建立"爱青会"，在码头工人、铁路工人中积极发展党的组织。

1949年1月，中共广西城工委在桂林召开桂、柳、邕、梧四市城市工作会议。会上分析了人民解放战争迅猛发展的形势和桂系军阀的反动本质，决定"大胆发动群众，培养干部，准备里应外合，迎接大军解放广西"的方针和任务。随后，在地下党的领导下，柳州先后成立了"青年解放联合会""工农解放联合会""爱国民主人士联谊会"等各种群众组织。中共柳州城工委还组织了湘桂黔铁路局柳州机务段工人的罢工斗争。

1949年4月，国民党反动派的"和平攻势"阴谋被彻底戳穿后，4月22日中国人民解放军渡过长江天险，23日解放了南京，接着，百万雄师长驱南下。这时，桂系军阀头目逃回广西，准备以西南各省为基地，继续进行顽抗。他们加紧进行军事部署，在广西各地成立"绥靖公署"，召开"地方行政保安会议"，疯狂围剿省内各地游击队，并把由华中逃来的国民党军队，安置在湘桂铁路沿线，负隅顽抗。当时，柳州军警机关林立，宪兵、警察、保安队和南逃而来的国民党军队，塞得柳州水泄不通。在政治经济上，他们一方面用"减租限田保农"口号欺骗人民，另一方面在全省范围内扩大征兵、征粮、征税，加强特务统治，实行"全区联保""联甲担保""五户联保"，经常采取戒严、宵禁，对机关、企业、学校不时进行大清查、大逮捕，整个柳州处于白色恐怖之中。

在地下党的领导下，柳州人民不畏强暴，与敌人展开针锋相对的斗争。1949年5月14日，地下党组织青年学生在全城散发传单，张贴标语，连柳州专员公署的布告栏里也贴上了《警告柳州特务书》，使敌人终日惶惶不安。接着，5月19日，龙城中学又爆发了震撼柳州的"寻师"运动。当时，柳州反动当局为镇压革命群众，将龙城中学的五位进步教师列了黑名单，准备逮捕屠杀。柳州地下党得知情报后，立即将他们转移到柳北游击队。为了揭露敌人的反动罪行，地下党通过龙城中学的进步学生召开全校师生大会，并通过讲演会、壁报栏，大张旗鼓地揭露反动派迫害进步师生的罪行。7月28日，柳州地下党开展宣传攻势，在全城散发和张贴宣传标语。其时，全城大街小巷，到处都贴着《告柳州人民书》《中国人民解放军约法八章》等标语、文告。这一宣传攻势，有力地打击了反动派的嚣张气焰。

1949年9月间，解放军进逼衡阳，广西临近解放。为了加强对敌斗争，做好迎接解放大军和城市接收工作，中共广西城工委于9月25日在柳州附近的鹧鸪江召开桂、柳、邕三市地下党负责人会议，着重研究迎军工作和城市调查、保护工作。10月间，柳州城工委向全市散发了《告职工书》《告各机关负责人书》，号召全市人民团结起来，为保护工厂、机关、铁路、银行和一切国家公共财产而斗争。

在中共党组织的领导下，柳州人民积极开展护厂、护路、护校和保护整个柳州安全的斗争。在柳州临解放的前一天，国民党反动派的工兵坐着一辆汽车，装着炸药来到柳州电厂，准备炸平该厂。可是早已组织起来的电厂工人纠察队，日夜守护在工厂周围。当敌人慌慌张张来到电厂时，荷枪实弹的工人纠察队，先对他们进行宣传，晓以大义，后由工厂职员出面送给他们一些光洋。这班家伙见到全副武装的工人本已胆战心惊，又见雪白的银圆，便二话没说，接过银圆就开车回转。他们回到半途中把炸药放在空地上，轰隆炸了一声，向主子交差了。国民党反动派本想在逃离柳州前夕，进行一场大破坏，但由于地下党的周密组织和广大职工的团结战斗，柳州城终于完整地回到了人民手里。

经过长期艰苦的斗争，1949年11月25日，柳州人民迎来了解放大军。从此，柳州结束了黑暗的岁月，柳州的"三交"史也开始走上了光明灿烂的新时代。[1]

剧烈突进的大革命时代，不仅推动了柳州各族人民之间，以及柳州与全

---

[1] 参阅萧泽昌、张益桂：《柳州史话》，南宁：广西人民出版社，1983年，第112—117页。

国各族人民之间的广泛交往、全面交流、深度交融,还促进了柳州各民族,以及柳州与全国各民族更加紧密地凝聚成休戚与共、荣辱与共、生死与共、命运与共的中华民族共同体。

附录：柳州 1949 年解放大事记

1949年柳州的解放，是柳州历史上划时代的伟大事件。特根据中共柳州市委党史研究室编的《中国共产党柳州百年历史大事记（1921—2021）》（中共党史出版社 2021），辑出了《柳州 1949 年解放大事记》，以示纪念。

1月　中共广西省城工委书记陈枫在桂林主持召开全省城市工作会议，桂林、柳州、南宁三市及广西大学、南宁师院党组织的负责干部 12 人出席会议。会议分析了全国革命战争的胜利形势和桂系当局的动向，总结了一年来工作的经验教训，提出今后半年的中心任务是大胆放手、有计划有步骤地建立各阶层的群众组织及党的组织，深入进行调查研究，做好迎接解放军入城的"里应外合"工作。会议还制定了《城市调查研究大纲》。这次会议是解放战争时期广西党组织城市工作的一个新起点。柳州党组织负责人梁山、胡习恒、罗杰林出席了会议。会后，梁山和罗杰林（柳庆师范党组织负责人）、雷震东等 6 名党员干部参加的学习班，传达中共广西省城工委"一月会议"的精神，组织学习《新民主主义论》《论联合政府》及有关形势任务的文件，讨论了工作方针和任务。与此同时，胡习恒、熊元清在市郊社湾村举办了有曾少庆、黄维光、丘行、方宏誉、明乐、周民震等党员参加的学习班，宣传的工作方针和任务。

2月　中共广西省农委书记李殷丹在柳江县成团乡水灵村主持召开干部会议。中央香港分局关于开展武装斗争和农村工作的指示，听取了各地的汇报，共同研究了工作。

2月下旬　柳庆师范的中共党员邱如岳、龚敬、麦超等领导学生开展拒缴学杂费的斗争，取得了胜利。

3月下旬　柳庆师范学生因伙食费被扣压、教师工资停发而罢课3天，并向国民党柳州专员公署请愿，最终斗争取得了胜利。中共党员龚敬、麦超等领导了这次斗争。

中共广西省城工委通知桂林、柳州、南宁3市党组织各派1名党员，参加香港分局组织的华南青年代表团，秘密北上参加5月4日至11日中共中央在北京召开的中华青年全国代表大会。

4月4日至5日　中共柳州县委负责人胡习恒在县委驻地（曙光中路46号）召集该组织主要负责干部会议。出席会议的有熊元清、方宏誉、丘行、黄维光、曾少庆等人。会议检查了中共广西省城工委一月会议以来的工作，研究了柳州的情况，根据形势发展的需要印发《警告特务书》、《中国人民解放军布告》（又称《约法八章》）、《黄绍竑致李宗仁的公开信》，以打击特务的气焰，宣传党的城市政策。

5月14日　为宣传中国共产党和人民解放军的政策，揭穿敌人的反共谣言，动员各阶层人民积极投入迎接解放的斗争，打击、分化、瓦解敌人，在白色恐怖极为严重的情况下，柳州党组织与桂林、南宁两市党组织按照中共广西省城工委部署统一行动，散发《中国人民解放军布告》《警告特务书》《黄绍竑致李宗仁的公开信》等传单。这次斗争打击了反动派的嚣张气焰，鼓舞了群众的斗志。

5月中旬　中共柳州地方组织接收中共广西省农委在柳州铁路系统的组织，统一了湘桂黔铁路（秘密）工会等部门发展党员和解联会员100多人。这些会员成为柳州工人运动的主力军。

5月　龙城中学的中共党员教师罗杰林、丘行、毛恣观、方宏誉、唐美真因活动暴露，被特务监视，中共广西省城工委决定采取"失踪"的方式有计划地转移这5位教师，布置龙城中学学生自治会理事、中共党员周民震、潘瑞才、刘明文、刁蕴冰、周民霖等组成寻找"失踪"教师委员会，领导全校师生向国民党军、政、警、特部门请愿，要求找回"失踪"的教师，并在国民党的《广西日报》（柳州版）刊登寻师启事，离柳州或隐蔽下来后，"寻师"运动胜利结束。

6月底　中共广西省城工委书记陈枫奉中共中央华南分局（原中共中央香港分局）通知，离柳到香港汇报工作并听取中共七届二中全会决议的传达。

7月24日至30日　中共广西省城工委书记陈枫在市郊社湾村中共党员明乐家，召开桂、柳、邕城市工作会议上，陈枫传达了中共七届二中全会的决议和《论人民民主专政》的主要内容，总结继续放手发动工人、学生，建立秘密的和公开合法的组织，开展护厂、护路、护校的斗争。为了加强对各城市工作的领导，广西省城工委决定统一各市原有的各系统党组织，成立党的城市工作委员会。柳州市区原有的中共柳州县委和柳州特派员领导的组织合并，成立中共柳州市临时工作委员会（简称柳州城工委），组织委员胡习恒，宣传委员韦竞新，调查研究委员熊元清。柳州城工委机关设在曙光路46号。

7月26日　因柳州铁路局再次拖欠、停发职工工资，柳州地方党组织领导铁路职工开展"停工待命"的索薪签名运动。铁路的党员和解联会员大力发动群众参加斗争，坚持停工状态，向局方施加压力。最终，斗争取得胜利，柳州铁路局补发了3个月的工资。柳州铁路局工人从1月以来先后开展了怠工、罢工、总辞职索薪等形式的4次大的斗争，迫使4名铁路局正、副局长下台，有效地削弱了国民党的军事运输和经济能力，有力地配合了人民解放军在正面战场的作战。

7月　柳州的《群声日报》从5月至7月陆续发表该报记者巫东方

（爱青会员）写的讽刺国民党当局的《短命皇帝》《天下为私》《为富不"人"》等30多篇杂文，这令当局大为恼火，勒令该报停刊并追查文章的作者。党组织通知巫东方迅速撤出柳州。

8月　党的外围组织广西工农解放联合会和广西妇女解放联合会先后成立。工农解放联合会的任务是团结与教育工农群众，担负迎接解放的工作。该会共有会员77人，包括码头工人、机关工人、城郊菜园农民，主要分布在水南街、贤良路（今柳邕路）、桂柳路、窑埠村、鹧鸪江、弯塘路、黄村、塘头村、都湖村、柳城县沙埔武装力量。工农解放联合会会员在迎接解放，在掩护党员干部转移、截击国民党军起了很大的作用。妇女解放联合会有会员12人。由于妇女解放联合会成立的时间较短，在柳州解放前夕没有做妇女的福利工作，她们在解放和接管城市的斗争中发挥了一定作用，并为柳州解放后成立的民主妇联打下了组织基础。

根据武装斗争的需要，中共柳北区工委将桂黔边人民保卫团扩编为柳北人民解放总队。至9月15日，柳北总队兵力800余人，分布在柳北5个县活动。

9月25日至30日　中共广西省城工委书记陈枫在市郊鹧鸪江雁头岭的山沟召开城工会议，梁健、梁山、胡习恒、韦竞新、熊元清等出席会议。会议总结了七月会议以来的工作，对全国和广西解放战争的形势作了分析，着重研究迎军入城的准备工作问题，地方上层民主人士和开明士绅的联系，积极做好迎接解放军入城的一切准备工作。会议对战争方式、真空状态、和平解决3种方式做了详尽的分析，分别制定了应变措施，强调各市党组织要从最坏的情况着想，要广泛发动群众，建立武装小组，做好护厂、护校、护路工作，防止敌人的破坏和抢劫，同时确保党的领导机关的安全。会议还决定在各市建立中国新民主主义青年团，从优秀的爱青会员和学联会员中发展团员。

9月　柳州城工委在柳州飞机场建立党的工作据点。为配合解放军正面战场的斗争，蒋玉昆、罗鸿坤、梁仕臣、谢仲、蒋海清、罗鸿亮等中共党员和爱青会员通过社会关系，分别进入机场空军站14气象台和空军273供应中队工作。他们利用职务掩护，绘制机场平面图，获取了国民党空军部队动态、机场部署、飞机数量、主要人员名单等重要情报。

10月上旬 中共柳州地委随军南下到了湖南省湘潭市。为做好接管柳州地区旧政权、成立人民政府的干部准备，地委以柳州专署干部学校名义，在湘潭、邵阳、衡阳3市招收第一期学员共301名。其后，学员们在衡阳正式开学，训练了几天，便随军出发进入广西。

10月中旬至11月 柳州城工委派党员丘行利用社会关系，对国民党军事委员会调查统计局（军统）驻柳站负责人冯某和军统广西组人事科长范裕齐做策反工作，两人先后向柳州城工委交出80多人的特务名单以及长短枪15支。

10月20日 中共中央华南分局调广西省城工委书记陈枫到广州，参加组织广西工作团。离柳前，他把柳州城工委与随解放军南下接管柳州的党组织的联络符号交给柳州城工委书记梁山。

10月底 柳州城工委领导全市地下工作者散发《告职工书》《告各机关负责人书》等传单，号召全城职工和敌伪机关负责人认清形势，组织起来保护工厂、学校、铁路、物资仓库、电信设备，防止敌人掠夺和破坏；劝告各机关负责人看清前途，向人民投诚，争取立功赎罪。

10月 柳州党组织领导的青年团、工商界解联会、公务人员解联会、文教工作者解联会相继成立，外围群众组织发展壮大，党的工作据点和党员数量也有很大发展，以及湘桂黔铁路职工、工人、农民、民主人士、工商界人士、妇女、公务人员、文教工作者的解放联合会，共有会员400多人（不含党员兼会员数）。党员由解放战争初期的30多人发展（含调入）到200多人，除了调出或到农村参加游击队的，留在柳州迎接解放的还有140人。党的工作据点遍布全市城郊，重要的工作据点有柳州中学、龙城中学、柳庆师范、国民党华中军政长官公署经委会、柳州警备司、司令部、柳州警察局、柳江县政府、航空站、铁路局、窑埠下村、鹧鸪江厚生公司、都湖村、山田村、电厂、鸡喇小学、社湾村、省立医院、中正中学、柳江县中、实验小学、文惠小学等。

10月至11月 中共党员王椿湘（柳铁机关党的负责人）按照党组织的指示，去做柳州铁路局副局长王之翰的统战工作。由于王之翰认清了形势，愿意和大部分局处级以上职员留在柳州迎接解放，从而平息了国民党当局在铁路煽动职工"逃难"的风波。

人民解放军第十三兵团派遣国民党军队起义将领王汉昭，从湘西到柳州，通过社会关系在国民党柳州警备司令部进行策反活动，争取了该部参谋韦香草等人进行革命宣传和策反活动。在柳州的国民党广西绥靖公署上校作战科长莫家瑞，通过叶为任向华南分局提供了一些军事情报。

11月7日 人民解放军第四野战军第三十九军从湖南西部进军柳北。18日，三江县获得解放。

11月20日 白崇禧及其随从从桂林撤退至柳州。

11月中旬 柳州城工委书记梁山在工委机关（曙光中路46号）召开工委会议，城工委委员胡习恒、熊元清、韦竞新参加了会议。会议研究了柳州解放时可能出现的战争、和平、真空三种情况，认为出现敌人稍作抵抗后便溃逃的情况的可能性较大，要防备敌人纵火、屠杀，破坏城市后逃跑。党组织必须从最坏的可能性来安排工作。会议确定郊区社湾村为城工委的郊外联络点，以备战时使用。会议决定待战局稳定后在培新路与古香中路交接处的碉堡上张贴"和平兄，我回来了！"的海报，作为指挥全市地下工作者解放后迎军及欢庆解放的统一行动信号；决定从速组织各部门各单位的护城队伍以及迎军宣传组织。城工委会议之后，全党加快了护城迎军的步伐，各重要的工厂、铁路、桥梁、机关、学校的地下组织成立了秘密的或公开的护城队伍。全市共成立54个宣传队、8个服务站、8个茶水站，并准备好了迎军欢庆解放的宣传资料、标语、壁报等。

柳州城工委调研工作取得很大成绩，城工委指定熊元清、韦竞新、覃家耿等人负责对调查资料的整理研究工作，调查整理柳州市党政、经济、文教部门的核心机密和档案，有各企事业单位、学校人事及物资档案，还有警察特务的名单。

11月23日　人民解放军进攻柳城县太平圩，逼近柳州。当晚，国民党柳州警备司令部在全城戒严，滥捕无辜群众数百人。

11月24日　柳州城工委书记梁山从窑埠村进入柳州市区布置迎军工作。晚上，梁山在东台路河边巷党的秘密印刷点与中共党员黄志明一起刻印《中国人民解放军布告》和《城市工商业政策》等宣传资料。

晚上10时许，白崇禧获悉人民解放军解放沙塘的消息，急忙带领李品、夏威、黄旭初、海竞强等军政首脑乘飞机逃往南宁。留在城里的国民党军政人员见状，亦匆忙撤出柳州，往南宁方向溃逃。

深夜，国民党军队的一个工兵班冲入柳州电厂，要将电厂炸毁。护厂队员拿起武器保卫工厂。同时，厂方派出代表与工兵谈判周旋，向他们晓以大义，劝阻炸厂。结果，厂方用2两黄金收买软化了工兵，工兵只在空地上的废电线杆下引爆，用金钱收买了贪财的工兵，使电厂完整地保存了下来。在柳江浮桥，进步桥工冒着生命危险剪断国民党工兵安置在桥上的炸药包的导火索。

11月25日　清晨，在鹅山铁路地区，中共领导的工人护路队冲进铁路警务处，夺取数十支枪武装自己后分头行动，保卫铁路局机关大楼、水电厂、机务段。打入铁路当局应变组织福利会的中共党员张豪，机智地组织10多名汽车司机携带汽车的钥匙分散隐蔽，致使铁路特警头目史铭带队逃跑时无车可乘，被迫丢弃50多支步枪和大批弹药。护路队用政治攻势及武力迫使中央军械库1个排士兵向护路队投降，交出满载炮弹、炸药的车皮和4000块银圆。机务段及水电厂的地下工作人员主动截击逃敌，缴获了一批武器。国民党军队在火车城站（今柳州东站）引爆装载弹的列车，爆炸声隆隆，火光冲天，解联会员林荷达、赵文榜冒着生命危险带领群众上去，摘掉所有车皮的挂钩，并将未爆炸车皮推离爆炸区，保护了火车城站和附近的材料厂，保护了居民区的安全。国民党工兵破坏队冲进鸡喇三十兵工厂，立即被武装的工人护厂队驱散。电信职工用金钱收买破坏队，使电信局免遭炸毁。

拂晓，人民解放军第四野战军第三十九军一一五师三四四团从沙塘向柳州进发。该团前锋到达市郊双冲村时，与都宜忻人民解放总队四联队十一大队第二中队会师。游击队长欧敏士派战士沈志刚和覃思贤给解放军带路攻城。上午9时许中共党员沈章平、曾公朗在培新路珠江酒家楼顶升起一面自制的五星红旗，柳州解放。[1]

---

[1] 中共柳州市委党史研究室编：《中国共产党柳州百年历史大事记（1921—2021）》，北京：中共党史出版社，2021年，第29-36页。

后　记

无心插柳"柳"终成"荫",《柳州"三交"史纲》(以下简称《史纲》)终于杀青,心中难免有一丝欣慰。

在撰写《史纲》的过程中,深感柳州史研究的荒芜,除了萧泽昌、张益桂1983年所著9.6万字的《柳州史话》(广西人民出版社)外,几乎再无研究柳州历史的著作问世。

近39年来,虽无研究柳州历史的专著出炉,但与广西历史有关著作中的记述却屡有所见。如黄体荣《广西历史地理》(广西民族出版社1985年),覃彩銮《广西开发史》(广西师范大学出版社2013年),覃丽丹、覃彩銮《广西边疆开发史》(社会科学文献出版社2015年),郑维宽《广西历史民族地理》(广西师范大学出版社2018年),周长山、刘祥学、宾长初主编《广西通史》十卷本(广西师范大学出版社2019年),中共柳州市委党史研究室编的《中国共产党柳州百年历史大事记(1921—2021)》(中共党史出版社2021年)等著作。

《史纲》能得以完成,基本上得益于《史记》《宋史》《元史》《明史》《粤西丛载》《柳州府志》《马平县志》《柳州市志》等历史文献和方志,以及上述著作所提供的资料,我所做的就是挖掘、爬梳、筛选、归纳、提炼这些史料于一个具有柳州历史特点的叙事框架结构之中而已。

根据柳州的历史特点，《史纲》没有按照历代王朝的框架来建构柳州的"三交"史，而是根据柳州历史发展后发、羁縻的特点，将柳州"三交"史分为原生、羁縻、土司和革命四个时代。这样分期的好处，主要是既突显了柳州历史发展的逻辑，又彰显了柳州"三交"史演历史特点。

通过对《史纲》的求索，使我对"三交"史的研究有如下感悟：

第一，文化的多样性，决定了历史形态的多样貌。柳州历史的演进与中原地区具有完全不同的样貌，当中原地区历时两千多年，经历了夏、商、周三代，以及春秋战国惊天动地的秦统一中国的历史变局，柳州方才进入文明的门槛。而其完全"内化"，纳入郡县制，经历了一个从羁縻到土司，经改土归流的漫长过程。所以，《史纲》所采用的原生、羁縻、土司和革命时代的分期法，既是尊重历史的治学态度，也是对历史形态多样貌的遵循。

第二，"交往"是民族"三交"的基础。在"三交"中，"交往"是基础这是不言而喻的。所以，研究"三交"史要从"交往"起，即要弄清民族之间的"交往"起于何时？起于何地？有什么背景？状态如何？结果如何？凡此等等，都是研究"三交"史必须弄清楚的基础问题。有了这个好的开头，也就打好了"三交"史研究的基础。

第三，"交流"是民族"三交"的互动。民族与民族在交流中是相互作用、互相决定、互相促进的，因而任何一方的发展都离不开对方的发展。而"交流"互动的形式可以是经济的，也可以是政治的；可以是教育的，也可以是文化的；可以是物质的，也可以是精神的。总之在交流中互动，在互动中交流，从而构成"三交"史丰富的内容和历史演进的过程。

第四，"交融"是民族"三交"的结果。"交融"就是融合，就是铸牢中华民族共同体意识，各民族从多元走向一体的结果。这是中华民族五千多年演进的大方向、大潮流、大趋势。所以，中华民族的形成和发展，无论何时何地起源，也无论经历多少沧桑，都会"万川归一"式地奔流入"中华民族"的大海。

学术界关于"三交"史的研究正方兴未艾，笔者不揣冒昧，在中共柳州市委统战部和柳州市民宗委的大力支持下，抛砖引玉，求教于大方之家。

最后，衷心感谢班雪梅的审稿，刘晓敏的校对。

徐杰舜

2022年10月18日

于南宁芳华里